WILLMANN · MUSCHELN UND SCHNECKEN

Rainer Willmann

Muscheln und Schnecken

der
Nord- und Ostsee

NEUMANN - NEUDAMM

Das Titelbild zeigt die Eßbare Herzmuschel, dazwischen aus Sandkörnchen u. a. bestehende Röhren der Gliederwürmer *Lanice conchilega* und *Pectinaria coreni*
Das Foto auf Seite 2 zeigt die Baltische Tellmuschel

CIP – Titelaufnahme der Deutschen Bibliothek

Willmann, Rainer:
Muscheln und Schnecken der Nord- und Ostsee / Rainer Willmann. –
Melsungen: Neumann-Neudamm, 1989
(JNN Naturführer)
ISBN 3-7888-0555-2

Die Belegstücke zu den Abbildungen finden sich in folgenden Sammlungen:
Geologisch-Paläontologisches Institut der Universität Kiel: Seiten 83 o., 85, 87, 100, 101, 107 o., 108, 111, 113, 115, 117, 133, 141 u., 157 o., 196, 205 o., 211 u., 219, 225 u. r., 241, 245, 249, 255, 257, 265, 271, 283, 285
Zoologisches Museum der Universität Kiel: Seiten 161, 167 u., 173 u., 175 u., 177 o., 199, 200, 207, 209 u., 211 o., 221, 222
Sammlung H. H. Stühmer, Helgoland: Seite 191
Sammlung W. Wienecke, Kassel: Seiten 151, 275
Forschungsinstitut und Museum Senckenberg: Seiten 109, 140, 147, 197
British Museum (Natural History), London: Seiten 195 r., 198, 279, 281
Die Belegstücke zu allen übrigen Abbildungen befinden sich in der Sammlung des Verfassers
Die Fotos und Zeichnungen stammen – wenn nicht anders angegeben – vom Autor

Lektorat: Dipl.-Biologe Andreas Fischer-Nagel
Umschlagentwurf: Philipp Schneider unter Verwendung eines Fotos des Autors
Lithos: monoLith, Steinfurt
Satz, Druck und Bindung: Druckerei Parzeller, Fulda

ISBN 3-7888-0555-2

Vorwort

Die wohl am meisten beachteten Reste von Lebewesen an unseren Küsten sind die Gehäuse von Muscheln und Schnecken. In den deutschen Meeresgebieten kommen aus diesen beiden Gruppen etwa 130 Arten vor. Allgemein bekannt sind nur die häufigsten und die eßbaren Formen, so die Herz- und die Miesmuschel, die Auster und die Wellhornschnecke. Ziel des vorliegenden Buches ist es, sowohl dem Laien die Bestimmung seiner Funde zu ermöglichen und ihm Einzelheiten über die Lebensweise dieser Tiere zu vermitteln als auch dem fortgeschrittenen Kenner zuverlässige Informationen zu bieten. Dazu werden alle bei uns lebenden Meeresmuscheln und gehäusetragenden Meeresschnecken beschrieben. Wenn der Leser Arten findet, die nicht erwähnt sind, wird es sich um in den Spülsaum geratene Land- und Süßwasserarten handeln oder um Formen, die aus älteren Ablagerungen ausgewaschen wurden – fossile Gehäuse also.

Die Beschreibungen der Arten beziehen sich auf das Gehäuse, denn es bietet die am besten bekannten und am leichtesten zugänglichen Bestimmungsmerkmale, und außerdem werden Gehäuse toter Tiere häufiger gefunden als lebende Individuen (manche Arten sind aus deutschen Gewässern bisher überhaupt nur aus Gehäusefunden bekannt). Allerdings ist in manchen Fällen eine sichere Bestimmung nach dem Gehäuse allein nicht möglich; dann sind andere Strukturen zu berücksichtigen. Hierauf ist im Text bzw. im Bestimmungsschlüssel ausdrücklich hingewiesen.

Selbst bei intensiver Sammeltätigkeit ist es kaum möglich, als Einzelperson alle in den deutschen Meeresgebieten lebenden Arten ohne Mithilfe zusammenzutragen, denn manche Formen finden sich nur selten im Spülsaum, andere kommen nur in größerer Wassertiefe vor und sind am Strand gar nicht zu erwarten. Für Leihgaben möchte ich den Herren Dr. P. Ohm, Zoologisches Museum der Universität Kiel, und Prof. Dr. M. Sarnthein, Geologisch-Paläontologisches Institut der Universität Kiel, herzlich danken. Fundmaterial überließen mir Frau C. Eckertz, Essen, Frau C. Jarausch, Gnutz, Frau M. und Herr E. Willmann, Neumünster, sowie Herr D. Schwember, ebenfalls Neumünster. Wertvolle Ergänzungen boten die alten Molluskensammlungen der Professoren W. Wüst und W. Wetzel im Geologisch-Paläontologischen Institut Kiel. Herr H. H. Stühmer, Helgoland, gestattete mir die fotografische

Wiedergabe des auf S. 191 dargestellten Fundstückes, Herrn A. Willmann, Preetz, verdanke ich die Fotos zu den Abbildungen auf S. 39. Für die leihweise Überlassung weiterer Einzelstücke danke ich Herrn Dr. R. Janssen, Forschungsinstitut und Museum Senckenberg, Frankfurt, sowie Mrs. S. Morris und Dr. J. Taylor, British Museum (Natural History), London. Nach der weitgehenden Fertigstellung des Manuskriptes im Frühjahr 1985 übernahm meine Frau Heidemarie wesentliche Arbeiten zum Abschluß des Buches, wofür ihr mein besonderer Dank gilt. Für eine kritische Durchsicht von Teilen des Textes und Anmerkungen bin ich Herrn Dr. C. Samtleben, Kiel, sehr verbunden.

Im Sommer 1988

Rainer Willmann

Inhalt

Meinen Eltern in Dankbarkeit

Bau und Lebensweise unserer Meeresmuscheln und -schnecken

Man neigt dazu, in Muscheln und Schnecken Tiere zu sehen, die sich in ihrer Lebensweise etwas eintönig verhalten. Es gibt aber kaum eine artenreiche Tiergruppe, für die das zuträfe, und dies gilt auch für die Muscheln und Schnecken unserer Meeresgebiete. So gibt es Schnecken, die gut schwimmen können, und sogar manche Muschelarten legen bei Gefahr kurze Strecken schwimmend zurück. Einige Muschelarten leben auf dem Meeresgrund, viele graben sich ein, und einige bewohnen andere, festsitzende Organismen – die Seescheiden. Wieder andere Arten bohren in Holz oder in hartem Fels; sie können ihren selbstgeschaffenen Wohnraum zeitlebens nicht mehr verlassen. Es gibt Muscheln, die auf den ersten Blick Würmern gleichen, und Schnecken, die nicht das „übliche" gewundene Schneckenhaus tragen, sondern eine einfache Kappe. Daß Schnecken sehen können, ist weithin bekannt, aber es gibt auch sehende Muscheln, und diese haben nicht nur 2 Augen, sondern gleich eine ganze Reihe davon. Und während die Muscheln meist getrenntgeschlechtlich sind (das heißt, es gibt Männchen und Weibchen), sind viele Schnecken Zwitter. Andere machen im Laufe ihres Lebens eines Geschlechtsumwandlung durch: Sie beginnen ihr Dasein als Männchen, scheiden dann eine Weile aus dem Fortpflanzungsgeschehen aus und beschließen ihre Tage als Weibchen. Eine Betrachtung der Größenverhältnisse verrät ebenfalls, daß die Art und Weise, das Leben zu meistern, sehr unterschiedlich sein muß: Das Gehäuse unserer größten Schnecke wird 20 cm hoch, das unserer kleinsten erreicht nicht einmal 1/200stel davon – kaum 1 mm!

Körperbau

Muscheln und Schnecken gehören zu den Mollusken, den Weichtieren (griechisch mollis = weich). Dem Strandwanderer mag diese Bezeichnung nicht als sonderlich treffend erscheinen, denn was er findet, sind ausgesprochen harte Teile: die Gehäuse oder deren Reste. Sie sind oft so festschalig, daß man sich die Zähne daran ausbeißen könnte, und wer sich einmal an den scharfen Rändern von Miesmuschelklappen die Füße aufgeschnitten hat, der wird kaum davon schwärmen, wie weich diese Tierchen sind. Auf das Gehäuse bezieht sich der Name „Weichtier" auch nicht, sondern auf jene

Körperteile, die vom Gehäuse umgeben werden: Kopf, Fuß, Eingeweidesack und Mantel. Sie werden zusammenfassend als Rumpf bezeichnet. Der ist in der Tat weich, denn er wird nicht durch ein inneres Skelett gestützt. Wer des öfteren Muscheln und Schnecken ißt, weiß, daß er außer auf das Gehäuse – die „Schale" – nicht auf Hartteile zu achten braucht – von Perlen einmal abgesehen.
Der Kopf – bei den Muscheln zurückgebildet – trägt wichtige Sinnesorgane wie Augen und Fühler sowie die Mundöffnung (Abb. S. 11). Im Mund befindet sich eine Raspelplatte, die die Nahrungsaufnahme unterstützt: die Radula. Auf ihr stehen, in Querreihen angeordnet, zahlreiche winzige Zähnchen. Bei den Muscheln ist die Radula zurückgebildet. Der Kopf geht nach hinten in den Fuß über, der die Unterseite des Tieres einnimmt. Er dient der Fortbewegung. Im ursprünglichen Fall weist er eine flache Kriechsohle auf, und dementsprechend ist ein gleitendes Kriechen die primäre Fortbewegungsweise der Weichtiere. Sie ist bei den meisten Schnecken erhalten geblieben (Abb. Seite 13). Die Schnecken werden daher auch Bauchfüßer (Gastropoda) genannt. Sie sind im allgemeinen recht bewegliche Tiere. Bei den Muscheln ist der Fuß zu einem schmalen, beil- oder stempelförmigen Organ abgewandelt worden, das vor allem ein Graben und Verankern im Boden ermöglicht (Abb. S. 11, S. 14–15). Das ist z. B. dann wichtig, wenn im Boden lebende Muscheln freigespült werden: Dann strecken sie nach einiger Zeit ihren Fuß zwischen den Klappen hervor, biegen ihn nach unten und richten sich mit seiner Hilfe mittels einer stemmenden Bewegung auf. Anschließend bohren sie den Fuß tiefer in das Substrat, erweitern ihn dort, so daß er wie ein Anker wirkt, und ziehen das Gehäuse ruckartig nach. Nach kurzer Zeit und mehreren solchen ruckartigen Bewegungen ist die Muschel im Sediment verschwunden, und nur noch die Siphonen sind sichtbar (Abb. S. 17). Niemals mehr erlaubt der Fuß ein gleitendes Kriechen. Wegen der Form ihres Fußes heißen die Muscheln auch Pelecypoda (Beilfüßer); gebräuchlicher sind allerdings die Bezeichnungen Bivalvia (Zweiklapper, was sich auf ihr doppelklappiges Gehäuse bezieht) und Lamellibranchia (Lamellen-Kiemer, was auf den Bau ihrer Atmungsorgane abzielt). Muscheln wechseln ihren Standort nur selten oder nie. Das ist nicht nur bei jenen Arten der Fall, die eingebohrt leben, sondern gilt insbesondere auch für Formen, die sich festheften – sei es durch einen Kitt wie die Austern oder durch Sekrete der im Fuß liegenden Byssusdrüse, die erhärtende Haftfäden

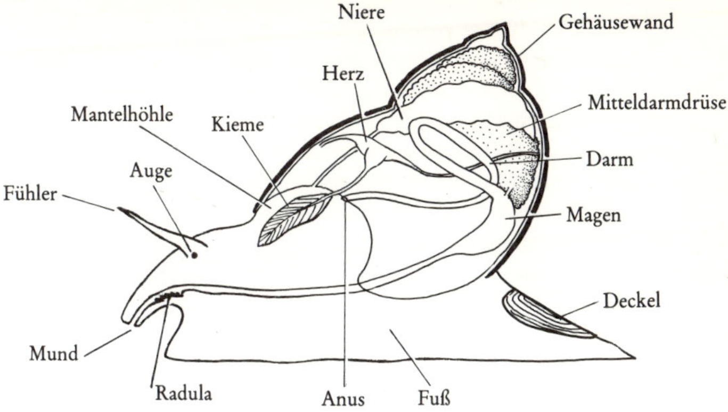

Bau einer Schnecke, stark vereinfacht.

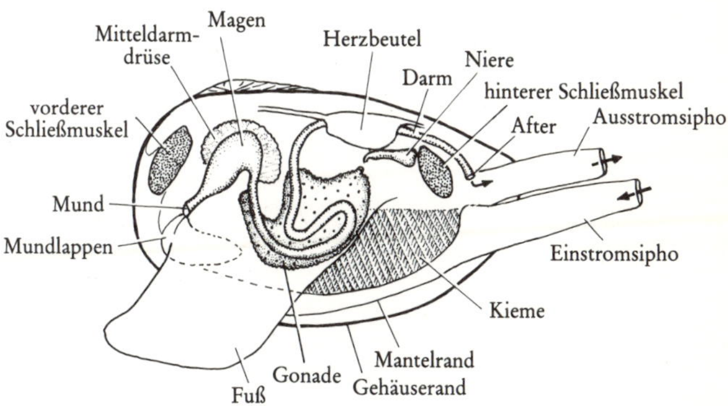

Bau einer Muschel, linke Klappe entfernt, stark vereinfacht.

bilden. Die meisten Arten aber sind durch den Byssus nicht zeitlebens an einen Ort gefesselt.

Der Eingeweidesack liegt auf der Rückenseite des Tieres und enthält vor allem die Verdauungsorgane. Er wird außen von einer Verdoppelung der Haut umgeben, dem Mantel. Zwischen Fuß und Eingeweidesack bildet der Mantel eine Falte, in der der Darmausgang, die Geschlechtsöffnung sowie Riech- und Atemorgane (meist Kiemen) liegen. Oft findet sich all dies in einer besonderen Vertiefung der Mantelfalte, die dann als Mantelhöhle bezeichnet wird. Bei den Schnecken hat sich der Eingeweidesack um 180^0 gedreht, so daß die Mantelhöhle samt Inhalt nach vorn über den Kopf zu liegen kam (Torsion). Bei einer umfangreichen Gruppe, den Opisthobranchiern, ist eine partielle Rückdrehung erfolgt. (Die Torsion hat übrigens nichts mit der Einrollung des Schneckengehäuses zu tun.)

Die Kiemen nehmen den Sauerstoff aus dem Wasser auf und geben ihn an das Blut ab. Während bei den Wirbeltieren einschließlich des Menschen das Hämoglobin als Träger des Sauerstoffes dient, erfüllt bei den Weichtieren Hämocyanin diese Aufgabe. Hier wird der Sauerstoff an Kupfer gebunden, nicht an Eisen wie bei uns, und dabei färbt sich das Blut blau, nicht rot.

Bei den Schnecken gelangt die Nahrung direkt in die Mundöffnung. Bei den meisten Muscheln hingegen erfolgt die Nahrungsaufnahme in der Regel nicht von vorn, sondern durch eine röhrenförmige Verlängerung des Mantelrandes von hinten, durch den Einstromsipho (Abb. S. 11). Durch ihn strömt nahrungshaltiges Wasser in den Mantelraum. Hier filtern die Kiemen die Nahrungspartikel heraus, binden sie in Schleim und leiten sie nach vorn der Mundöffnung zu. Durch den Verdauungstrakt nimmt die Nahrung dann ihren Weg zurück in die hintere Körperpartie. Nahe dem Darmausgang beginnt über dem Einstromsipho ein zweiter Sipho, der Ausstromsipho. Durch ihn verlassen die unverdaulichen Rückstände die Muschel wieder.

Auch viele Schnecken besitzen einen Sipho. Er ist vollkommen unabhängig von dem der Muscheln entstanden und dient nicht der

Mit Seepocken bewachsene Gemeine Strandschnecke, an der Aquariumscheibe kriechend. Zwischen den Fühlern das Ende des Rüssels mit der Mundöffnung. Tümlauer Bucht, Halbinsel Eiderstedt.

Die Gemeine Strandschnecke *(Littorina littorea)*, kriechend. Links erkennt man unmittelbar unter dem Gehäuse den plattenförmigen Deckel, das Operculum. Tümlauer Bucht, Halbinsel Eiderstedt.

Die Baltische Tellmuschel *(Macoma balthica)* beim Eingraben. Der Fuß wird vorgestreckt (o. l.), nach unten umgebogen (u. l.) und anschließend in den Sand des Meeresbodens gebohrt (rechte Seite). Vergleiche auch die folgende Doppelseite.

Zu den Abbildungen auf Seite 16/17:
Die Baltische Tellmuschel *(Macoma balthica)* beim Eingraben (vgl. auch die vorhergehenden Doppelseiten). Nachdem der Fuß im Boden verankert worden war, hatte sich die Muschel aufgerichtet. Nun zieht sie sich mit Hilfe des Fußes Stück für Stück in den Boden. Schließlich bleiben nur noch die beiden Siphonen sichtbar (rechte Seite unten).

Nahrungsaufnahme. Er leitet das Atemwasser in die Mantelhöhle – und damit auch zu den Geruchsorganen (Osphradien). Sie melden dem Tier die Nähe von potentieller Nahrung. Oft ist der Sipho sehr lang und beweglich, so daß die Schnecke genau ermitteln kann, in welcher Richtung die Nahrung zu finden ist. Der Sipho der Schnecken ist zum Teil von einer rinnenförmigen Ausbuchtung oder Verlängerung des Gehäuserandes, der Siphonalrinne, umgeben.
An seiner Außenseite scheidet der Mantel die Schale ab. Sie besteht im wesentlichen aus Kalk (Kalziumkarbonat, $CaCO_3$). Bei genauer Betrachtung ist zu erkennen, daß sie meistens aus 3 Schichten besteht: außen dem Periostrakum, das aus einer hornähnlichen Eiweißverbindung (Konchiolin) besteht und besonders widerstandsfähig gegen eine chemische Auflösung durch das Meerwasser ist. Dann folgen die Prismenschicht aus senkrecht angeordneten Kalkprismen und innen eine Schicht waagerecht liegender Kalkplättchen. Als unterer Teil dieser Lage ist manchmal eine besondere Perlmuttschicht ausgebildet. Periostrakum und Prismenschicht werden von Zellen am Rande des Mantels ausgeschieden. Dabei wird an bereits vorhandene Teile des Gehäuses weiteres Material angelagert. Die unterste Schicht wird von der gesamten Manteloberfläche gebildet.
Bei den Schnecken ist das Gehäuse in der Regel kegelfömig und zugleich gewunden. Darauf beruht die Gestalt des gewohnten spiraligen Schneckenhauses. Das Gehäuse der Muscheln ist in Form einer Schüssel entwickelt, die in frühester Jugend in der Mittellinie geknickt wird. Dadurch entstehen 2 spiegelbildliche Hälften – die Klappen. Zwischen ihnen liegt der Rumpf. Das Gehäuse der Schnecken ist also 1teilig, das der Muscheln 2teilig (s. S. 24 ff.).
Meistens lassen sich Kopf und Fuß in das Gehäuse zurückziehen; Eingeweidesack und Mantel liegen – von Ausnahmen abgesehen – innerhalb des Gehäuses. Manchmal jedoch ist das Gehäuse stark zurückgebildet. Ein bekanntes Beispiel dafür sind die Nacktschnekken, die kein äußeres Gehäuse mehr haben, sondern allenfalls ein kleines, in den Körper verlagertes Kalkplättchen.
Viele Schnecken tragen auf der Rückenseite des Fußes eine kalkige oder hornige Scheibe, den Deckel oder das Operculum (Abb. S. 11). Wenn sich das Tier zurückzieht, verschließt er das Gehäuse wie eine Pforte. Der Deckel ist kein Teil des Gehäuses. Er ermöglicht es seinem Besitzer, vorübergehende Gefährdung durch Feinde, Austrocknung, Schwankungen des Salzgehaltes usw. zu überstehen.

Ernährung

Die Form des Nahrungserwerbs ist weitgehend von der Bewegungsfähigkeit abhängig. Nach der Ernährungsweise lassen sich außer einer besonderen Form der Nahrungsaufnahme bei der Nußmuschel *Nucula* 5 Typen unterscheiden:

1. Die Filtrierer oder Strudler. Sie filtern die im Wasser schwebenden Kleintiere und -pflanzen, das Plankton, oder umhertreibende organische Partikel, das Seston, heraus und verdauen es. Zu dieser Gruppe gehören unter anderen die Auster, die Sandklaffmuschel, die Miesmuschel, die Herzmuscheln und die Turm- und Pantoffelschnecke. Strudler können so dicht gedrängt leben, daß pro Fläche wesentlich mehr Nahrung verbraucht als erzeugt wird, denn die Partikel werden von andernorts herangeführt. Diese Form des Nahrungserwerbs ist nur bei Wasserbedeckung möglich.

2. Die Pipettierer. Sie gibt es nur unter den Muscheln. Sie strecken zur Nahrungsaufnahme ihre Siphonen aus dem Boden, in dem die Tiere leben, und saugen mit ihnen die oberste, nahrungsreiche Schicht des Bodens ein. Auf diesem Wege werden vor allem Bakterien und abgesunkenes pflanzliches Plankton aufgenommen. Zu dieser Gruppe gehören zum Beispiel die Große Pfeffermuschel und die Baltische Tellmuschel. Daneben ist diesen Arten ein Filtern des Meerwassers möglich.

3. Die Weidegänger. Sie ernähren sich von abgelagerter organischer Substanz oder von Kleinorganismen, die auf dem Boden leben. Aber sie saugen die oberste Bodenschicht nicht ein, sondern kriechen umher und weiden sie regelrecht ab. Nur Schnecken sind dazu in der Lage – zum Beispiel die Napfschnecken, die Strand- und die Wattschnecke.

4. Aasfresser. Zu ihnen zählen unter anderen die Wellhorn- und die Netzreusenschnecke. Sie reißen mit ihrer Radula Fleischstücke aus toten Tieren.

5. Die Jäger. Sie greifen lebende Tiere an und verzehren sie. Nur Schnecken ernähren sich auf diese Weise, so die Wellhorn- und die Netzreusenschnecke, die schon bei den Aasfressern genannt wurden, *Velutina,* die sich auf Seescheiden spezialisiert hat, und die Nabelschnecken (*Lunatia*), die das Gehäuse anderer Weichtiere durchbohren.

Fortpflanzung und Tod

Die Schnecken finden sich zur Fortpflanzung paarweise zusammen – was auch nicht weiter schwierig ist, denn sie können sich relativ gut fortbewegen. Bei den Muscheln hingegen ist die Fähigkeit, sich fortzubewegen, vermindert oder ganz erloschen: Viele Arten heften sich auf dem Untergrund fest, andere leben in selbstangelegten Bohrlöchern eingesperrt. Aus einer Paarung wird hier also nichts. Sie geben daher entweder Spermien und Eier in das Wasser ab, wo dann die Befruchtung erfolgt, oder es werden nur die Spermien ins Wasser entlassen. Sie werden dann von den Weibchen in die Mantelhöhle eingestrudelt, wo die Befruchtung – und manchmal auch die Entwicklung – erfolgt. Die Muscheln haben daher keine Begattungsorgane. Die männlichen Schnecken hingegen besitzen oft einen Penis, und die Weibchen setzen ihm einen passenden Gang entgegen. – Aus den Eihüllen schlüpfen nach einiger Zeit die Jungen. Es sind entweder Larven, die eine zeitlang frei im Wasser umherschwimmen (pelagische bzw. planktonische Larven, d. h. Larven, die im freien Meerwasser leben bzw. ohne wesentliche Eigenbewegung treiben) und anschließend während einer kurzen Umwandlungsphase die Gestalt des erwachsenen Tieres annehmen, oder Jungtiere, die ihrem Bau nach bereits Miniaturausgaben der Erwachsenen sind. Die freischwimmenden Larven besitzen ein besonderes Schwimmorgan, das Velum (lat. = Segel), das nach Beendigung der freischwimmenden Lebensphase abgelegt wird. Solche Larven heißen Veliger-Larven („segeltragende Larven"). Näheres über den Entwicklungsgang wird am Beispiel der Pantoffelschnecke (S. 258) beschrieben.

Am Ende eines jeden individuellen Lebensweges steht bei den vielzelligen Organismen der Tod. Die Schnecken sterben meist wegen Erreichens ihrer Altersgrenze, denn sie haben außer einigen Fischarten und im Falle der Strandschnecken auch Seevögeln kaum Feinde. Muscheln hingegen wandern massenweise durch den Verdauungskanal von Krebsen, Seesternen, Raubschnecken, Fischen und Vögeln. Regelmäßige Muschelfresser sind z. B. Nagelrochen, Katfisch, Dorsch, Scholle, Kliesche, Seebarbe und Heilbutt. Auch

Aus dem Boden gespülte und zusammengeschwemmte Gehäuse junger Exemplare der Geraden Scheidenmuschel *(Ensis directus)*. St. Peter-Ording.

Vorwiegend entlang der Anwachsstreifen zerbrochene Muschelklappen im Spülsaum. St. Peter-Ording.

die Raubschnecken sind emsige Vertilger von Muscheln: Von den Dreiecksmuscheln und den Baltischen Tellmuscheln, die am Strand von Wangerooge angespült werden, sind etwa 12 bzw. 15% von Bohrschnecken geöffnet. Unmengen von Muscheln kommen vorzeitig ums Leben, wenn sie aus dem Boden gespült oder zu hoch verschüttet werden (Abb. S. 21). Man findet daher im Spülsaum viele Gehäuse junger Muscheln, aber kaum jemals ein Gehäuse einer jungen Schnecke.

Nach dem Tod der Tiere zerfallen die meisten Gehäuse. Sie werden durch Strömungen umgelagert, gegeneinandergeschlagen, von der Brandung umhergewirbelt, dem Abrieb durch Sandkörnchen ausgesetzt usw. Oft liegen uns die Gehäusereste dann in einer Gestalt vor, die dem ungeübten Auge das Erkennen der Arten schwer macht. Die Gehäuse vieler Arten durchlaufen immer wieder fast die gleichen Zerfallsstadien. Einige für die Wellhornschnecke charakteristische Formen zeigen die Abb. auf S. 23. Bei ihr ist die Gehäusemündung besonders fest. Bei anderen Arten bestehen andere Verhältnisse, und daher treten auch andere Bruchformen auf. Bei den Muscheln sind meistens die Anwachsstreifen gleichzeitig auch Zonen, entlang welcher die Klappen bevorzugt brechen; das Resultat sind dann vielfach sichelförmige Gehäusefragmente (s. S. 21). Bohrende Organismen können den Zerstörungsprozeß beschleunigen. Zu nennen ist vor allem der Wurm *Polydora,* dessen parallel zur Gehäusewand angelegten Bohrungen an ihrer U- oder Schlaufenform zu erkennen sind. Wichtiger noch dürften die zahlreichen Mikroorganismen sein, die dem bloßen Auge verborgen die Zerstörung vorantreiben (SCHÄFER 1962: 175–176). Die Gehäuse der Austern werden häufig von dem Bohrschwamm *Cliona cellata* perforiert (Abb. S. 89). Von ihm erzeugte Löcher erreichen einen Durchmesser von 2 mm. Schließlich sind die Gehäuse zu sandkorngroßen Teilchen zertrümmert, die dann weiter zerrieben und schließlich auf chemischem Wege ganz aufgelöst werden.

Zerfallsstadien des Gehäuses der Wellhornschnecke *(Buccinum undatum).* Das Fundstück in der unteren Abbildung besteht in einer in Form eines Ringes erhaltenen Mündung.

Der Bau des Gehäuses

Das Gehäuse bietet die einfachsten Bestimmungsmerkmale. Nur selten ist eine einwandfreie Bestimmung anhand des Gehäuses allein nicht möglich. Um zu ermitteln, welche Muschel- und Schneckenarten man gefunden hat, ist es zunächst am einfachsten, man vergleicht die Fundstücke mit den Abbildungen. Man wird aber bald bemerken, daß sich manche Arten sehr ähnlich sehen, und dann ist es nicht ganz leicht, unterscheidende Merkmale zu finden. Dabei sollen die Beschreibungen und der Bestimmungsschlüssel helfen. Umgekehrt ist es so, daß die Gehäuse ein und derselben Art sehr verschieden ausfallen können. – Um die wichtigsten Gehäusestrukturen zu erläutern, ist es notwendig, die Muscheln und Schnecken getrennt zu betrachten. – Auf den Aufbau der Schale wurde auf S. 18 eingegangen.

Muscheln

Das Gehäuse der Muscheln besteht aus 2 Klappen, die an den Seiten des Tieres angelegt sind. Es gibt daher eine linke und eine rechte Klappe. An der einzelnen Klappe können wir vorn und hinten sowie oben und unten unterscheiden. Diese Bezeichnungen werden im folgenden benutzt, obwohl man statt von oben und unten genauer von dorsal und ventral spricht – das heißt, am Rücken bzw. am Bauch liegend. Die Rückenseite – oben – ist dort, wo die Klappe in einer abgerundeten und leicht einwärts gekrümmten Spitze beginnt. Das ist der Wirbel (Abb. S. 25). Die Länge des Gehäuses ergibt sich aus der Entfernung des vorderen Endes vom hinteren.

An der Außenseite der Klappen, auf der nach außen vorgewölbten Fläche, fällt als ein wichtiges Merkmal zunächst meist eine **Skulptur** ins Auge: Linien, Furchen, Rippen oder Stacheln. Als konzentrisch bezeichnet man Skulpturen, die dem Gehäuserand annähernd parallel verlaufen; ihr Zentrum, um das herum sie angelegt sind, ist der Wirbel. Die feinsten konzentrischen Linien sind meist die Anwachsstreifen. Sie werden beim Zuwachs am Gehäuserand erzeugt, denn dieser erfolgt schubweise. Sie lassen sich gut mit den Wachstumsringen von Baumstämmen vergleichen. Verliefe das Wachstum kontinuierlich, würden sie nicht entstehen. Besonders auffällige Wachstumslinien weisen auf längere Unterbrechungen des Zuwachses hin, z. B. während der Wintermonate. Radial heißen Skulpturen, die vom Wirbel nach allen Seiten zum Gehäuserand hin

Der Bau des Muschelgehäuses

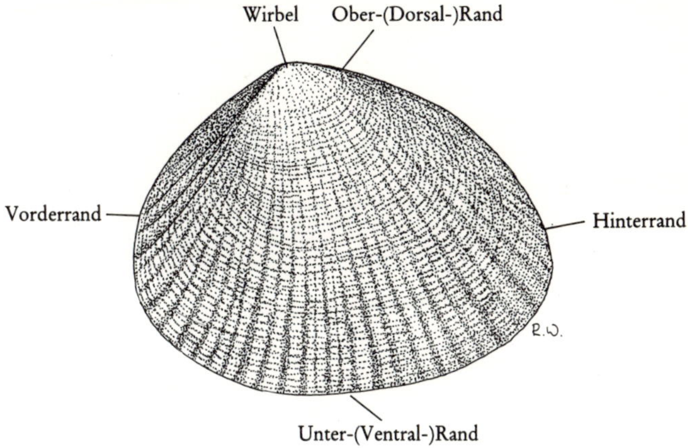

Muschelklappe von außen *(Venus ovata,* Norwegen).

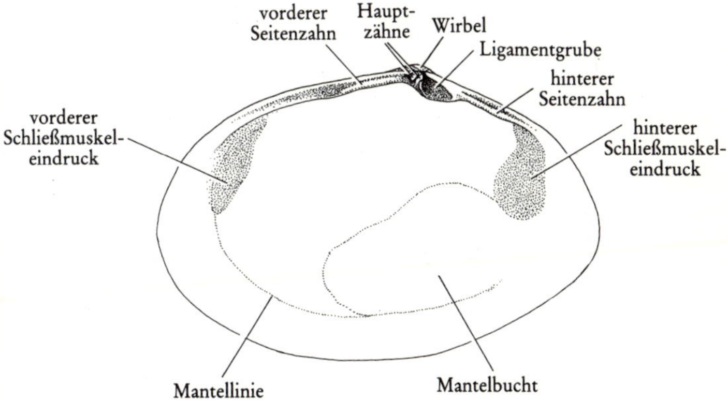

Rechte Muschelklappe, Innenseite (Glänzende Pfeffermuschel, *Abra nitida,* St. Peter Ording).

ausstrahlen. Kreuzen sich konzentrische und radiale Linien oder Rippen, entsteht ein Gitter- oder Netzmuster.
Die **Farbe** des Gehäuses ist oft kein sehr zuverlässiges Merkmal. Zum einen variiert sie innerhalb einer Art bisweilen erheblich (S. 27). Zum anderen können die Klappen die Farbe des Bodens annehmen, in dem sie liegen. Eine normalerweise weiße Herzmuschel kann schon nach kurzer Zeit grau und sogar schwarz sein (S. 28). Andererseits bleichen in der Sonne liegende Klappen aus. Die Farbe des Periostrakums, also der äußeren, aus hornartigem Material bestehenden Schalenschicht, ist vielfach nur bei frischen Gehäusen für die Bestimmung von Bedeutung. Oft löst sie sich nach dem Tode rasch von den darunterliegenden Schichten ab.
Nahe dem Wirbel werden die beiden Klappen des Gehäuses durch eine elastische, aber sehr robuste Verbindung zusammengehalten. Diese Verbindung, das **Schloßband** oder **Ligament,** ist eine Fortsetzung und Verdickung des Periostrakums. Es liegt entweder außen am Gehäuse – dann ist es meist als auffälliges braunes Band hinter dem Wirbel zu erkennen –, oder es liegt innen. Das Ligament bewirkt das Öffnen des Gehäuses. Beim Schließen der Klappen wird es einer Feder ähnlich gespannt. Liegt es außen, zieht es die beiden Klappen um eine unter dem Ligament liegende Achse auseinander. Liegt es innen, wirkt es durch Druck (s. Abb.). Ein innen liegendes Ligament sitzt in einer eigenen Grube unter dem Wirbel (Ligamentgrube) oder auf einem besonderen Fortsatz, dem Chondrophor. Oft

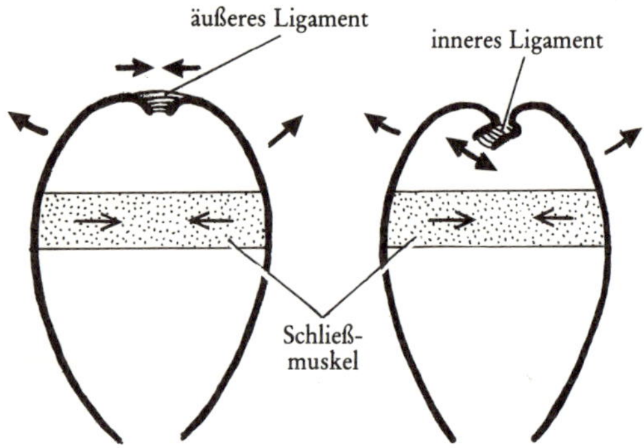

Foto rechts: Farbliche Variation bei der Baltischen Tellmuschel. Fanø, Dänemark.

sind gleichzeitig ein äußeres und ein inneres Ligament vorhanden. Beim Graben bewirkt das Ligament die Verankerung des Gehäuses im Boden: Indem es die Klappen auseinanderzieht bzw. -drückt, preßt es diese seitlich gegen den Sand. Die Muschel rutscht daher nicht zurück, wenn sie den Fuß tiefer in das Substrat vorstreckt.
Der Verschluß des Gehäuses erfolgt durch die Tätigkeit von Muskeln. Dazu ist vorn und hinten je ein Schließmuskel vorhanden, der quer durch den Körper des Tieres von der Innenseite der linken zur Innenseite der rechten Klappe verläuft. Ihre Ansatzstellen sind auf den Innenflächen der Klappen als „Schließmuskeleindrücke" erkennbar (s. S. 25). Ziehen sich diese Muskeln zusammen, werden die Klappen geschlossen. Bei den heimischen Bohrmuscheln jedoch ist der vordere Schließmuskel nach oben gewandert, über die Drehachse der Klappen hinaus. Das führte dazu, daß er nun bei Kontraktion das Gehäuse aufzieht. Das ist der einzige Fall bei unseren Muscheln, in dem das Öffnen der Klappen durch Muskeln erfolgt. Bei den Kammuscheln, der Auster und der Miesmuschel und ihren Verwandten ist der vordere Schließmuskel verkleinert oder ganz zurückgebildet.
Auf der Innenfläche der Klappen (s. S. 25) findet sich meistens eine Linie, die dem Gehäuserand parallel verläuft und den vorderen mit dem hinteren Schließmuskeleindruck verbindet. Das ist die **Mantellinie.** Hier sitzt bzw. saß die Muskulatur des Mantels dem Gehäuse an. Bei jenen Arten, die ausstreckbare Siphonen besitzen, ist die Mantellinie hinten ausgebuchtet. Diese Bucht markiert die Ansatzstellen der Muskulatur, die für das Zurückziehen der Siphonen zuständig ist. Die Bucht selbst umrahmt jenen Bereich, in dem die Siphonen frei zwischen den Klappen liegen. Eine umfangreiche Bucht weist auf lange, eine kleine Bucht auf kurze Siphonen hin.
Bei Gefahr ist es für das Überleben einer Muschel wichtig, daß sich die Ränder der Klappen genau aufeinanderlegen und sich das Gehäuse dicht verschließen läßt. Schließmuskeln und Ligament allein würden das kaum gewährleisten – zu leicht wäre ein seitliches Verschieben und Verwinden der Klappen möglich. Um das zu verhindern, besitzen die Muscheln ein sogenanntes **Schloß.** Es liegt auf dem Innenrand der Klappen unter dem Wirbel, ist also von außen nicht sichtbar. In ihm greifen zahnartige Vorsprünge der einen Klappe und entsprechende Zahngruben der anderen ineinander (Abb. S. 31). 5 Schloßtypen treten bei unseren Muscheln auf: Besteht es aus einer Reihe gleichartiger Zähne und Zahngruben, liegt

Farbveränderungen bei Klappen der Teppich- und Herzmuschel *(Venerupis pullastra* und *Cerastoderma edule).* St. Peter-Ording.

ein palaeotaxodontes Schloß vor (Abb. S. 57 S–2). Ähnlich, aber unabhängig entstanden, ist das taxodonte Schloß, das bei uns nur bei *Arca nodulosa* vorkommt, die lebend bisher ein einziges Mal in deutschen Gewässern gefunden wurde (Abb. S–1). Besteht das Schloß aus verschiedenartigen Zähnen, ist es heterodont. Es enthält Haupt-(Kardinal-)Zähne und Seiten-(Lateral-)Zähne (auch Nebenzähne genannt). Die Hauptzähne liegen unter dem Wirbel, die Seitenzähne davor und dahinter (Abb. S. 25). Letztere verlaufen dem Gehäuserand annähernd parallel und sind oft leistenförmig gestreckt. Nicht selten fehlen sie auch. Die meisten Muschelarten in der Deutschen Bucht sind heterodont. Beim dysodonten Schloß fehlen echte Zähne; statt ihrer finden sich mehrere parallel angeordnete Kerben oder Runzeln. Ein solches Schloß weisen z. B. die Miesmuschel und die Auster auf. Auch beim 5. Schloßtyp, dem desmodonten Schloß, fehlen Zähne weitgehend oder ganz; hier findet sich in einer Klappe ein innerer Fortsatz für das Ligament. Ein Beispiel dafür ist die Sandklaffmuschel. Die Ausbildung des Schlosses ist eines der wichtigsten Bestimmungsmerkmale.

Für die genaue Identifizierung ist es notwendig zu wissen, ob uns eine linke oder eine rechte Klappe vorliegt – und dazu müssen wir wissen, wo vorn und wo hinten ist. Dafür gibt es am Gehäuse verschiedene Indizien: Der Wirbel markiert die Rückenseite. Ist ein äußeres Ligament vorhanden, so befindet es sich stets hinter dem Wirbel. Eine innen liegende Ligamentgrube ist vom Wirbel aus nach hinten gerichtet (Ausnahme: *Nucula* und *Cochlodesma* mit nach vorn gerichteten Ligamentgruben, Abb. S–2). Wenn die Mantellinie ausgebuchtet ist, gibt es einen weiteren Anhaltspunkt, denn die Bucht liegt stets hinten. Und wenn nur ein Schließmuskel vorhanden ist, dann ist dies stets der hintere. Wird nun das Gehäuse mit dem Wirbel nach oben in beiden Händen gehalten und das hintere Ende dem Betrachter zugewandt, dann liegt die linke Klappe in der linken und die rechte in der rechten Hand.

Schloß der Gedrungenen Trogmuschel *(Spisula subtruncata)*.
Fanø, Dänemark.

Das Gehäuse der Schnecken

Im Gegensatz zum Gehäuse der Muscheln ist das der Schnecken einteilig. Das Schneckenhaus in seiner „Normalform“, wie es z. B. von der Weinbergschnecke allgemein bekannt ist, ist ein spiralig um eine Achse gewundener Kegel. Ein Umgang in dieser Spirale wird

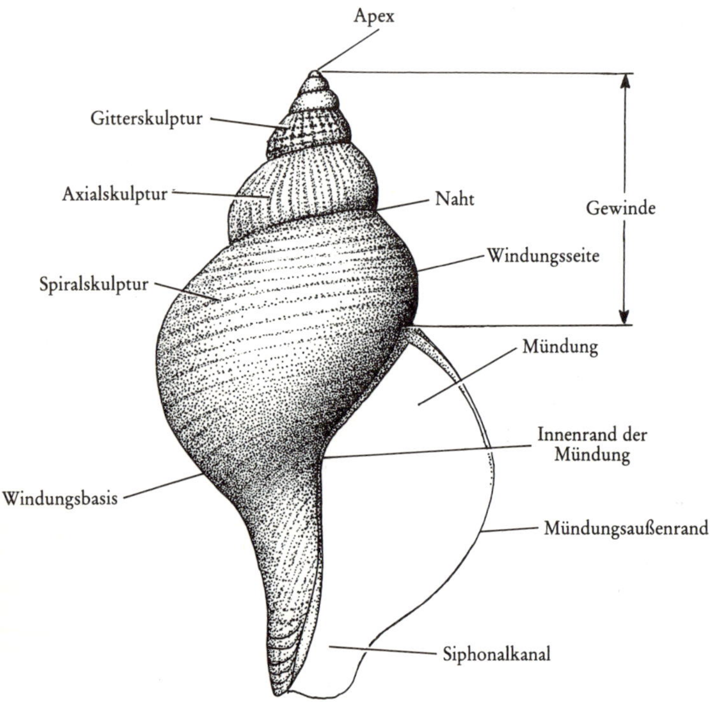

Bau eines Schneckengehäuses, Schema. Das Gehäuse ist ungenabelt. Bei genabelten Schnecken findet sich eine vom letzten Umgang umschlossene Öffnung etwa dort, wo in der Zeichnung der Innenrand der Mündung eine deutliche Biegung zeigt.

meist als Windung bezeichnet. Wenn sich die Wände der Windungen im Innern der Spirale nicht berühren, so entsteht um die Achse ein röhrenförmiger Hohlraum. Er erstreckt sich im Gehäuse von der Spitze aus nach unten. Unten öffnet er sich im sogenannten **Nabel** (siehe z. B. Abb. S. 253). Berühren sich die Wände der Windungen im Innern der Spirale, dann entsteht eine massive zentrale Säule, die Spindel. In einem solchen Fall ist die Nabelregion an der Unterseite des Gehäuses verschlossen (Abb. S. 32).

Bei fast allen Arten der deutschen Küstengewässer ist das Gehäuse rechtsgewunden. Bei ihnen liegt die Mündung – jene Öffnung, durch die der Weichkörper des Tieres nach außen tritt – rechts der zentralen Achse, wenn die Mündung dem Betrachter zugewandt und die Spitze des Gehäuses nach oben ausgerichtet ist.

Das Wachstum des Gehäuses erfolgt von der Spitze, dem Apex aus. Im Apex liegt der von der Larve gebildete Gehäuseabschnitt. Mit ihm beginnt die erste Windung. Die Anzahl der Windungen beträgt insgesamt zwischen 1 ½ bei der Pantoffel- und 19 bei der Turmschnecke. Je nachdem, wie schnell eine Windung an Umfang zunimmt und je nachdem, wie weit sie unter der vorangehenden liegt, wird das Gehäuse schlanker oder breiter. Die Linie, an der 2 aufeinanderfolgende Windungen sich berühren, ist die Naht, der zwischen 2 Nähten sichtbare Teil eines Umganges die Windungsseite oder Windungsflanke. Der Gehäuseabschnitt zwischen Apex und Ende der Naht ist das Gewinde. Es umfaßt somit den oberen Bereich des Gehäuses ohne den im Niveau der Mündung liegenden basalen Teil (Abb. S. 32). Die Höhe des Gehäuses wird vom Apex zum Unterrand der Mündung gemessen.

Vom kegelförmig gewundenen Gehäuse gibt es beträchtliche Abweichungen. Manchmal liegen die Windungen nicht unter den vorhergehenden, sondern an deren Außenseite. Dann entsteht ein in einer Ebene gewundenes, planspirales Gehäuse. Wenn nur wenige, sich schnell erweiternde Windungen vorhanden sind, entstehen an ein Boot erinnernde Gehäuse wie bei der Pantoffelschnecke (Abb. S. 259). Die Napfschnecken (Abb. S. 205) gewannen infolge eines noch weitergehenden Verzichts auf eine Einrollung ein kappenförmiges Gehäuse. Bei der Gattung *Caecum* (Abb. S. 245) ist der Endabschnitt des Gehäuses nicht gewunden, sondern bildet eine schlanke Röhre.

Der allererste Gehäuseabschnitt braucht übrigens nicht denselben Drehsinn zu zeigen wie der spätere. So ist er bei den Heterobran-

chia (s. S. 55) ursprünglich „hyperstroph“ und dem Endabschnitt des Gehäuses entgegengesetzt gewunden.
Der jeweils zuletzt gebildete Teil des Gehäuses ist der Rand der Mündung. An ihm unterscheidet man einen äußeren, einen inneren und einen basalen Abschnitt. Der innere Abschnitt (Innenrand, Innenlippe) begrenzt die Mündung zur Spindel hin. Der Außenrand der Mündung kann durch die an ihm endenden Skulpturen der Gehäuseoberfläche in vielfältiger Weise ausgestaltet sein. Der Basalrand ist häufig ausgebuchtet oder zu einer halboffenen Röhre nach unten verlängert. Diese Röhre nimmt den Sipho auf und wird als Siphonalkanal oder Siphonalrinne bezeichnet.
Die Gehäuseoberfläche wird oft durch Rippen und Knoten strukturiert, daneben wie bei den Muscheln durch die Anwachsstreifen. Verlaufen die Skulpturen in Richtung der Achse des Gehäuses, handelt es sich um axiale Skulpturen; verlaufen sie im Windungssinn, d. h. mit der Spirale, sind es Spiralskulpturen. Treten gleichzeitig Axial- und Spiralleisten auf, entsteht eine Gitterskulptur. Bei den kappenförmigen Napfschnecken werden radiale und konzentrische Skulpturen unterschieden. Erstere strahlen von dem (fast in der Mitte liegenden) Apex zum Gehäuserand aus, die konzentrischen sind kreisförmig um die Spitze herum angelegt, parallel zum Gehäuserand. Stets vorhandene konzentrische Linien sind die Anwachsstreifen.

Muscheln und Schnecken in ihrem Lebensraum

Die beiden Meere, die den an unseren Küsten zu findenden Muscheln und Schnecken Lebensraum bieten, unterscheiden sich in vielerlei Hinsicht. Diese Unterschiede wirken sich auffällig auf die Artenzusammensetzung aus.
Die Ostsee hat kaum Zugang zum offenen Meer. Lediglich zwischen den dänischen Inseln und durch das Kattegatt hindurch ist Wasseraustausch mit der Nordsee möglich. Da eine Anzahl großer Flüsse in die Ostsee mündet, ist das Wasser nur schwach salzhaltig (brackig); die Ostsee ist das größte zusammenhängende Brackwassergebiet der Erde. Je weiter wir nach Osten kommen, desto stärker ist die Aussüßung. Der Salzgehalt liegt zwischen 20‰ im Westen und 5‰

im Osten. Die Gezeiten – der Wechsel von Ebbe und Flut – spielen in der Ostsee kaum eine Rolle.

Die Nordsee hingegen hat einen weiten Zugang zum offenen Ozean. Der Salzgehalt schwankt je nach Jahreszeit und Windverhältnissen zwischen 28 und 34‰. Ihre Küsten bilden im Bereich der Deutschen Bucht weite Flächen amphibischen Landes: die Watten. Sie sind nur während der Flut von Wasser bedeckt. Bis zu 10 km breit, erstrekken sie sich von der niederländischen Küste bis in den Raum Esbjerg. Die deutschen Watten umfassen etwa 3400 km^2.

Nach den Bodenverhältnissen wird zwischen Sand-, Misch- und Schlickwatt unterschieden. Das Sandwatt wird von feinen Sanden gebildet (S. 37 o.), im Schlickwatt überwiegen Ton und Silt – also feinere Partikel (S. 37 u.). Außerdem enthält es bis zu 10% organische Materie. Das Mischwatt (Abb. S. 39) vermittelt zwischen diesen beiden Typen. Hinzu kommt, 50 km vom Festland entfernt, noch eine besondere Form des Watts: Das Helgoländer Felswatt.

Die Organismen des Watts müssen – wenn sie nicht ausweichen können – dem täglichen Wechsel von Überflutung und Trockenfallen mit allen Begleiterscheinungen gewachsen sein. Bei Ebbe kann der Salzgehalt in den Resttümpeln bei starker Verdunstung erhöht, bei Regen stark herabgesetzt werden. Die täglichen und jährlichen Temperaturunterschiede sind beträchtlich. Im Sommer werden kleine Pfützen auf dem trockenfallenden Watt bis auf 30 °C aufgeheizt, im Winter kann der Wattboden gefrieren (Abb. S. 39). Heftige Wasserbewegungen wühlen den Boden auf und können die darin lebenden Tiere auswaschen oder verschütten. Organismen, die solchen Eingriffen nicht widerstehen können, kommen im Watt nicht vor. Mehrere Muschel- und Schneckenarten wurden in den deutschen Meeresteilen bisher nur in der bis 60 m tiefen sogenannten „Tiefen Rinne“ südlich und südwestlich von Helgoland festgestellt. Sie können an unseren Küsten nicht erwartet werden. In den Einzelbeschreibungen wird im Abschnitt „Verbreitung“ darauf hingewiesen, wenn Arten nur bei Helgoland vorkommen.

Für unsere Muscheln und Schnecken, die ganz überwiegend zur Fauna des Meeresbodens – zum Benthos – gehören, sind neben Salzgehalt, Temperatur, Wasserbewegung und Gezeiten vor allem Sauerstoffversorgung, Schwefelwasserstoffgehalt, Licht, Wassertiefe, Bodenart, Bewuchs, Nahrungsversorgung und die Anwesenheit von Konkurrenten oder Feinden von Bedeutung. Einige dieser Faktoren verdienen eine nähere Beachtung:

In der Ostsee wird die Verbreitung der Organismen vor allem vom abnehmenden **Salzgehalt** bestimmt. Die Artenzahlen zeigen das deutlich: Kommen in der gesamten Nordsee oberhalb der 100-m-Tiefenlinie etwa 280 Arten von Meeresmuscheln und -schnecken vor, so sind es in der westlichen Ostsee (Kieler und Mecklenburger Bucht) nur noch rund 80, in der südlichen und mittleren Ostsee 30 und im nördlichen Bereich 8 Arten. Dabei schleichen sich manche Formen mit einem Trick weit in die Ostsee hinein – über die „Brackwassersubmergenz". Sie machen sich unter anderem die Tatsache zunutze, daß die Ostsee wie viele brackische Gewässer eine vertikale Stufung des Salzgehaltes, einen vertikalen Salinitäts-Gradienten, aufweist: In der Tiefe ist der Salzgehalt höher als in den oberen Wasserschichten. Viele Arten, die normalerweise bei 30‰ Salzgehalt im Gezeitenbereich leben, besiedeln in der Ostsee tiefere Regionen. Unter anderen zeigen die Miesmuschel, die Baltische Tellmuschel und die Wattschnecke *Hydrobia ulvae* ein solches Abtauchen: In der Nordsee kommen sie ungefähr bis in 15 m Wassertiefe vor, in der Ostsee können wir sie bis in über 100 m Tiefe antreffen.
Die **Temperatur** beschränkt das Vorkommen mancher Arten in viel höherem Maße als der Salzgehalt. Für die aus der Arktis in die gemäßigten Breiten vordringenden Arten bildet das Flachwasser eine Verbreitungsgrenze nach oben in der Wassersäule, denn im Sommer wird es für sie zu stark erwärmt. Aus diesem Grunde kommen mehrere Muscheln und Schnecken, z. B. *Astarte borealis* und *elliptica, Macoma calcarea, Rissoa membranacea*, nur in tieferen Teilen der Ostsee vor.
Daß die **Sauerstoffversorgung** für die Muscheln und Schnecken von großer Wichtigkeit ist, ist leicht vorstellbar, sind wir selbst doch im höchsten Maße von diesem Faktor abhängig. Im Wattboden werden aber nur die sandigen Gebiete gut durchlüftet: die Schicht, in der oxidiert wird, wird hier über 6 cm dick. Das ist viel – im Mischwatt ist die Oxidationsschicht nur rund 1,5 cm dick; in reinem Schlick nur 0,1 cm. In tieferen Bereichen fehlt Sauerstoff. Die Muscheln haben sich weitgehend an diese Situation angepaßt: In tieferen Bodenschichten lebende Arten wie die Sandklaffmuschel

Rippeln im Sandwatt. St. Peter-Ording.

Schlickwatt, angegraben, um die helle oberste Schicht und die schwarze sauerstofffreie Zone darunter zu zeigen. Tümlauer Bucht, Halbinsel Eiderstedt.

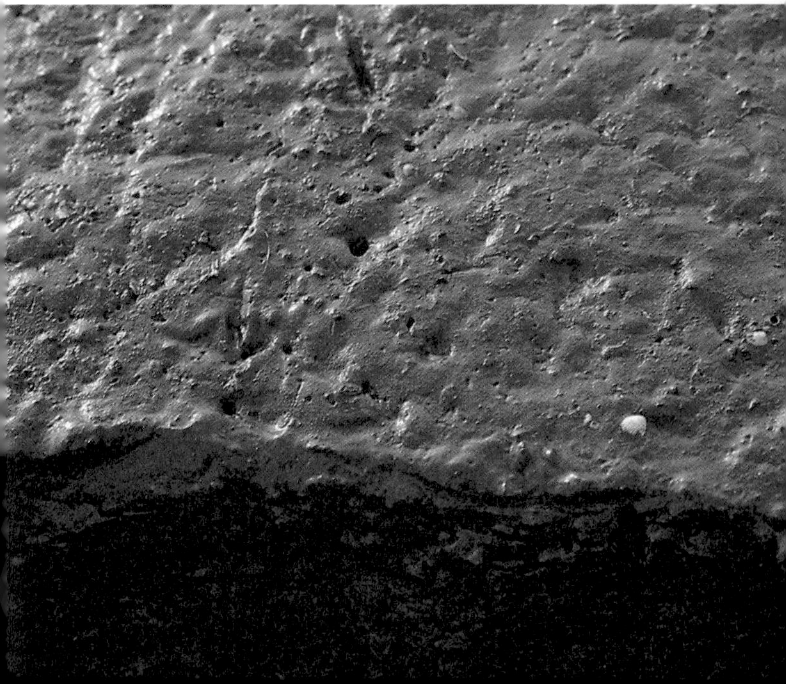

und die Große Pfeffermuschel benötigen weit weniger Sauerstoff als die weit oben siedelnden Arten wie die Herzmuschel. Sie können sogar eine Weile in sauerstofffreiem Milieu überleben. Im Watt ist das bei Ebbe wichtig, wenn kein Atemwasser zur Verfügung steht, und in der Ostsee kann diese Fähigkeit die Rettung bei Auftreten sauerstofffreien Bodenwassers bedeuten.

Der Mangel an Sauerstoff in der Ostsee, vor allem nahe dem Meeresboden, gewann in den letzten Jahren zunehmend an Bedeutung. Er verursacht die Entstehung der „toten Gründe", ein seit langem bekanntes Phänomen. Ursache ist zum einen, daß in der Ostsee wie in allen Brackgewässern nur ein geringer Austausch des Wassers aus den oberen, sauerstoffreichen mit dem der tieferen Wasserschichten erfolgt. Das hängt mit der erwähnten Schichtung aus unterschiedlich salzhaltigen Wasserkörpern zusammen: Das schwerere, stark salzige Wasser sammelt sich in der Tiefe, darüber liegt das weniger salzige Wasser. Damit ist die Sauerstoffzufuhr in die Tiefe hinein behindert. (Die tiefen Bereiche der Kieler Bucht beziehen ihren Sauerstoff bei besonders ausgeprägter Schichtung fast ausschließlich über das vom Kattegatt am Boden hereinströmende Nordseewasser.) Zum anderen ist infolge einer Überdüngung durch menschlichen Einfluß der Verbrauch des im Wasser gelösten Sauerstoffs gestiegen: Die Überdüngung fördert den Algenwuchs, und die Zersetzung der abgestorbenen Algen im Spätsommer und Herbst zehrt große Mengen Sauerstoff auf. Seit einigen Jahren wird auch die Nordsee auf diese Weise mehr und mehr in Mitleidenschaft gezogen. Wie schwerwiegend diese Verunreinigung ist, wird vor allem angesichts der Tatsache deutlich, daß in der Nordsee die Zufuhr frischen Wassers kein Problem ist.

Auch die **Wassertiefe** ist – allerdings letztlich aufgrund anderer Faktoren – für die einzelnen Arten charakteristisch. Der Leser wird in den Einzelbeschreibungen zahlreiche Angaben zur Wassertiefe finden – doch sie sind mit Vorsicht zu genießen: Zum einen ist hierüber erst wenig bekannt, zum anderen kommen viele Arten in den verschiedenen Meeresgebieten in sehr unterschiedlichen Tiefen vor.

Die genannten Umweltfaktoren gehen nicht spurlos an den Schnekken und Muscheln vorüber. So verringert sich ihre Größe, je

Mischwatt bei Sylt. Foto: Axel Willmann.

Wattenlandschaft bei Husum im Winter. Foto: Axel Willmann.

geringer der Salzgehalt ist. Infolgedessen werden Sandklaffmuscheln in der Ostsee nie so groß wie in der Nordsee. Und wird die Wellhornschnecke vor der niederländischen Küste 11 cm hoch, so sind es in der Kieler Bucht nur noch 7. Zugleich wird die Schale dünner. Das kann bei der Miesmuschel so weit gehen, daß sie fast nur noch aus der Konchiolinschicht besteht, die normalerweise nur die Oberhaut, das Periostracum, bildet.

Um sich vor Schwankungen der Umweltbedingungen zu schützen, haben die Muscheln und Schnecken verschiedene Strategien entwikkelt. Viele Formen leben im Boden, wo sie nicht nur Schutz vor Austrocknung usw. finden, sondern auch vor Feinden. Hierzu gehören fast alle Muscheln. Im Gegensatz dazu stehen jene bodenbewohnenden Arten, die **auf** dem Boden leben. Dazu gehören wenige Muscheln wie die Miesmuschel, die Auster und die Kammmuschelarten sowie einige Schnecken. Wenn solche Arten zugleich in flachstem Wasser vorkommen, haben sie meist eine hohe Widerstandsfähigkeit gegenüber Kälte und hohen Temperaturen entwikkelt. Manche Arten vermögen sogar ein kurzzeitiges Einfrieren zu überstehen. Ein anderer Weg, sich vor niedrigen Temperaturen zu schützen, besteht darin, sich im Winter an tiefere Stellen zurückzuziehen.

Muscheln und Schnecken existieren nicht nur **in** einem Lebensraum, sie sind gleichzeitig auch Lebensraum für andere Organismen. In vielen Muscheln leben kleine Krebse, darunter der „Muschelwächter", oder Saugwürmer (Trematoden). Von solchen Saugwürmern werden auch Schnecken befallen. Das Gehäuse ist oft Lebensraum bohrender Organismen wie des Wurmes *Polydora* oder des Bohrschwammes. Die Gehäuseoberfläche wird oft von Seepocken, das sind festsitzend lebende Krebse (Abb. S. 41 o.), Röhrenwürmern (S. 41 u.), Hydroid-Polypen und Algen, aber auch von anderen Muscheln oder der Pantoffelschnecke besiedelt. Die kleine Schnecke *Odostomia rissoides* lebt parasitisch auf Miesmuscheln und ist selbst Wirt der Jugendstadien eines Krebses. Weithin bekannt ist die Tatsache, daß leere Schneckengehäuse dem Einsiedlerkrebs Schutz bieten.

Literatur: ABRAHAMSE et al. 1976, ARNTZ et al. 1976, JAECKEL 1964, REMANE 1958, SCHÄFER 1962, SCHWENKE u. SCHRAM 1974

Große Miesmuschel *(Modiolus modiolus)*, mit Seepocken bewachsen. Fur/Limfjord.

Austernklappe *(Ostrea edulis)*, bewachsen mit Röhrenwürmern.

Muscheln und Schnecken als Glieder der Nahrungskette

Den Aufbau organischer Materie aus anorganischer bezeichnet man als biologische Produktion. Sie ist im Wattenmeer gewaltig. Es dient als Kinderstube für Fische und ist Brut-, Mauser- und Nahrungsgebiet für Hunderttausende von Vögeln. Auf einem Quadratmeter können Tausende von Individuen der verschiedensten Organismengruppen leben – ohne die mikroskopisch kleinen. Möglich ist das nur, weil mit jeder Flut aus den landferneren Bereichen der Nordsee Nahrung herangeführt wird. In der Ostsee, wo dieser periodische Vorgang eine untergeordnete Rolle spielt und wo derart flach ansteigende Küsten fast ganz fehlen, gibt es keinen Lebensraum, der in seiner biologischen Bedeutung dem Watt entsprechen würde.

Ein Teil der herangeführten aufgelösten Nährstoffe dient den Pflanzen als Aufbaustoff. Bei ihnen erfolgt die Bildung organischer Materie unter Nutzung der Lichtenergie. Sie sind bei ihrer Ernährung nicht auf andere Lebewesen angewiesen und vollziehen damit beim Aufbau organischer Substanzen den ersten Schritt, jenen, der alles höhere Leben ermöglicht – die Primärproduktion.

Der zweite Schritt besteht in der Umwandlung pflanzlicher Stoffe in tierische (Sekundärproduktion). Die meisten Bodentiere und damit auch die meisten Muscheln und Schnecken ernähren sich von Pflanzen. Ihrerseits dienen sie räuberisch lebenden Tieren als Nahrung. Damit ist die dritte Stufe in der Nahrungskette eingeleitet, die Tertiärproduktion: das Fressen von Tieren durch andere Tiere. Der Dorsch z. B. ernährt sich zu einem beträchtlichen Teil von Muscheln, und in der Nahrung von Jungfischen bilden die Siphonen der Herz-, Tell- und Sandklaffmuscheln einen großen Anteil. Die 30000 Austernfischer, die vor Südengland den Winter abwarten, verzehren in jener Zeit etwa 640 Millionen Herzmuscheln. Auch Strandkrabben, Seesterne und Raubschnecken fallen über die Muscheln her – und nicht zuletzt der Mensch. Dabei werden in unseren Nachbarländern viel mehr der bei uns vorkommenden Arten gegessen als bei uns. In Frankreich z. B. stehen neben Auster und Miesmuschel auch die Wellhorn- und die Strandschnecke, Herz-, Venus-, Teppich- und Scheidenmuscheln auf der Speisekarte. – Im einzelnen sind die Beziehungen innerhalb dieser dritten Stufe der Nahrungskette sehr kompliziert. Beispielsweise ernährt sich die Wellhornschnecke durchaus von anderen Weichtieren, aber

auch von Aas anderer Fleischfresser, und ihrerseits wird sie von Fischen gejagt. Diese dienen anderen Raubfischen, Seehunden und Vögeln als Nahrung. Und die Muscheln, die wir als Beispiel für pflanzenfressende Organismen genannt hatten, nehmen auch im Wasser umherschwimmende Larven auf, darunter sogar solche der eigenen Art.
Was bei der Aktivität der einzelnen Muscheln oder Schnecken herauskommt, ist wegen der ungeheuren Individuenzahl letztlich von gigantischer Dimension. Dadurch, daß sie Plankton und Schwebstoffe aufnehmen und die unverdaulichen Reste – darunter Tonpartikel – mit dem Kot am Boden festlegen, spielen sie eine wichtige Rolle bei der Bildung des Schlicks. Und nehmen wir die Milliarden anderer Lebewesen hinzu, die den Boden auf der Suche nach organischen Resten durchwühlen und fressen, dann wird uns die Vorstellung nicht schwerfallen, daß jedes Stückchen Schlickwatt, auf das wir unseren Fuß setzen, schon mehrfach den einen oder anderen Darmkanal passiert hat.

Die Namen der Muscheln und Schnecken

Im vorangegangenen Text wurden schon mehrfach die wissenschaftlichen Namen für einzelne Muscheln und Schnecken benutzt. Mancher Leser wird sich fragen, ob das notwendig ist, denn Bezeichnungen wie *Syndosmya* (S. 155) dürften nicht jedem Interessierten den Zugang zu unserer Fauna erleichtern. (Dabei ist dieser Name harmlos im Vergleich mit dem Krebs *Siemienkiewicziechinogammarus*. In diesem Fall war es aber auch den Biologen zu bunt geworden, und der Name wurde von einem internationalen Gremium für ungültig erklärt.) Nun – die wissenschaftlichen Namen erfüllen eine wichtige Aufgabe, und außerdem existieren für viele Arten gar keine deutschen Bezeichnungen.
Wenn wir eine Tier- oder Pflanzenart erwähnen, dann erwarten wir, daß unser Ansprechpartner versteht, wovon die Rede ist. Jeder wird wissen, welches Tier mit der Bezeichnung „Nachtigall“ gemeint ist. Aber so einfach ist das nicht immer, denn viele Arten tragen mehrere deutsche Namen. Die Wellhornschnecke wird zum Beispiel manchmal als Kinkhorn bezeichnet. Für die Große Rohrdommel – ein Vogel – gibt es etwa 90 Bezeichnungen, darunter Dompshorn,

Rohrbrüller, Wasserochs, Kuhreiher und Mooskrähe. Nicht jeder wird gleich an die Rohrdommel denken, wenn jemand vom Wasserochs erzählt, und vermutlich wird der gewiefteste Biologe ins Nachsinnen geraten, wenn man ihn nach dem Unterschied zwischen Kinkhorn und Dompshorn fragt. Und zu diesem Durcheinander hinzu kommen die Namen aus anderen Sprachen.

Zur Verwirrung kann auch beitragen, daß oft ganz verschiedene Arten ein und denselben deutschen Namen tragen. Beim Kuhreiher fängt das schon an – nicht nur die Rohrdommel heißt so. Im allgemeinen bezeichnet man damit einen weißen, ursprünglich in Afrika und Südspanien heimischen Vogel.

Um eine eindeutige und internationale Verständigung zu ermöglichen, stellte der schwedische Naturforscher LINNÉ (1707–1778) alle ihm bekannten Arten zusammen und versah sie konsequent mit zwei lateinischen, latinisierten oder altgriechischen Namen: einem für die Gattung, d. h. eine Gruppe aus mehreren Arten, und einem zweiten für die Art. Das sind die offiziellen Geburtsstunden der wissenschaftlichen Namensgebung. Für die Pflanzen fielen sie in das Jahr 1753, für die Tiere in das Jahr 1758. Der Gattungsname wird groß geschrieben – z. B. *Cardium* für die Herzmuschel (nach griechisch he kardía, das Herz). Den Artnamen schreibt man klein (z. B. *edule,* lat. edulis, eßbar). Diese Bezeichnungsweise ist verbindlich. Wenn eine neue Art entdeckt wurde und benannt werden soll, sind diese Regeln zu befolgen und noch ein paar weitere: Zum Beispiel darf innerhalb einer Gattung ein Artname kein zweites Mal auftauchen, und im ganzen Tierreich darf ein Gattungsname nur für eine einzige Gattung benutzt werden – *Cardium* also z. B. nur für die Herzmuschel. (Es gibt allerdings verschiedene Gattungen von Herzmuscheln.)

Wer diese Regeln nicht beachtet, produziert ungültige Namen – z. B. wenn jemand einen bereits existierenden Namen ein zweites Mal bei der Taufe eines anderen Tieres benutzt. Ungültig sind auch neue Namen für bereits benannte Arten. Es kann zum Beispiel passieren, daß ein Wissenschaftler nicht wußte, daß die von ihm getaufte Art schon von einem anderen Autoren mit einem Namen versehen worden ist. So führte SCHUMACHER im Jahre 1817 den Gattungsnamen *Arctica* für die Islandmuschel ein, und 1818 bezeichnete LAMARCK dieselbe Muschel als *Cyprina.* Gültig ist der zuerst eingeführte Name. Mehrere Namen, die ein und dieselbe Art oder Gattung bezeichnen, heißen Synonyme.

Oft wird eine neue Art aufgrund geringfügiger Unterschiede zu einer bereits bekannten beschrieben. Manchmal geht so etwas schief – dann nämlich, wenn sich später zeigt, daß diese Unterschiede innerhalb einer einzigen Art vorkommen. Auch dann sind die vergebenen Namen Synonyme, und wieder ist nur der älteste gültig. Ursache für einen solchen Fehler kann sein, daß die Art von Ort zu Ort bzw. je nach Lebensbedingungen verschieden aussieht. Auch Männchen und Weibchen ein und derselben Art sind manchmal für artverschieden angesehen worden.
Auch unterschiedliche Vorstellungen davon, was eine Art eigentlich ist, haben zu ungültigen Namen geführt. Früher bezeichnete man als Art eine Gruppe sehr ähnlicher Individuen. Aber dann erkannte man, daß manchmal Individuen miteinander Nachkommen erzeugen, zwischen denen erhebliche Merkmalsunterschiede bestehen – eine solche Fortpflanzungsgemeinschaft kann man aber unmöglich in mehrere Arten aufteilen. Umgekehrt gibt es Gruppen von Individuen, die sich nicht miteinander vermischen, obwohl sie sich äußerlich kaum unterscheiden – so z. B. unsere beiden Herzmuschelarten *Cerastoderma edule* und *C. lamarcki*. Ein Individuum muß nicht unbedingt anders aussehen, um zu einer anderen Art zu gehören, und umgekehrt sind die Individuen ein und derselben Art einander nicht unbedingt sehr ähnlich. Tatsächlich ist eine Art etwas ganz anderes als eine Gruppe einander ähnlicher einzelner Tiere oder Pflanzen. Eine Art ist eine Population oder Gruppe von Populationen, die sich aufgrund biologischer Schranken im Fortpflanzungsgeschehen mit anderen solchen Gemeinschaften genetisch nicht vermischt. Pferd und Esel sind ein Beispiel für zwei nahe verwandte Arten, die jedermann kennt. Beide bilden eine Fortpflanzungsgemeinschaft, doch wird genetisches Material aus der einen Art nicht in die andere übertragen. Zwar vermögen beide noch Nachkommen zu erzeugen – Maultier bzw. Maulesel –, aber die sind unfruchtbar. Wenn man sich die Rassen der Pferde vor Augen führt, dann gewinnt man einen Eindruck von den möglichen Unterschieden innerhalb einer Art. Eine vergleichbare Variabilität kann in allen Arten auftreten, auch bei Muscheln und Schnecken.
Dem Namen einer Art fügt man der Eindeutigkeit wegen den Namen des Autors und die Jahreszahl der Erstbeschreibung bei. Wurde eine Art später in eine andere Gattung gestellt als vom Erstautor, dann werden Autorenname und Jahreszahl in Klammern gesetzt – Beispiel: *Arctica islandica* (LINNÉ 1767). Daraus ist

ersichtlich, daß LINNÉ zwar die Art benannt, sie aber in einer anderen Gattung untergebracht hatte.

Zum Abschluß möchte ich auf das Problem eingehen, wie die bekannteste Muschel der deutschen Meeresgebiete, die Herzmuschel, heißt. Ich glaube, daß sich daraus ein guter Einblick in das Verfahren der Benennung der Arten und Gattungen gewinnen läßt. Ihr wissenschaftlicher Name ist so bekannt wie nur wenige: *Cardium edule*. *Edule* ist richtig, *Cardium* aber – das ist falsch. Daran ändert auch die Tatsache nichts, daß 1972 in einer Doktorarbeit versucht wurde zu zeigen, daß die Eßbare Herzmuschel doch *Cardium* heißen muß. Es ist nämlich wichtig, die sogenannte Typusart einer Gattung zu kennen. Das ist jene Art, aufgrund welcher eine Gattung ursprünglich beschrieben wurde (die Typusart kann auch nachträglich festgelegt werden). LINNÉ hatte 1758 mehrere Herzmuschelarten beschrieben und sie alle zu einer Gattung – *Cardium* – gestellt. Darunter waren die Arten *edule*, *echinatum* und *costatum*. Später zeigte sich, daß diese 3 Arten nicht nur zu einer Gattung gehören, sondern daß mit ihnen die Vertreter von 3 verschiedenen Gattungen vorliegen. Es erhob sich nun die Frage, welche Art den Namen *Cardium* behalten sollte und für welche Arten neue Gattungsnamen eingeführt werden mußten. Auf keinen Fall durfte die Typusart von *Cardium* mit einem neuen Gattungsnamen kombiniert werden. Typusart ist *Cardium costatum*, ein wunderschönes Tier, das vor der westafrikanischen Küste lebt. Die Art *costatum* heißt noch heute *Cardium*, und sie wird so heißen, so lange es die derzeitigen Regeln der wissenschaftlichen Namensgebung gibt. Neue Gattungsnamen waren also für die Arten *edule* und *echinatum* einzuführen. Das taten die Naturkundler POLI im Jahre 1795, als er die Bezeichnung *Cerastoderma* für LINNÉS *Cardium edule* schuf, und GRAY, als er 1851 den Namen *Acanthocardia* für LINNÉS *Cardium echinatum* einführte. *Cerastoderma edule* heißt also unsere Eßbare Herzmuschel. (Sie wird übrigens oft nicht einmal in dieselbe „Unterfamilie" wie *Cardium* gestellt.)

Wenn sich in einer Gattung mehrere gut umgrenzte Artengruppen erkennen lassen, werden für sie oft Untergattungen eingeführt. Die Namen der Untergattungen beginnen wie die der Gattung mit einem Großbuchstaben. Sie werden in Klammern zwischen Gattungs- und Artname eingefügt. Beispiel: *Tellina* (*Angulus*) *tenuis*.

Literatur: LAUCKNER 1972, LINNÉ 1758, MAYR 1967, WILLMANN 1985, WÜST 1970

Systematische Übersicht

Lange Zeit war es Anliegen der Systematik, eine praktische Übersicht, eine Klassifikation der Organismen zu erstellen. Seit wir wissen, daß es eine Stammesgeschichte gibt, wurden auch die Verwandtschaftsbeziehungen der Organismen bis zu einem gewissen Grade berücksichtigt.

Das Wesen der Stammesgeschichte liegt in der fortwährenden Entstehung von Arten – darin, daß sich eine Art in zwei Individuengruppen aufspaltet, zwischen denen kein Austausch des Erbgutes mehr erfolgt. Dies führt letztlich zu Artengruppen. Eine Gruppe als natürliche Einheit besteht damit aus einer Stammart und allen ihren Nachkommen. Man nennt sie eine geschlossene Abstammungsgemeinschaft oder ein Monophylum. Eine solche Gruppe enthält damit die miteinander am nächsten verwandten Arten.

Aufgabe der Naturwissenschaften allgemein ist es, die realen Einheiten der Natur zu erfassen und ihre Beziehungen zueinander zu ergründen. Die Arten und geschlossenen Abstammungsgemeinschaften sind als historische Produkte solche Einheiten, und Resultat der Stammesgeschichte ist ein ganz bestimmtes System der Verwandtschaftsbeziehungen zwischen ihnen. Das Ziel der modernen biologischen Systematik liegt daher in der Ermittlung und konsequenten Darstellung dieses natur-vorgegebenen „phylogenetischen Systems" der Organismen (Phylogenese = Stammesgeschichte). Die Entstehung der Artengruppen entsprechend besteht es aus hierarchisch ineinandergeschachtelten geschlossenen Abstammungsgemeinschaften und Arten: So umfassen die Weichtiere (Mollusca) zwei Teilgruppen – die Furchen- und Schildfüßer auf der einen und die Testaria (gehäusetragenden Weichtiere) auf der anderen Seite. Letztere bestehen aus den Käferschnecken (Placophora) und den Conchifera (den Weichtieren mit primär einteiligem Gehäuse), diese wiederum aus den Neopilinida (mit ganz wenigen Tiefsee-Formen) und den Ganglioneura, zu denen die Kopffüßer, Schnecken, Grabfüßer und Muscheln gehören. Diese Auflistung immer kleinerer Teilgruppen ließe sich weiterführen, bis wir bei einzelnen Arten angelangt sind.

Viele der bisherigen Klassifikationen enthalten Gruppen, die keine geschlossenen Abstammungsgemeinschaften sind. Ein Beispiel dafür sind die Kriechtiere (Reptilien). Sie umfassen zwar eine bestimmte Stammart, eben die „Stammart der Reptilien", nicht aber alle Nachkommen dieser Art, denn zu diesen gehören auch die Vögel und Säugetiere. Die Muscheln und Schnecken hingegen sind jeweils eine geschlossene Abstammungsgemeinschaft. Für viele ihrer Teilgruppen, wie man sie derzeit unterscheidet, gilt das aber nicht, denn die Verwandtschaftsbeziehungen sind nicht hinreichend bekannt. Das heißt, daß das phylogenetische System der Muscheln und Schnecken noch erarbeitet werden muß. Die folgende Übersicht enthält daher Gruppierungen, die nicht-natürliche Zusammenstellungen von Arten sind.

Muscheln
(Bivalvia, Lamellibranchia)

Palaeotaxodonta

Kiemen im Vergleich zu denen der Polysyringia (siehe unten) ursprünglich: mit zwei Reihen kurzer Blättchen, die nur der Atmung – nicht auch der Ernährung – dienen. Schloß aus einer Reihe einfacher Zähne und Zahngruben bestehend. Ohne Byssus.

Nuculidae (Nußmuscheln). Gehäuse gerundet-dreiseitig. Ohne Siphonen.

Nucula, S. 81

Nuculanidae (= Ledidae, Schnabelmuscheln). Gehäuse hinten verlängert. Mit Siphonen.

Nuculana (= *Leda*), S. 84

Palaeobranchia (= Cryptodonta)

Kiemen doppelt blättrig-gefiedert, auch der Ernährung dienend. Schloß zahnlos. – In deutschen Meeresteilen heute nicht vertreten, doch wird aus älteren Ablagerungen die derzeit auch in benachbarten Gewässern vorkommende Schotenmuschel (*Solemya*) ausgespült (im folgenden nicht beschrieben).

Polysyringia

Die Kiemen stehen im Dienste des Nahrungserwerbs, indem sie Nahrungsteilchen aus dem Wasser filtern.

Pteriomorpha

(= Mesobranchia, = Filibranchia)

Die Kiemen bestehen aus 2 Reihen langer Fäden, die miteinander durch Wimpern verbunden (nicht miteinander verwachsen) sind. Ohne Siphonen. Meist mit Byssus.

Arcina (= Eutaxodonta). Schloß mit parallel in einer Reihe angeordneten Zähnen und Zahngruben (taxodontes Schloß).

Arcidae (Archenmuscheln). Schloßrand gerade.

Arca, S. 109

Glycimeridae. Schloßrand gebogen, Gehäuse im Umriß kreisförmig.

Glycimeris (im folgenden nicht beschrieben). Bisher erst ein Fund aus deutschen Meeresteilen bekannt (Juist, Schreitling 1963).

Pteriina. Vorderer Schließmuskel zurückgebildet oder fehlend. Schloß meist zahnlos (dysodont).

Anomioidea. Vorderer Schließmuskel fehlt. Fuß klein. Kiemen filibranch (Fadenkiemen).

Monia S. 86, *Anomia* S. 86, *Heteranomia,* S. 88

Ostreoidea (Austern). Gehäuse ungleichklappig. Vorderer Schließmuskel und Byssus fehlen, beim erwachsenen Tier auch der Fuß. Kiemen pseudolamellibranch (auf- und absteigender Schenkel der Kiemenfäden durch Querbrücken ähnlich wie bei den Blattkiemen verbunden).

Ostrea, S. 88

Pectinoidea (Kammuscheln). Schloßrand mit „Ohren". Vorderer Schließmuskel fehlt. Mantelrand mit Tentakeln. Fuß klein.

Aequipecten S. 106, *Chlamys* S. 108, *Camptonectes* S. 108

Mytilina (= Isofilibranchia). Vorderer Schließmuskel klein oder fehlend. Kiemen aus einfachen Kiemenfäden bestehend, die nach unten ziehen und dort nach oben umbiegen.

Mytilus S. 92, *Crenella* S. 100, *Musculus* S. 100, *Modiolus* S. 104

Metabranchia

(= Eulamellibranchia)

Kiemenbau hochentwickelt (Blattkiemen, Eulamellibranchien): Die Kiemenfäden sind durch längsverlaufende Gewebebrücken miteinander verbunden, wodurch die äußeren (aufsteigenden) Schenkel der Kiemenfäden zusammen eine äußere, die inneren (absteigenden) Schenkel eine innere Lamelle bilden. Außerdem mit Querbrücken zwischen den Lamellen.

Heterodonta. Schloß mit wenigen Zähnen, die in Haupt- und Seitenzähne differenziert sind (oder sekundär zahnlos).

Venerina

Astartoidea. Mantellinie ohne Bucht.

Astarte S. 110

Lucinoidea. Ohne Mantelbucht, Gehäuse im Umriß kreis-kreisförmig.
Thyasiridae.

Thyasira S. 115

Lucinidae (Mondmuscheln).

Lucinoma S. 116, *Lucinella* S. 118

Galeommatoidea. Gehäuse dünn, durchscheinend, mit einfacher oder zurückgebildeter Schloßbezahnung.

Montacuta S. 118

Cardioidea (Herzmuscheln). Gehäuse mit kräftigen Radialrippen. Siphonen kurz, Fuß lang.

Cerastoderma S. 120, *Parvicardium* S. 131, *Acanthocardia* S. 132

Arctoidea. Ohne Mantelbucht.

Arctica S. 134

Veneroidea. Rechte Klappe mit 3 Hauptzähnen, zwischen die 2 Hauptzähne der linken Klappe greifen. Mit Siphonen und tiefer Mantelbucht.
Veneridae.

Dosinia S. 136, *Venus* S. 139

Paphiidae. Mit Byssus.

Venerupis S. 142

Petricolidae. Siphonen sehr lang.

Petricola S. 144, *Mysia* S. 146

Tellinoidea. Schloß schmal, jederseits mit 2 Hauptzähnen. Siphonen lang, Mantelbucht groß.

Donacidae (Dreiecksmuscheln).

Donax S. 153

Semelidae.

Abra S. 155

Scrobiculariidae (Pfeffermuscheln).

Scrobicularia S. 158

Gariidae (Sandmuscheln).

Gari S. 160

Tellinidae (Plattmuscheln).

Arcopagia S. 160, *Tellina* S. 162, *Macoma* S. 165

Myina (= Adapedonta). Schloßplatte schwach entwickelt oder ganz reduziert.

Mactroidea. Hauptzähne V-förmig.

Mactra S. 150, *Spisula* S. 147

Solenoidea (Scheidenmuscheln). Gehäuse langgestreckt, an den Enden klaffend. Schloß ohne Seitenzähne.

Ensis S. 169, *Solen* S. 174, *Phaxas* S. 172

Myoidea.

Hiatellacea.

Hiatella S. 174, *Saxicavella* S. 179

Myacea (Klaffmuscheln).

Corbula S. 180, *Mya* S. 182

Pholadoidea (= Adesmoidea). Gehäuse vorn und hinten klaffend, ohne Ligament, ohne Schloß. Bohrmuscheln.

Pholadidae. Gehäusevorderrand gezähnelt. In der Wirbelregion mit 1–5 zusätzlichen Kalkplättchen.

Zirfaea S. 188, *Pholas* S. 191, *Barnea* S. 192

Teredinidae. Gehäuse klein, zu einer „Bohrkrone" umgewandelt, höher als lang.

Teredo S. 193

Anomalodesmata (= Pholadomyida, = Desmodonta). Schloßrand zahnarm bis zahnlos; mit Siphonen, mit Mantelbucht.

Thracia S. 199, *Cochlodesma* S. 200

Schnecken (Gastropoda)

Archaeogastropoda (Diotocardia)

In vieler Hinsicht die ursprünglichsten Schnecken: Mit 2 Kiemen, 2 Nieren und 2 Herzvorhöfen. Die Kiemenblättchen gehen in 2 Reihen von einer Mittelachse aus. Diese Verhältnisse wurden bei den Monotocardia abgewandelt.

Meistens werden jene Schnecken, bei denen die Mantelhöhle vorn liegt, als „Vorderkiemer" (Prosobranchia) zusammengefaßt. Sie bilden keine geschlossene Abstammungsgemeinschaft, denn sie enthalten nicht alle Nachkommen ihrer Stammart – nämlich die Euthyneura (s. unten) nicht. Die „Prosobranchia" sind damit eine der populäreren Gruppenbildungen, die im modernen phylogenetischen System der Organismen keine Berechtigung haben. Ob die Archaeogastropoda eine geschlossene Abstammungsgemeinschaft bilden, ist nicht gesichert.

Patellina (= Docoglossa). Gehäuse napfförmig.
Radula mehrreihig-starr (docogloss). Deckel (Operculum) fehlt.

Patellidae. An der Unterseite des Mantels mit einem Kranz sekundärer Kiemenblätter.

Patella S. 202, *Helcion* S. 204

Acmaeidae. Mit einer doppelfiedrigen Kieme hinter dem Kopf.

Acmaea S. 206

Lepetidae.

Pilidium S. 206

Vetigastropoda

Fissurelloidea (Lochschnecken). Gehäuse napfförmig, mit Schlitz am Vorderrand oder Loch an der Spitze.
Puncturella S. 206

Trochoidea (Kreiselschnecken).
Trochidae. Gehäuseunterseite flach.
Gibbula S. 206, *Calliostoma* S. 208

Monotocardia

Nur noch mit einem Herzvorhof, einer Kieme und einer Niere. Die Kieme trägt nur noch eine Reihe von Kiemenblättchen. (Bei abgeleiteten Formen kann die Kieme fehlen.) Gehäuse ohne Perlmutter.

Da die Verwandtschaftsbeziehungen innerhalb der Monotocardia nur ungenügend bekannt sind, werden viele Teilgruppen linear hintereinander aufgeführt, nicht hierarchisch angeordnet.

a) Caenogastropoda

Rissooidea (Kleinschnecken). Gehäuse klein.
Rissoidae.
Rissoa S. 210, *Turboella* S. 212, *Onoba* S. 214, *Cingula* S. 215

Barleeidae.
Barleeia S. 215

Hydrobiidae.
Hydrobia S. 216, *Potamopyrgus* S. 221

Skeneopsidae.
Skeneopsis S. 221

Assimineidae. *Assiminea* S. 223

Littorinoidea (Uferschnecken).
Littorinidae (Strandschnecken).
Littorina S. 226

Lacunidae. *Lacuna* S. 223

Cerithioidea (Nadelschnecken).
Turritellidae (Turmschnecken).
Turritella S. 238

Triphoridae. Gehäuse meist linksgewunden.
Triphora S. 240

Cerithiidae. Mündung unten mit kleiner Bucht oder Rinne.
Bittium S. 242

Caecidae (Zugehörigkeit zu den Cerithoidea ungewiß). Sehr klein, Endabschnitt des Gehäuses nicht gewunden.
Caecum S. 244

Ptenoglossa. Radula in jeder Reihe mit zahlreichen kleinen Seitenzähnen, ohne Mittelzahn (ptenoglosse Radula).
Epitonioidea.
Epitonium S. 246

Eulimoidea (Aglossa). Radula (ptenogloss) klein oder vollkommen reduziert.
Eulimidae. Gehäuse schlank turmförmig, glatt.
Eulima S. 249

Naticoidea (Nabelschnecken). Gehäuse rundlich, glatt, genabelt.
Lunatia S. 250, *Bulbus* S. 254

Lamellarioidea. Gehäuse birnenförmig bis oval; ohne Deckel.
Lamellariidae. Gehäuse dünnschalig, Mündung weit.
Lamellaria S. 256, *Velutina* S. 254

Cypraeoidea (Porzellanschnecken). Gehäuse oval, Mündung schlitzförmig, mit Zähnchen.
Triviidae.
Trivia S. 256

Calyptraeoidea.
Crepidula S. 257

Stromboidea. Mündungsaußenrand erwachsener Tiere oft verbreitert.

Aporrhais S. 261

Neogastropoda (= Stenoglossa). Radula mit 3 Zahnplatten pro Reihe (bei manchen Formen abgewandelt). Mit Sipho. Räuber und Aasfresser.

Muricoidea (Stachelschnecken).

Muricidae. Mit Purpurdrüse.

Trophonopsis S. 265, *Nucella* S. 263

Buccinoidea.

Buccinidae (Hornschnecken).

Buccinum S. 266, *Neptunea* S. 270

Nassariidae (Reusenschnecken).

Nassarius S. 272

Conoidea (Kegelschnecken). Vorderdarm mit Giftdrüse.

Mangeliidae.

Raphitoma S. 276

Turridae.

Oenopota S. 274

b) Schwestergruppe der Caenogastropoda: **Rissoelloidea und Heterobranchia**

Rissoelloidea. Mit 2 großen Pedalganglien und direkter Entwicklung.

Omalogyridae.

Omalogyra S. 222

Heterobranchia. Protoconch (= embryonaler Gehäuseteil) hyperstroph (z. T. wieder aufgegeben); mit einem neuen Bau des Osphradiums.

Pyramidelloidea. Radula rückgebildet. Rüssel mit Saugstilett.

Odostomia S. 284, *Chrysallida* S. 286, *Eulimella* S. 287, *Ebala.* S. 287, *Turbonilla* S. 288

Euthyneura (= Pentaganglionata)

Überkreuzung der Hauptnervenstränge aufgehoben. Mit 2 zusätzlichen parietalen Ganglien. Primär zwittrig.

Acteonoidea.

Acteon S. 277

Cephalaspidea (= Bullomorpha) (Kopfschildschnecken).

Diaphanidae. Gehäuse oval, Gewinde eingesenkt.

Diaphana S. 279

Retusidae. Gehäuse walzenförmig.

Cylichna S. 283, *Retusa* S. 280

Philinidae.

Philine S. 278

Anaspidea (= Aplysiomorpha).

Akera S. 282

Pulmonata (Lungenschnecken)

Kieme rückgebildet, die Atmung erfolgt durch die Wand der Mantelhöhle.

Ovatella S. 289

Literatur: AX 1984, HASZPRUNAR 1985, KILIAS 1982, LAUTERBACH 1983, SALVINI-PLAWEN 1980, SALWINI-PLAWEN u. HASZPRUNAR 1987.

Schlüssel zur Bestimmung der Gattungen und Arten

Der Schlüssel ist so aufgebaut, daß der Benutzer unter jeder Position 2 Beschreibungen und entsprechend 2 Wahlmöglichkeiten findet, die ihm den weiteren Weg der Bestimmung erschließen. Dieser Weg ist so lange nicht beendet, wie Hinweise auf weitere Positionen (= Ziffern) erfolgen. Das Ziel ist mit einem Gattungs- oder Artname erreicht. Dann bietet es sich an, das Fundstück mit der Abbildung der bei der Bestimmung ermittelten Form zu vergleichen. Ist bei der Bestimmung ein Fehler unterlaufen, müssen wir von vorn beginnen oder die Bestimmungsschritte rückwärts nachvollziehen, bis wir den Fehler finden. Um das zu erleichtern, ist dort, wo ein Sprung über mehrere Positionen erfolgt, die Nummer der Ausgangsposition in Klammern beigefügt. Möglichkeiten für Fehlbestimmungen gibt es viele: Es kann sein, daß ein Merkmal schwer zu erkennen ist, nicht zuletzt infolge der Erhaltensweise. Einzelne Schloßzähne können abgebrochen sein, die Seitenzähne der Trogmuscheln, an frischem Material geriefelt, sind bisweilen glattgeschliffen. Der Verlauf der Mantellinie ist bei ungünstiger Erhaltung und bei vielen Arten stets schwer zu erkennen. Farben können verblichen oder durch die Farbe des Bodens überprägt sein. Zu beachten ist ferner, daß sich der Schlüssel auf ausgewachsene Exemplare bezieht. In einigen Fällen weichen die Gehäuse junger Tiere von denen der erwachsenen ab. Zum Beispiel ist bei jungen Exemplaren der Abgestutzten Klaffmuschel (*Mya truncata*) der Hinterrand des Gehäuses noch nicht abgestutzt, und junge Pelikanfüße (*Aporrhais pespelecani*, eine Schnecke) haben noch nicht die später so charakteristischen Fortsätze am Rand der Mündung.

Muscheln

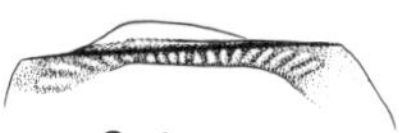

S–1

1 Schloß aus einer Reihe zahlreicher, gleichförmiger Zähne bestehend (S–1, S–2). 2

– Schloß anders. 5

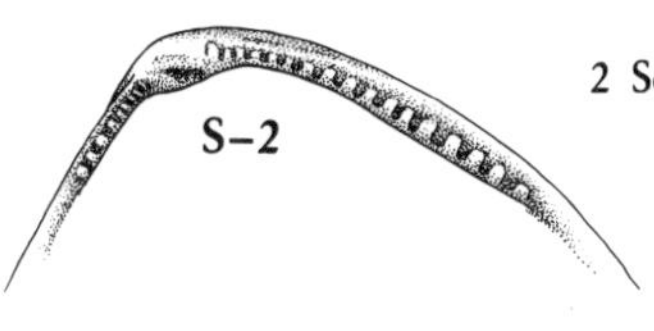

S–2

2 Schloßrand gerade (S–1).
Arca nodulosa (S. 109)

– Schloßrand deutlich gewinkelt (S–2). 3

3 Gehäuseinnenseite stark perlmutterglänzend, Gehäuseumriß annähernd dreiseitig bis elliptisch (Abb. S. 83). 4

– Gehäuseinnenseite porzellanartig oder schwach perlmutterglänzend, Gehäuse hinten geschnäbelt (S–3).

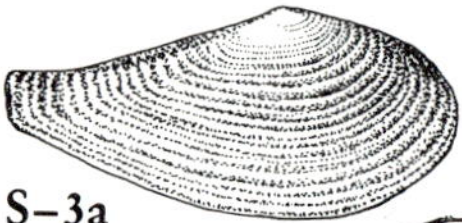

S–3a

a) Oberfläche mit kräftigen konzentrischen Rippen (S–3a).
Nuculana minuta (S. 84)

b) Oberfläche mit feinen konzentrischen Rippen (S–3b).
Nuculana pernula (S. 84)

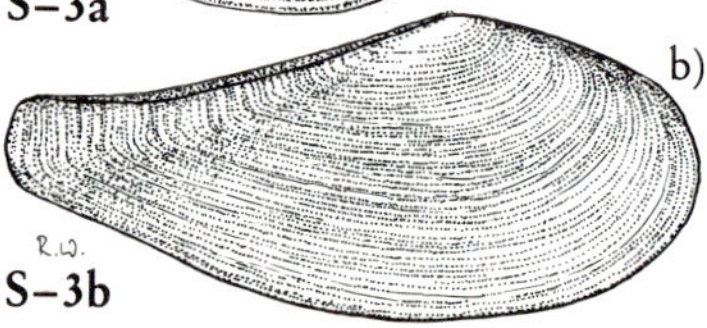

S–3b

4 Gehäuserand innen glatt.
Nucula tenuis (S. 82)

– Gehäuserand innen gezähnelt.
a) Periostrakum matt, Gehäuseoberfläche mit kaum erkennbaren Radiallinien (Abb. S. 83).
Nucula nucleus (S. 81)
b) Periostrakum glänzend, Oberfläche fein, aber deutlich radial berippt (Abb. S. 83).
Nucula turgida (S. 82)

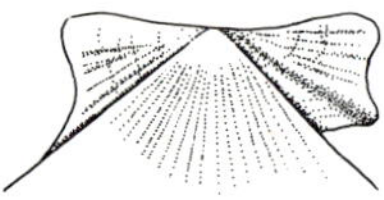

S–4a

5 (1) vor und hinter dem Wirbel mit einem flügelähnlichen Fortsatz („Ohr") (Abb. S–4). 6

– Gehäuse ohne „Ohren". 7

S–4b

6 Gehäuseumriß elliptisch, höher als lang, mit 25–35 Rippen (Abb. S. 107).
Chlamys varia (S. 108)

– Gehäuseumriß fast kreisförmig (Abb. S. 108).
a) Vorderohr nur wenig kleiner als das hintere (S–4a).
Aequipecten opercularis (S. 106)
b) Vorderohr mindestens dreimal so lang wie das hintere (Abb. S–4c).
Camptonectes tigrinus (S. 108)

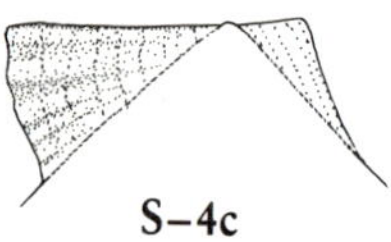

S–4c

7 (5) Schale von blättriger Struktur und/oder flächig unregelmäßig gewellt, innen perlmuttrig; Gehäuseumriß unregelmäßig. 8

– Schale nicht blättrig, nicht unregelmäßig gewellt. 10

8 Schale dick, untere Klappe ohne Loch.
Ostrea edulis (S. 86)

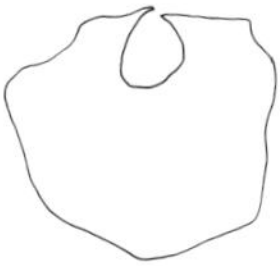

S–5

– Schale dünn, untere (festgewachsene) Klappe mit Loch (S–5). 9

9 Obere (linke) Klappe radial berippt, Loch in der unteren (rechten) Klappe annähernd dreieckig (Abb. S. 87).
Monia patelliformis (S. 86)

S–6a

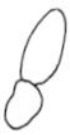

S–6b S–6c

– Obere Klappe ohne Radialrippen, Loch in der unteren Klappe rundlich bis oval.
a) Linke (obere) Klappe mit drei Muskeleindrücken (Abb. S–6a).
Anomia ephippium (S. 86)
b) Linke Klappe mit 2 Muskeleindrücken (S–6c).
Heteranomia squamula (S. 88)

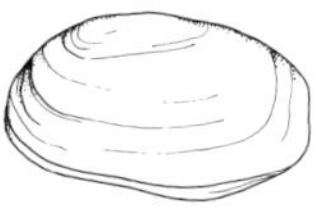

S–7

10 (7) Gehäuse von unregelmäßigem, angenähert rechteckigem Umriß, mit konzentrischen Runzeln, weiß (S–7, Abb. S. 177).
Hiatella (S. 174)

– Gehäuse von regelmäßigem Umriß 11

11 Gehäuse sehr schlank und lang (mindestens 3mal so lang wie breit), Ober- und Unterrand einander nahezu parallel verlaufend (S–8) 12

– Gehäuse weniger schlank 16

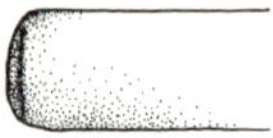

S–9

12 Gehäuse mit einer scharfen, dem Vorderrand parallel verlaufenden Rinne (innen als Wulst durchgeprägt) (S–9). In jeder Klappe nur 1 senkrechter Schloßzahn.
Solen marginatus (S. 174)

– Gehäuse ohne Rinne am Vorderrand. 13

S–8a

13 Vorder- und Hinterrand stark gerundet, Gehäuse im Verhältnis zur Länge hoch (L/H ca. 3:1 bis 3,5:1), höchstens 4 cm lang, Schale weißlich, durchscheinend (S–8a).
Phaxas pellucidus (S. 172)

S–8b

– Vorder- und Hinterrand des Gehäuses nahezu senkrecht abgestutzt, Gehäuse schlanker, Oberfläche mit Farbmuster (S–8b). 14

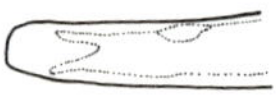

S–10a

14 Hinterer Schließmuskeleindruck um mehr als den eigenen Längsdurchmesser von der Mantelbucht entfernt. Mantelbucht schmal (S–10a–b).
Ensis ensis (S. 172) (bis 10 cm lang, Gehäuse deutlich gekrümmt) und *Ensis arcuatus* (S. 172) (bis 16 cm, Gehäuse meist weniger stark gebogen).

S–10b

– Hinterer Schließmuskeleindruck um weniger als seinen eigenen Längsdurchmesser von der Mantelbucht entfernt. Mantelbucht breit (S–10c–d) 15

S–10c

15 Gehäuse gerade, Mantelbucht im Umriß halbkreisförmig (S–10c).
Ensis siliqua (S. 170)

– Gehäuse deutlich gekrümmt. Mantelbucht breit, oben in Richtung zum Schließmuskelabdruck in einer Spitze auslaufend (S–10d).
Ensis directus (S. 169)

S–10d

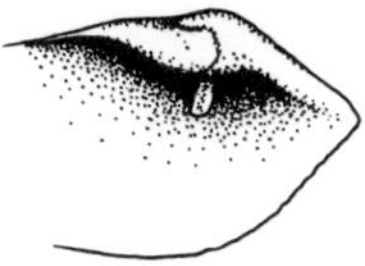

S–11

16 (11) Jede Klappe innen mit einem langen Fortsatz (S–11). Außenseite zumindest vorn deutlich skulpturiert, Oberrand jeder Klappe (außer bei *Teredo*) nach außen umgeschlagen. 17

– Gehäuse ohne innere Apophysen, Oberrand nicht nach außen umgeschlagen. 21

17 Gehäuse im Verhältnis zum Weichkörper winzig, umgibt lediglich als „Bohrkrone“ den vordersten Körperteil. Gehäuse kugelig, Umriß der Klappen unregelmäßig. 20

– Gehäuse umgibt den größten Teil des Körpers, elliptisch. 18

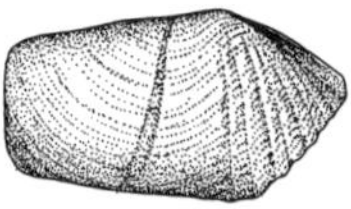

S–12

18 Vorder- und Hinterabschnitt der Klappen durch eine Furche getrennt (S–12). *Zirfaea crispata* (S. 188)

– Klappen ohne eine solche Furche. 19

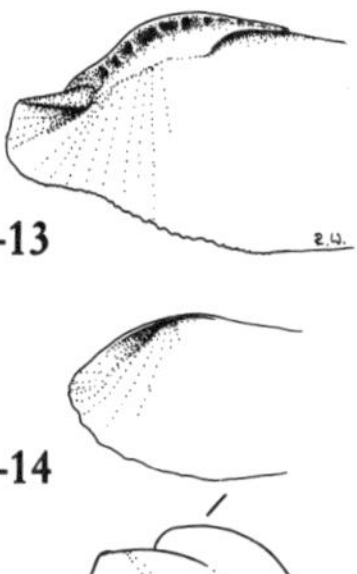

S–13

19 Vorderende fingerförmig verschmälert (S–13). *Pholas dactylus* (S. 191)

S–14

– Vorderende gleichmäßig gerundet (S–14). *Barnea candida* (S. 192)

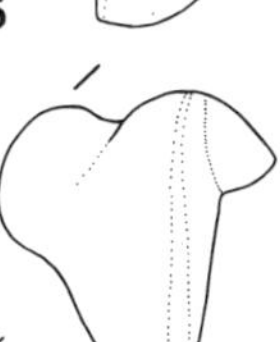

S–15

20 (17) Das hintere Drittel des Gehäuses ragt nach oben über das Niveau des Wirbels hinaus (S–15). *Psiloteredo megotara* (S. 198)

S–16

– Das hintere Gehäusedrittel erreicht das Niveau des Wirbels nicht (S–16). *Teredo navalis* (S. 193)

21 (16) Schloß mit einem oder mehreren echten Schloßzähnen (bei *Saxicavella* nur in der rechten Klappe) (nicht mit Ligamentfortsatz – S–20 – verwechseln). 32

– Schloß zahnlos oder allenfalls mit zahnähnlichen Krenulierungen (S–17, S–18, S–21, S–22), zuweilen mit einem mächtigen Fortsatz für das innere Ligament (S–20). 22

22 Vorderer und hinterer Schließmuskeleindruck annähernd gleich groß oder vorderer größer als der hintere, Schloß nicht krenuliert. 28

– Vorderer Schließmuskeleindruck sehr klein, hinterer groß, Schloß bisweilen mit zahnähnlichen Krenulierungen, Mantellinie stets ohne Bucht. 23

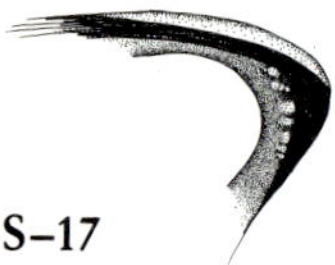

S–17

23 Gehäuseoberfläche ohne Radialrippen. 24

– Gehäuseoberfläche mit Radialrippen. 25

24 Wirbel am Vorderende des Gehäuses, spitz (S–17).

Mytilus edulis (S. 92)

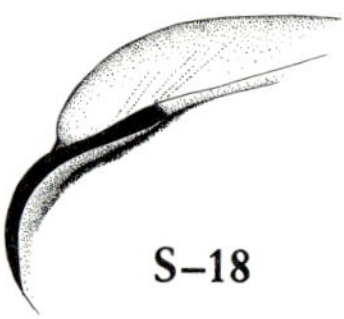

S–18

– Wirbel ein Stück hinter dem Vorderende (S–18).

Modiolus modiolus (S. 104)

25 (23) Radialrippen nur in zwei Flächen im vorderen und im hinteren Gehäuseteil, Wirbel nahe dem Vorderende. 26

– Gesamte Gehäuseoberfläche radial berippt, Wirbel in der Gehäusemitte, Gehäuse höchstens 5 mm lang.

Crenella decussata (S. 100)

S–19a

26 Gehäuse aufgebläht, Hinterrand schmal zulaufend (S–19a).

Musculus marmoratus (S. 103)

– Gehäuse nicht aufgebläht, Hinterrand gleichmäßig gerundet. 27

S–19b

27 Gehäuseunterrand vor Beginn des Hinterrandes mit einer kleinen Ausbuchtung, Periostrakum grünlich bis braun (S–19b).
Musculus discors (S. 100)

– Gehäuseunterrand nicht ausgebuchtet, Periostrakum in der Jugend braun bis olivgrün, später bis schwarz werdend (S–19c).
Musculus niger (S. 102)

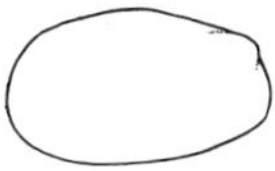

S–19c

28 (22) Mantellinie ohne Bucht.
Thyasira flexuosa (S. 115)

– Mantellinie mit Bucht. 29

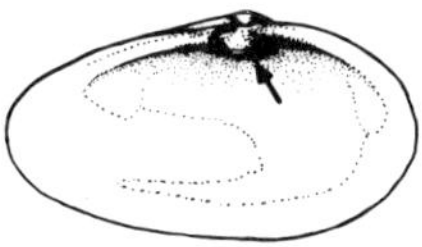

S–20

29 Linke Klappe mit einem mächtigen, unter den Wirbel der rechten Klappe (nicht nach unten) ragenden Chondrophor (S–20), rechte Klappe mit einer unter dem Wirbel in Richtung zur Außenseite des Gehäuses (nicht nach unten) sich erstreckenden Ligamentgrube. 31

– Ligamentgruben vertikal (parallel zu den Seitenflächen des Gehäuses) ausgerichtet. 30

30 Inneres Ligament in einer vom Wirbel aus nach vorn gerichteten, ovalen Grube (S–21b oben).
Cochlodesma praetenue (S. 200)

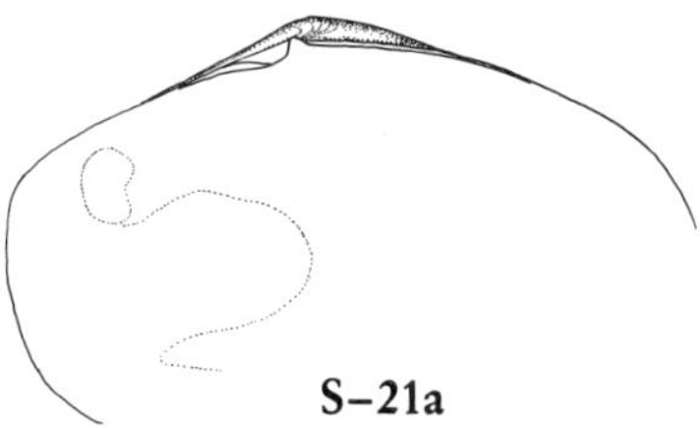

S–21a

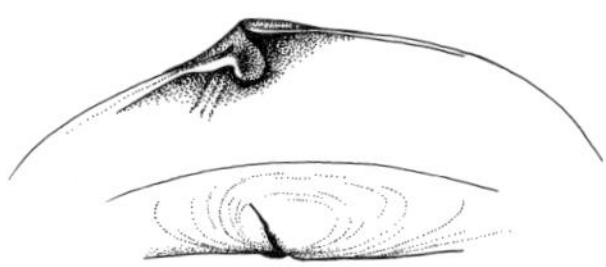

S–21b

– Inneres Ligament in einer dreieckigen, nicht nach vorn gerichteten Grube (S–21a).

Thracia papyracea (S. 199)

31 (29) Hinterrand des Gehäuses sich verjüngend.

Mya arenaria (S. 182)

Hinterrand abgestutzt.

Mya truncata (S. 182)

32 (21) Gehäuseoberfläche ohne Radialrippen oder -leisten. 40

– Gehäuseoberfläche mit radialen Rippen oder Leisten. 33

33 Mantellinie ohne Bucht. 37

– Mantellinie ausgebuchtet. 34

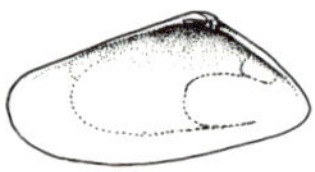

S–22

34 Unterrand der Mantelbucht mit der Mantellinie verschmolzen, Gehäuse annähernd dreiseitig (S–22).

Donax vittatus (S. 153)

– Unterrand der Mantelbucht und Mantellinie getrennt. 35

35 Radialrippen im vorderen Gehäuseabschnitt kräftig und mit scharfen Schuppen besetzt, Gehäuse gestreckt oval.

Petricola pholadiformis (S. 144)

– Radialrippen in allen Gehäuseabschnitten annähernd gleich kräftig. 36

36 Gehäuse breit oval, Hinterrand nicht abgestutzt, höchstens 2 cm lang, mit groben Rippen (Abb. S. 141).

Venus ovata (S. 140)

– Gehäuse mit schief abgestutztem Hinterrand, bis 5 cm lang, sehr fein berippt.

Venerupis pullastra (S. 142)

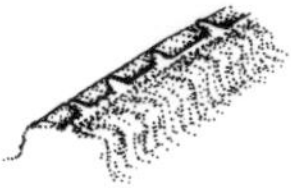

S–23

37 (33) Alle Rippen mit einer aufgesetzten, stacheltragenden Mittelleiste (S–23).
Acanthocardia echinata (S. 132)

– Rippen ohne stacheltragende Mittelleiste 38

38 Rechte Klappe hinten mit zwei Seitenzähnen, Gehäuse bis über 5 cm lang.
Cerastoderma edule (S. 120) und *C. lamarcki* (S. 126)

– Rechte Klappe hinten mit einem Seitenzahn, Gehäuse nicht über 1,5 cm lang. 39

S–24

39 Mit 20–22 Radialrippen, Gehäuse im Umriß schief-elliptisch (S–24).
Parvicardium exiguum (S. 132)

– Mit 24–28 Radialrippen, Gehäuse breit elliptisch.
Parvicardium ovale (S. 131)

40 (32) Mit Mantelbucht (nur sehr klein bei *Corbula gibba*, sehr klein und schwach ausgeprägt bei *Saxicavella*). 47

– Ohne Mantelbucht. 41

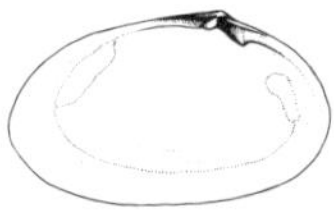

S–25a

41 Gehäuse dünnschalig, gestreckt – oval, Wirbel in der hinteren Hälfte der Klappen (höchstens 1 cm lang).
a) Gehäuse etwa doppelt so lang wie hoch (S–25a).
Montacuta ferruginosa (S. 118)

b) Gehäuse nur wenig länger als hoch (S–25b).
Montacuta bidentata (S. 120)

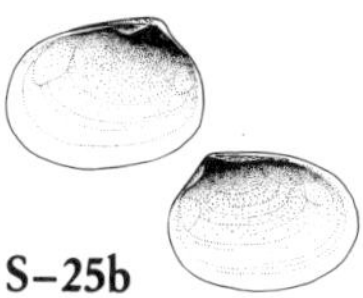

S–25b

– Gehäuse fest- bis dickschalig, breit oval oder von kreisförmigem Umriß, Wirbel zumindest annähernd in der Mitte. 42

42 Vorderer Schließmuskel viel länger als der hintere.
Lucinoma borealis (S. 116)

– Vorderer und hinterer Schließmuskel etwa gleich groß. 43

43 Gehäuseinnenrand glatt. 45

– Gehäuseinnenrand gezähnelt. 44

44 Klappen von fast kreisförmigem Umriß, Oberfläche mit wellig quer über das Gehäuse ziehenden Linien sowie konzentrischen Streifen (bis 1,3 cm lang).
Lucinella divaricata (S. 118)

S–26

– Klappen von fast dreiseitigem Umriß, Oberfläche fast glatt (unter 0,5 cm lang) (S–26).
Astarte triangularis (S. 114)

45 (43) Oberfläche bis auf die Anwachsstreifen glatt.
Arctica islandica (S. 134)

– Oberfläche konzentrisch berippt. 46

46 Rippen fein (Abb. S. 111 oben).
Astarte borealis (S. 110)

– Rippen kräftig (Abb. S. 111 unten).
Astarte elliptica (S. 112), *Astarte montagui* (S. 113)

47 (40) Gehäuseumriß elliptisch oder mit zugespitztem oder abgestutztem Vorder- oder Hinterrand, nicht kreisförmig (S–28, S–29, S–31). 49

– Gehäuse im Umriß fast kreisförmig (S–27). 48

S–27a

48 Mantelbucht sehr schmal (S–27a).

a) Oberfläche konzentrisch berippt.
Dosinia exoleta (S. 136)

b) Oberfläche fein konzentrisch gestreift.
Dosinia lincta (S. 138)

– Mantelbucht breit (S–27b).

a) Seitenzähne vorhanden, Schale dick.
Arcopagia crassa (S. 160)

b) Ohne Seitenzähne, Schale dünn.
Mysia undata (S. 146)

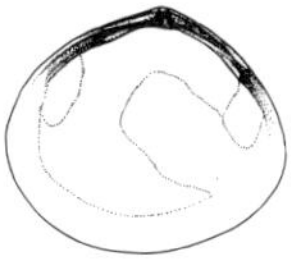

S–27b

49 (47) Mantelbucht sehr (!) klein. Gehäuse nicht über 1,5 cm lang. 50

– Mantelbucht zumindest mäßig groß. 51

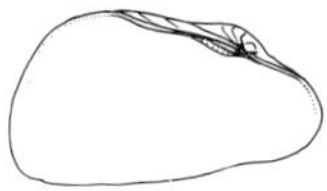

S–28

50 Vorderende schmal (S–28), Schale dünn.
Saxicavella jeffreysi (S. 179)

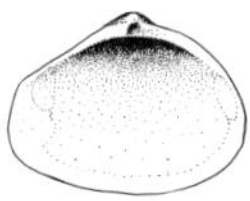

S–29a S–29b

– Hinterende schmal, abgestutzt, Schale fest. Rechte Klappe größer als die linke (S–29).
Corbula gibba (S. 180)

51 (49) Schloß in jeder Klappe mit 3 Hauptzähnen. Ohne Seitenzähne (S–30).
Venus striatula (S. 139)

S–30

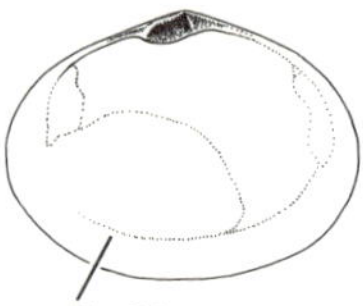

S–31a

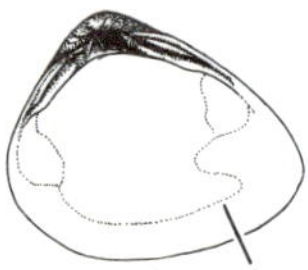

S–31b

– Schloß mit 1–2 Hauptzähnen oder nur in der linken Klappe mit 3 Hauptzähnen, dann aber auch mit Seitenzähnen. 52

52 Unterrand der Mantelbucht fällt mit der Mantellinie zusammen (S–31a). 54

– Unterrand der Mantelbucht verläuft von der Mantellinie getrennt (S–31b). Linke Klappe mit 3 Hauptzähnen, von denen zwei zu einem ∧-förmigen Fortsatz verschmolzen sind, rechte Klappe mit zwei einzelstehenden Hauptzähnen; mit Seitenzähnen. 53

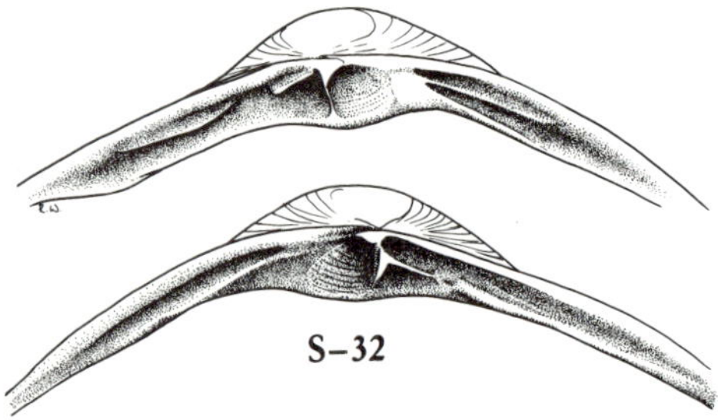

S–32

53 Seitenzähne glatt, Gehäuse dünnschalig (S–32).

Mactra corallina (S. 150)

– Seitenzähne und Seitenzahngruben geriefelt, Gehäuse festschalig (S–33).

Spisula (S. 148)

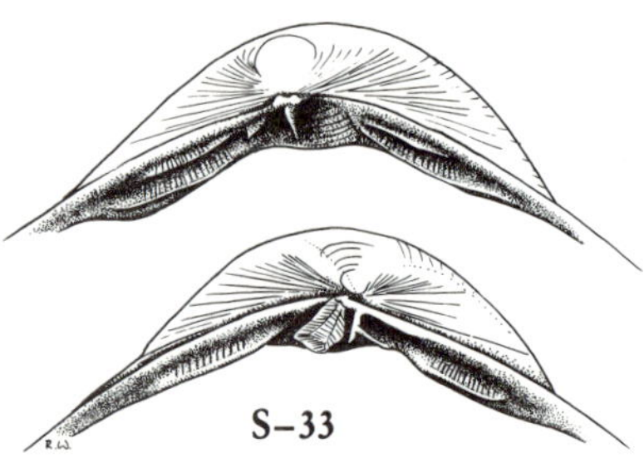

S–33

54 Schloß nur mit Hauptzähnen. 59

– Schloß mit Haupt- und Seitenzähnen. 55

55 Im Schloßbereich mit einem löffelförmigen Chondrophor für das innere Ligament (S–34), Schale weiß. 58

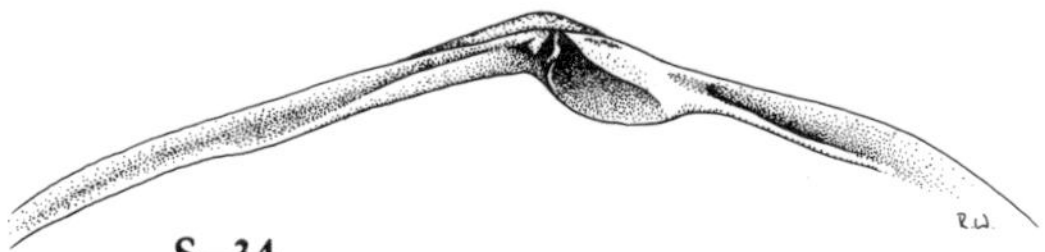

S–34

– Ohne innen gelegenen Chondrophor, Schale meist bunt. 56

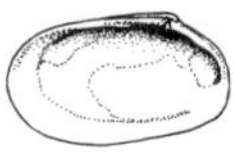

S–35

56 Wirbel fast am Hinterrand (S–35).
Tellina pygmaea (S. 164)

– Wirbel in der oder nahe der Gehäusemitte (S–36). 57

S–36b

57 Rechte Klappe diagonal und konzentrisch liniert, so daß eine rauhe Oberfläche entsteht. Gehäuse im Umriß gestreckt elliptisch, hinten recht schmal (S–36b).
Tellina fabula (S. 162)

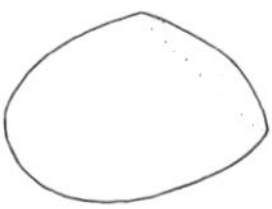

S–36a

– Oberfläche nur mit konzentrischen Streifen, Hinterende des Gehäuses leicht zugespitzt, aber nicht schmal, Spitze leicht herabgezogen (S–36a).
Tellina tenuis (S. 164)

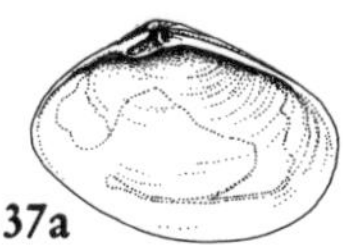

S–37a

58 (55) Wirbel eindeutig in der hinteren Gehäusehälfte (S–37a–b).
a) Gehäuse gestreckt oval, hinterer Teil leicht zugespitzt (S–37b).
Abra prismatica (S. 156)

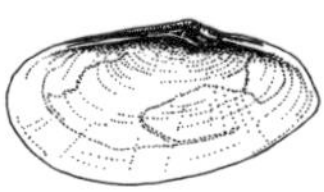

S–37b

b) Gehäuse breit oval (S–37a)
Abra alba (S. 155)

- Wirbel in der oder nahe der Gehäusemitte (S–37b–c).

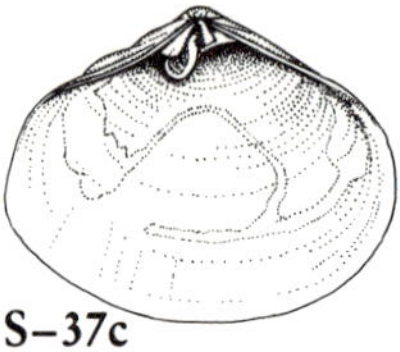
S–37c

a) Gehäuse im Umriß dreiseitig (S–37c).
Abra tenuis (S. 156)

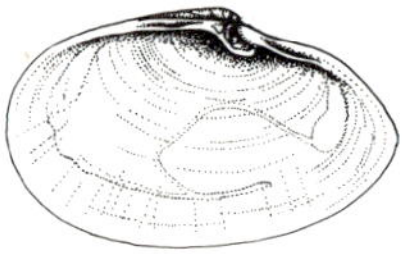
S–37d

b) Gehäuse oval (S–37d).
Abra nitida (S. 156)

59 (54) Gehäuse fast 2mal so lang wie breit, hinten gewinkelt und abgestutzt (S–38).
Gari fervensis (S. 160)

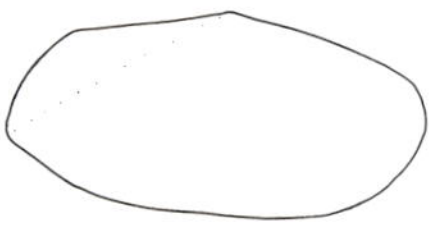
S–38

- Gehäuse breit oval. 60

60 Ligament innen, in einer großen, fast dreieckigen Grube (S–39).
Scrobicularia plana (S. 158)

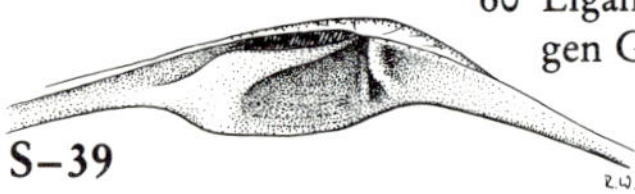
S–39

S–40
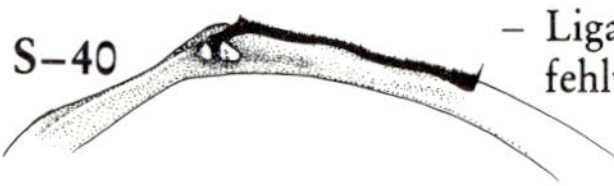

- Ligament außen (eine innere Ligamentgrube fehlt) (S–40).

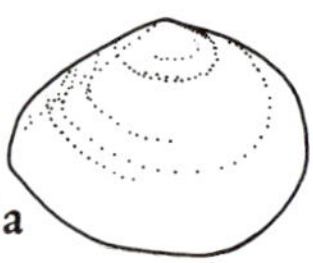
S–41a

a) Wirbel etwa in der Mitte, Schale meist bunt (S–41a).
Macoma balthica (S. 165)

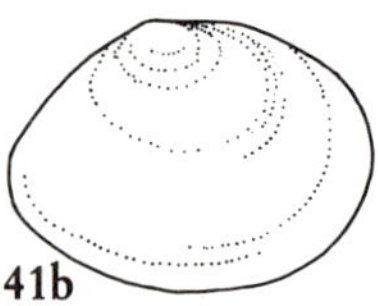
S–41b

b) Wirbel hinter der Mitte, Schale weiß (S–41b).
Macoma calcarea (S. 168)

Schnecken

1 Gehäuse gewunden oder röhrenförmig. 7

– Gehäuse kappenförmig, nicht gewunden (allenfalls mit eingerolltem Apex) (Napfschnekken) (S–42a–c). 2

S–42a

2 Gehäuse vor dem Apex mit einem schlitzförmigen Durchbruch (S–42a).
Puncturella noachina (S. 206)

– Gehäuse ohne Schlitz. 3

3 Gehäuse fest- bis dickschalig. 5

– Gehäuse zartschalig. 4

4 Außenseite grünlich oder braun, meist mit hellblauen Radialstreifen, Länge bis 2 cm.
Helcion pellucidus (S. 204)

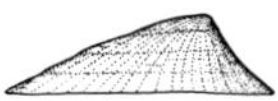
S–42b

– Ohne hellblaue Linien, Farbe rötlich bis orange, Länge maximal 0,9 cm (S–42b).
Pilidium fulvum (S. 206)

5 Gehäuse grob radial berippt, Apex fast in der Mitte, bis 6 cm lang (Abb. S. 203).
Patella vulgata (S. 201)

– Gehäuse fein berippt bis glatt, Apex vor der Mitte, bis 3 cm lang. 6

6 Apex nur wenig vor der Mitte, Außenseite meist mit braunen Flecken, bis 3 cm lang (S–42c).
Acmaea testudinalis (S. 204)

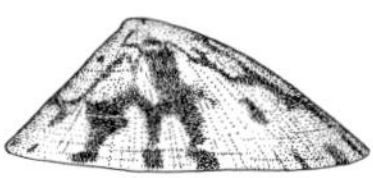
S–42c

– Apex weit nach vorn verlagert, Länge höchstens 1,5 cm, Oberfläche fast glatt.
Acmaea virginea (S. 206)

S–43

7 (1) Nur die ersten (später abgeworfenen) Umgänge sind gewunden, Endabschnitt röhrenförmig, Länge bis 2,5 mm (S–43).
Caecum glabrum (S. 244)

– Gehäuse vollständig gewunden. 8

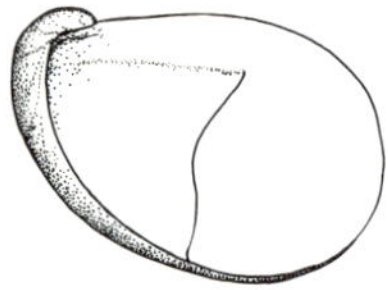

S–44

8 Mündung weit, durch ein Septum (Scheidewand) großenteils verschlossen, Gehäuse nur aus 1½ Umgängen bestehend (S–44).
Crepidula fornicata (S. 257)

– Mündung ohne Septum, d. h. nicht wie in S–44 durch eine Scheidewand teilweise verschlossen. 9

S–45b

9 Gehäuse fast oder ganz planspiral, Mündung kreisrund, Gehäusedurchmesser bis 3 mm.
a) Gehäuse planspiral, Ober- und Unterseite eingesenkt (S–45b).
Omalogyra atomus (S. 222)
b) Gehäuse sehr breit kegelförmig, Apex nicht eingesenkt (S–45a).
Skeneopsis planorbis (S. 221)

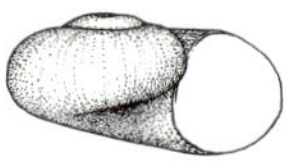

S–45a

– Gehäuse nicht planspiral, Mündung nicht vollkommen kreisrund. 10

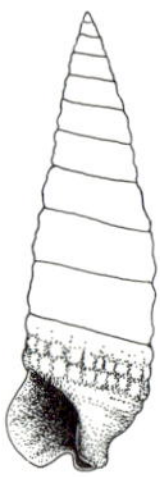

S–46

10 Gehäuse linksgewunden (S–46)
Triphora adversa (S. 240).

– Gehäuse rechtsgewunden. 11

S–47a

11 Mündung ohne Siphonalrinne (unten allenfalls schwach ausgebuchtet) (S–47a). 20

– Mündung unten mit tiefer Einbuchtung oder zu einer Siphonalrinne ausgezogen (S–47b). 12

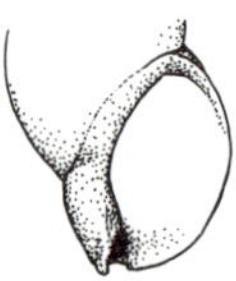

S–47b

12 Außenrand der Mündung mit fingerförmigen Fortsätzen (Abb. S. 262).
Aporrhais pespelecani (S. 261)

– Mündungsaußenrand ohne lange Fortsätze. 13

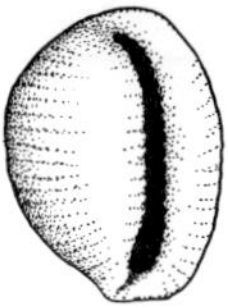

S–48

13 Mündung schmal, fast so hoch wie das Gehäuse, Gehäuse eiförmig (S–48).
Trivia (S. 256)

– Mündung nicht so hoch wie das Gehäuse, Gehäuse kegelförmig. 14

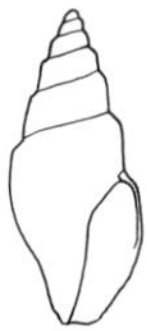

S–49

14 Windungen geschultert (S–49).
Oenopota turricula (S. 274)

– Windungen nicht geschultert. 15

15 Oberfläche mit sehr feinen Spiral- und Axiallinien (Abb. S. 271).
Neptunea antiqua (S. 270)

– Skulpturen kräftig. 16

16 Skulptur nur aus Spiralrippen bestehend (Abb. S. 263).
Nucella lapillus (S. 263)

– Skulptur anders. 17

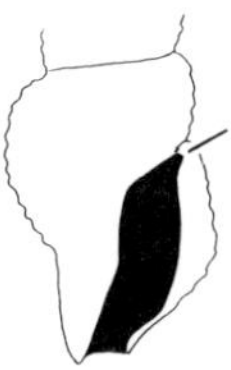

S–50

17 Mündung schmal und hoch, oben mit Analsinus (S–50).
Raphitoma linearis (S. 276)

– Mündung elliptisch, ohne Analsinus. 18

S–51a

18 Siphonalrinne sehr lang.
Trophonopsis (S. 265)
a) nur Axialrippen (S–51a).
T. truncatus (S. 265)

b) mit Axial- und Spiralrippen (S–51b).
T. muricatus (S. 265)

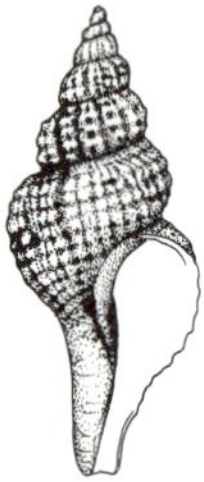

S–51b

– Siphonalrinne kurz. 19

19 Außenrand der Mündung innen gezähnelt *(Nassarius)*.
a) Naht tief, Gehäuse bis 1,5 cm groß (Abb. S. 273 unten).
Nassarius incrassatus (S. 274)
b) Naht flach, Gehäuse bis 3,5 cm hoch (Abb. S. 273 oben).
N. reticulatus (S. 272)

– Außenrand der Mündung innen glatt.
Buccinum undatum (S. 266)

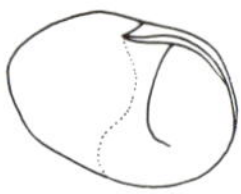

S–52

20 (11) Die Endwindung läßt die ersten Umgänge weitgehend frei. 26

– Die Endwindung umschließt die vorangehenden Umgänge fast vollständig (S–52). 21

21 Gehäuse sehr dickschalig.
Littorina obtusata, L. mariae (S. 232)

– Gehäuse dünnschalig. 22

22 Mit deutlichen Spirallinien und dickem, graubraunem Periostrakum (Abb. S. 255).
Velutina velutina (S. 254)

– Schale ohne deutliche Spirallinien, weißlich oder gelblich. 23

S–53a

23 Außenrand der Mündung weit ausgreifend (S–53a).
Philine aperta (S. 278)

– Mündung schmal (oben schmaler als der Rest des Gehäuses) (S–53b–e). 24

S–53b

24 Gehäuse schlank walzenförmig.
a) Höhe bis 1,5 cm, Gehäuse ca. 2,5 mal so hoch wie breit (S–53b).
Cylichna cylindracea (S. 283)

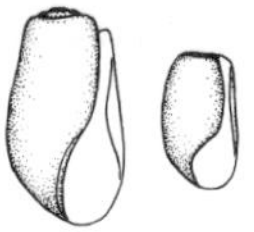

S–53c

b) Höhe bis 0,8 cm, Gehäuse etwa doppelt so hoch wie breit (S–53c–d).
Retusa (S. 281)

– Gehäuse breit walzenförmig bis oval. 25

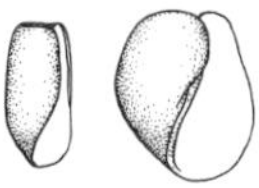

S–53d + e

25 Schale mit festem, gelblichem Periostrakum, bis 4 cm hoch (Abb. S. 283).
Akera bullata (S. 282)

– Schale weißlich, durchscheinend, bis 0,5 cm hoch (S–53e).
Diaphana minuta (S. 279)

26 (20) Innenrand der Mündung mit 1–3 zahnähnlichen Vorsprüngen. 27

– Innenrand der Mündung ohne zahnähnliche Vorsprünge. 30

S–54a

27 Gehäuse mit kräftigen Axialrippen (*Chrysallida*).
a) Rippen enden unten an Spiralleisten (S–54a).
Chrysallida spiralis (S. 286)

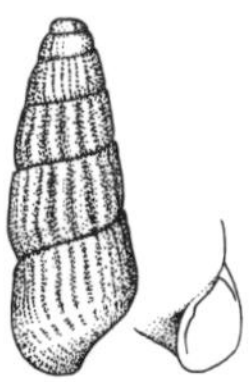

S–54b

b) Axialrippen werden durch spirale Leisten nicht abgeschnitten (S–54b).
Ch. interstincta (S. 286)

– Gehäuseoberfläche fast glatt. 28

S–55

28 Innenrand der Mündung mit 2–3 deutlichen Zähnchen (S–55).
Ovatella myosotis (S. 289)

– Mündungsinnenrand mit 1 Zähnchen. 29

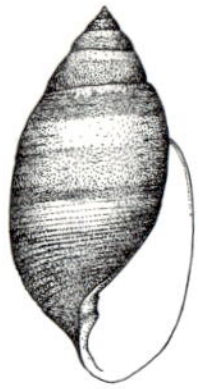

S–56

29 Mündungshöhe beträgt mehr als ⅔ der Gehäusehöhe, Gehäuse bis 2,5 cm hoch (S–56).
Acteon tornatilis (S. 277)

– Mündung etwa halb so hoch wie das Gehäuse; Gehäusehöhe bis 0,6 cm (S–57).
Odostomia rissoides (S. 284)

S–57

30 (26) Gehäuse breit kegelförmig und mit quer abgestutzter Basis (S–58). 31

– Gehäuse anders. 33

31 Windungen getreppt gegeneinander abgesetzt (S–58a).
Gibbula tumida (S. 208)

– Windungen nicht stufig gegeneinander abgesetzt (S–58b–c). 32

S–58a

32 Gehäuse kreiselförmig, spitz, ungenabelt (S–58b).
Calliostoma zizyphinus (S. 208)

S–58b

– Gehäuse stumpf kegelförmig, mit dunkel violettgrauen Axialstreifen (S–58c).
Gibbula cineraria (S. 206)

S–58c

33 (30) Mündung mindestens halb so hoch wie das Gehäuse. 34

– Mündung weniger als halb so hoch wie das Gehäuse. 41

34 Gehäuse genabelt. 37

– Gehäuse ohne Nabel. 35

35 Mündung nach unten – außen stark erweitert, breiter als hoch (S–59).
Lamellaria perspicua (S. 256)

S–59

– Mündung unten nicht stark erweitert. 36

S-60a

36 Gehäuse spitz kegelförmig, bis 0,6 cm hoch (S–60a).
Littorina neritoides (S. 237)

– Gehäuse breit kegelförmig, größer als 0,6 cm werdend (S–60b).
Littorina saxatilis, L. littorea (S. 230)

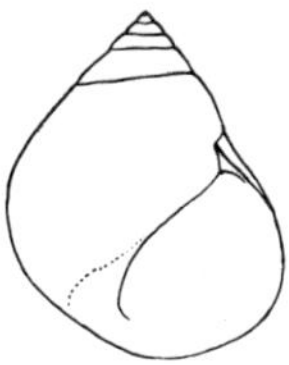

S-60b

37 (34) Mündung groß, etwa so breit wie hoch (S–61).
Lacuna pallidula (S. 224)

– Mündung elliptisch. 38

38 Gehäuse mäßig schlank kegelförmig (S–62).
Lacuna divaricata (S. 223)

– Gehäuse breit kegelförmig bis kugelig. 39

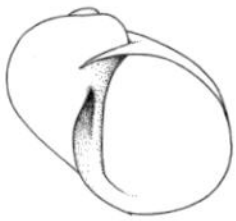

S-61

39 Schale dünn, ohne Fleckenmuster.
Bulbus islandicus (S. 254)

– Schale dick, oft mit Fleckenzeichnung. 40

S-62

40 Anfangswindungen deutlich gewölbt, Endwindung unter der Naht meist mit einer Fleckenreihe, Höhe bis über 3 cm (Abb. S. 253).
Lunatia catena (S. 252)

– Anfangswindungen kaum gewölbt, Endwindung mit 1–5 Fleckenreihen, Höhe bis 1,8 cm (Abb. S. 251).
Lunatia alderi (S. 250)

S-63

41 (33) Mit deutlichen Axialrippen, ohne auffällige Spiralskulptur. 42

– Gehäuse anders skulpturiert oder glatt. 46

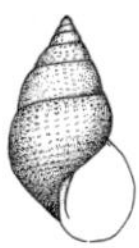

S-70

42 Gehäuse breit kegelförmig (S–63).
a) Gehäuseoberfläche mit spiral verlaufenden Punktreihen (S–70).
Rissoa rufilabris (S. 213)

S-64

b) Gehäuseoberfläche anders.
Turboella parva u. *inconspicua* (S–75, S–76, max. 0,5 mm hoch) (S. 212) oder (größer werdend).
Rissoa membranacea (S. 210).

– Gehäuse schlank kegelförmig oder turmförmig (S–64, S–65). 43

43 Gehäuse turmförmig, Windungsflanken kaum gewölbt, Axialrippen von der Naht aus nach unten links geneigt, bis 1 cm hoch (S–66).
Turbonilla lactea (S. 288)

S-65

– Gehäuse schlank kegelförmig, Windungsflanken gewölbt. 44

44 Mündung oben gewinkelt, elliptisch (S–64, vgl. Position 56).
Rissoa membranacea (S. 210)

S-66

– Mündung kreisförmig (S–67). 45

45 Axialrippen kräftig.
a) Gehäuse höchstens 1,8 cm hoch (S–67).
Epitonium clathratulum (S. 246)
b) Gehäuse bis 4 cm hoch (Abb. S. 247).
E. clathrus (S. 246)

– Axialrippen fein (Abb. S. 248).
E. turtonae (S. 248)

S-67

46 (41) Mit kräftigem Netzmuster.
Bittium reticulatum (S. 242)

– Gehäuse vorwiegend spiral skulpturiert oder glatt. 47

47 Gehäuse turmförmig, Mündung klein (Mündungshöhe = ¼ der Gehäusehöhe oder weniger) (S–65). 48

– Gehäuse breiter, Mündungshöhe = ⅓ der Gehäusehöhe oder mehr. 50

S-68

48 Mit Spiralskulptur.
a) Gehäuse festschalig, bis 5 cm hoch (Abb. S. 239).
Turritella communis (S. 238)
b) Gehäuse bis 0,4 cm hoch, zartschalig, durchscheinend (S-68).
Ebala nitidissima (S. 287)

– Gehäuseoberfläche glatt. 49

S-69

49 Windungsseiten nicht gewölbt, Höhe bis 1,8 cm (Abb. S. 249).
Eulima polita (S. 249)

– Windungsseiten leicht gewölbt, Höhe bis 0,5 cm (S-69).
Eulimella acicula (S. 287)

50 (47) Mit feinen Spiralleisten.
a) Windungsseiten deutlich gewölbt.
Onoba aculeus (S. 214)
b) Windungsseiten flach.
Cingula cingillus (S. 215)

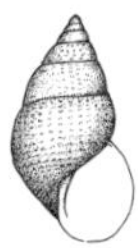

S-70

– Gehäuse anders skulpturiert oder glatt. 51

51 (50) Gehäuseoberfläche mit spiral verlaufenden Punktreihen (S-70).
Rissoa rufilabris (S. 213)

S-71

– Gehäuse bis auf die Anwachsstreifen glatt. 52

52 Ohne Nabel.
a) Windungen um die Basis leicht kantig, Windungsseiten kaum gewölbt (S-71).
Assiminea grayana (S. 223)
b) Windungsseiten deutlich gewölbt, oben bisweilen mit einer Spirallinie (S-72).
Potamopyrgus jenkinsi (S. 221)

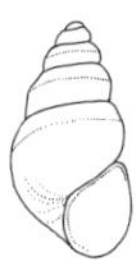

S-72

– Gehäuse genabelt. 53

53 Windungsseiten deutlich gewölbt, Naht tief. 55

S–74

– Windungsseiten schwach gewölbt bis abgeflacht, Naht flach. 54

54 Höhe bis 8 mm, mit bis zu 7 Windungen (S–73c).
Hydrobia ulvae (S. 216)

– Höhe bis 3 mm, mit bis zu 6 Umgängen (S–74), Windungen mit 2 dunklen Spiralstreifen.
Barleeia rubra (S. 215)

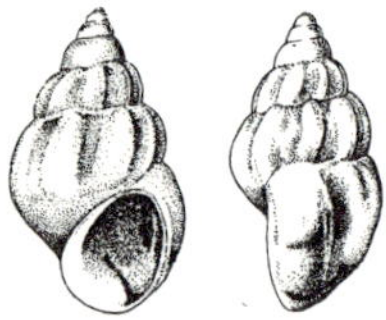

S–75

55 Gehäuse mäßig breit kegelförmig (S–75, S–76), höchstens 5 mm hoch.
Rissoa parva und *R. inconspicua* (S. 212)

– Gehäuse mäßig schlank kegelförmig (Abb. S–64, S–73). 56

S–76

56 Außen- und Unterrand der Mündung erweitert, Gehäuse bis über 1 cm hoch (sehr variabel, teils dünn-, teils dickschalig).
Rissoa membranacea (S. 210)

– Außenrand der Mündung nicht erweitert, Gehäuse höchstens 7 mm hoch, nie berippt oder mit Farbzeichnungen. 57

S–64

57 Penis wie in S–73a.
Hydrobia neglecta (S. 220)

– Penis wie in S–73b.
Hydrobia stagnalis (S. 219)

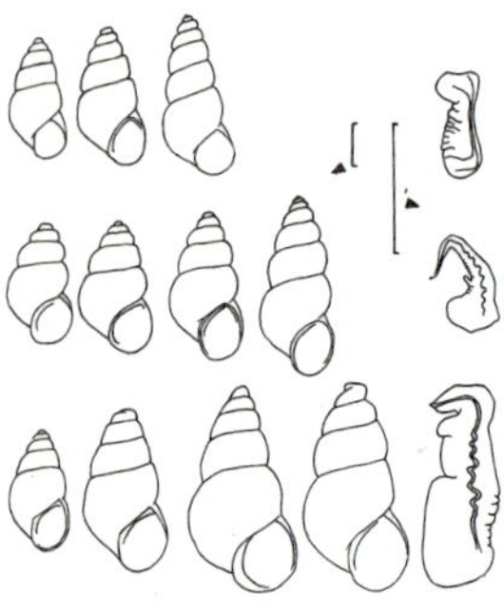

S–73a

S–73b

S–73c

S–73. Gehäuseformen und Penes von a) *Hydrobia neglecta*, b) *H. stagnalis*, c) *H. ulvae*. Maßstab jeweils 1 mm. Nach Muus 1963, 1967.

Muscheln

Nucula nucleus (Linné 1767) **Große Nußmuschel**

Gehäuse bis 1,3 cm lang, festschalig, im Umriß annähernd dreieckig. Wirbel hinter der Mitte. Oberfläche konzentrisch liniert und mit kaum erkennbar feinen Radialrippen. Periostrakum matt, gelbgrün bis grünlichbraun oder grau. Schloß winkelig geknickt, palaeotaxodont: vorn und hinten aus je einer Reihe gleichförmiger Zähne und entsprechender Zahngruben bestehend (vorn 16 bis 25 Zähne, hinten 11 bis 14). Ligamentgrube unter dem Wirbel, zwischen den beiden Zahnreihen. Sie ist bei *Nucula* im Gegensatz zu fast allen anderen Gattungen nach vorn gerichtet. Innenseite der Klappen perlmutterglänzend. Mantellinie schwach ausgeprägt, ohne Mantelbucht. Klappenrand gezähnelt.

Lebensweise: *Nucula* lebt dicht unter der Meeresbodenoberfläche in grobem Sand und Schlick. Während die meisten anderen Muscheln Siphonen besitzen, durch die das Wasser ein- und ausströmt (Abb. S. 11), hat *Nucula* derartige Organe nicht. Bei ihr wird das Wasser durch den Schlag kleiner Wimpern, die auf den Kiemen, Mundlappen und dem Mantel sitzen, vorn in die Mantelhöhle gestrudelt und zwischen den Kiemen hindurch geleitet. Aus diesem Wasserstrom werden Nahrungsteilchen herausgefiltert. Der größte Teil der Nahrung wird jedoch durch besondere Organe aufgenommen: die Mundlappentaster, lange, mit Wimpern besetzte Fortsätze der Mundlappen auf beiden Seiten des Körpers. Mit ihnen tastet die Muschel den Boden ab. Nahrungsteilchen (vorwiegend Detritus) werden auf den Mundlappentastern durch die Bewegung der Wimpern wie auf einem Förderband dem Mund zugeführt.

Der Fuß besitzt eine Sohle mit gezacktem Rand – eine Anpassung an das Leben in weichen Böden. Die Sohle kann nach unten zusammengefaltet und in diesem Zustand in den Boden gestoßen werden. Wenn sie sich dort wieder entfaltet, wirkt sie wie ein Anker. Werden nun die Fußmuskeln kontrahiert, kann der Körper mit dem Gehäuse nachgezogen werden. Früher sah man die Sohle als Kriechsohle an und glaubte irrtümlich, die Nußmuschel könne sich wie eine Schnecke fortbewegen.

Nucula dient vielen Plattfischen als Nahrung.
Verbreitung: Nordsee; Norwegen bis ins Mittelmeer, Schwarzes Meer, Westafrika, in 10 bis fast 1000 m Tiefe.

Literatur: KAESTNER 1960, KILIAS 1971, NORDSIECK 1969, TEBBLE 1966

Nucula turgida (Leckenby u. Marshall 1875) **Glänzende Nußmuschel**

(= **N. nitida** [Sowerby 1833] [**non** Brown 1827] = **N. moorei** Winckworth 1931)

Gehäuse bis 1,3 cm lang, ähnlich *N. nucleus,* aber von höherem und schärfer gewinkeltem Umriß und mit deutlichen Radialrippen. Periostrakum olivgelb, glänzend. Manchmal kommen Individuen mit rötlichgrauen Radialstreifen vor, und um die Anwachsstreifen treten bisweilen graue Zonen auf. Schloß vorn mit 20 bis 30, hinten mit 10 bis 14 Zähnen. Innenrand der Klappen gezähnelt.
Lebensweise: siehe *N. nucleus.* – Die Glänzende Nußmuschel ist die häufigste *Nucula*-Art in der Deutschen Bucht. Sie tritt in sehr hohen Bestandsdichten auf – manchmal leben 900 Tiere auf $\frac{1}{10}$ m^2. Wichtige Nahrung für Schellfisch und Scholle.
Verbreitung: Nordsee; Norwegen bis Angola, Mittelmeer, in 9 bis 90 m Wassertiefe in feinem Sand, sandigem Schlick oder Silt.

Literatur: ZIEGELMEIER 1957

Nucula tenuis (Montagu 1808) **Dünnschalige Nußmuschel**

Gehäuse bis 1,3 cm lang, dünnschalig. Oberfläche mit mikroskopisch feiner Gitterskulptur. Periostrakum gelb bis graugelb oder braun, glänzend. Schloß schmal, vorn mit 16 bis 18, hinten mit 6 bis 10 Zähnchen. Innenrand der Klappen nicht gezähnelt.
Verbreitung: Nordsee (in der Deutschen Bucht gelegentlich bei Helgoland), westliche Ostsee; Grönland bis ins Mittelmeer, Nord-Pazifik. In der Kieler Bucht in 17 bis 30 m Wassertiefe, in der Nordsee finden sich die höchsten Bestandsdichten unterhalb 40 m. Ansonsten kommt diese Art in 10 bis 700 m Tiefe in Schlamm und Feinsand vor.

Literatur: ARNTZ et al. 1976, HØPNER PETERSEN 1977, ZIEGELMEIER 1957

Große Nußmuschel *(Nucula nucleus).* Helgoland.

Glänzende Nußmuschel *(Nucula turgida).* St. Peter-Ording.

Nuculana pernula (Müller 1776)

(= **Leda pernula** [Müller 1776])

Gehäuse bis 2,3 cm lang, gestreckt, hinten schnabelförmig zulaufend. Wirbel vor der Mitte. Oberfläche fein konzentrisch berippt. Periostrakum grünlichgoldgelb, leicht glänzend. Schloß aus einer Reihe nebeneinanderstehender Zähnchen (palaeotaxodontes Schloß), vorn mit 18, hinten mit 24 Zähnen. Die hintere Zahnreihe ist nach innen, die vordere nach außen durchgebogen. Mit Mantelbucht.
Lebensweise: *Nuculana pernula* besitzt 2 kurze, miteinander verwachsene Siphonen, die sie zur Nahrungsaufnahme am geschnäbelten Hinterende des Gehäuses hervorstrecken kann. Daneben dienen aber wie bei den Nußmuscheln (s. o.) besondere Fortsätze der Mundlappen der Nahrungsaufnahme.
Verbreitung: Nordsee, westliche Ostsee; Arktis bis zur Biskaya, Atlantikküste Nordamerikas, in 9 bis 900 m Tiefe auf Schlick. Der Bestand in der Ostsee erhält sich wahrscheinlich nicht durch Fortpflanzung „vor Ort“, sondern durch die Zufuhr von Larven aus dem Kattegatt.

Literatur: JAECKEL 1952

Nuculana minuta (Müller 1776)

(= **Leda minuta** [Müller 1776])

Gehäuse (Abb. S–3a) bis 1,9 cm lang, im Umriß ähnlich dem der vorstehend beschriebenen Art, aber nicht ganz so schlank. Oberfläche mit zahlreichen (beim erwachsenen Tier 30 oder mehr) groben konzentrischen Rippen. Periostrakum grünlich oder graugelb, matt, nur selten schwach glänzend. Vorderer Abschnitt der Schloßzahnreihe mit 15 bis 18 Zähnen, hinterer mit 18 bis 20 Zähnen.
Verbreitung: Nordsee (hier in 47 bis 165 m Wassertiefe festgestellt, in der Deutschen Bucht bei Helgoland in der Tiefen Rinne); Arktis bis ins Mittelmeer, nördlicher Pazifik, in schlickigem Sand, Sanden und Kiesböden in 9 bis 2000 m Wassertiefe.

Literatur: HEINCKE 1896, HØPNER PETERSEN 1977

Nuculana pernula. Nordsee.

Anomia ephippium (Linné 1758)
Sattelmuschel, Zwiebelmuschel

Gehäuse bis 6 cm lang, dünnschalig, blättrig, im Umriß annähernd kreisförmig. Mit unregelmäßiger konzentrischer Skulptur. Schale weiß, manchmal mit etwas Rosa oder Purpurrot. Rechte (die im Leben untere) Klappe flach, unter dem Wirbel mit einem rundlichen Ausschnitt für den Byssus. Schloß zahnlos. Innenseite perlmutterglänzend. Linke (obere) Klappe mit 3 Muskeleindrücken: dem des Schließmuskels (unten), darüber zweien des Byssusmuskels (Abb. S–6a, S. 59). Rechte Klappe nur mit dem Schließmuskeleindruck.
Lebensweise: Die Sattelmuschel lebt festgewachsen auf Steinen, Muschel- und Schneckenschalen. Die Festheftung erfolgt durch den Byssus, der verkalkt ist und durch den Byssusausschnitt der rechten Klappe nach außen tritt. Da der Untergrund die Form des Gehäuses beeinflußt, variiert die Gestalt in weitem Rahmen. Die Gehäuseoberfläche ist oft so dicht mit Seepocken, Röhrenwürmern, Algen usw. überwuchert, daß man die Muschel kaum noch sieht. Die Sattelmuschel ernährt sich von Plankton, das sie mit Hilfe der Kiemen herbeistrudelt.
Verbreitung: Nordsee (in der Deutschen Bucht vor allem bei Helgoland), Island bis in den Südatlantik, Mittelmeer, Schwarzes Meer, in 0 bis 150 m Wassertiefe.

Literatur: NORDSIECK 1969, TEBBLE 1966

Monia patelliformis (Linné 1761)

(**= Anomia patelliformis** Linné 1761 = **A. striata** [Da Costa 1778])

Gehäuse bis 3,8 cm lang, etwas höher als lang, flach. Schale weiß, manchmal mit rötlichen Flecken. Obere Klappe außen mit 20 bis über 30 Radialrippen. Wie *Anomia* mit einem Byssusausschnitt in der rechten Klappe, der jedoch annähernd dreieckig ist. Linke Klappe innen im Gegensatz zu *Anomia ephippium* nur mit 2 Muskeleindrücken (Schließmuskel- und Byssusmuskeleindruck, Abb. S–6b, S. 59), rechte Klappe nur mit Schließmuskeleindruck.
Verbreitung: Nordsee; Norwegische See bis ins Mittelmeer.

Zwiebelmuschel *(Anomia ephippium)*. Helgoland.

Monia patelliformis. Alluvium. Frederikshavn, Jütland.

Heteranomia squamula (Linné 1758)

Gehäuse bis 2,3 cm lang, ähnlich den beiden vorherigen Arten, doch ohne Radialrippen; linke Klappe nur mit 2 Muskeleindrücken (Abb. S-6c).
Die Art lebt auch auf verschiedenen Krebsen.
Verbreitung: Nordatlantik bis ins Mittelmeer.

Ostrea edulis (Linné 1758)
Eßbare Auster, Europäische Auster

Gehäuse bis 12, selten bis 18 cm hoch, Schale blättrig, im Umriß kreisförmig bis elliptisch. Die linke (im Leben die untere) Klappe ist stärker gewölbt als die rechte, die rechte ist flach und bildet zur linken einen Deckel. Anwachsstreifen deutlich, außerdem oft mit radialen Rippen. Linke Klappe schmutzigweiß, gelblich, grünlich oder braun mit rosa, grünen oder roten Flecken, rechte Klappe graubraun oder braun, ebenfalls gefleckt. Periostrakum dünn, dunkelbraun. Ligament innen, in einer dreieckigen Grube. Innenseiten der Klappen weiß, perlglänzend, mit nur einem Schließmuskeleindruck. Schloß zahnlos. – Die Tiere sind mit der linken Klappe festgewachsen. Dem Untergrund entsprechend kann die Form stark variieren.
Lebensweise: Normalerweise sind die Muscheln getrenntgeschlechtlich – das heißt, es gibt männliche und weibliche Tiere. Bei der Auster ist das anders: Nach Erreichen der Geschlechtsreife ist sie eine Zeitlang männlich, dann wandelt sie sich in ein Weibchen um und wechselt anschließend immer wieder ihr Geschlecht. Die Austern sind also Zwitter. Die Männchen geben die Spermien einfach ins freie Wasser ab, aus dem die Weibchen sie in ihre Mantelhöhle einstrudeln. Hier werden die Eier dann befruchtet. Während der weiblichen Phase produziert ein Individuum 600 000 bis 3 Millionen Eier im Jahr (Jungtiere etwas weniger). Sie werden nach der Befruchtung zwischen den Kiemen zurückgehalten, bis nach etwa 2 Wochen die Larven schlüpfen.
Die Larven schwimmen 1 bis 2 Wochen frei im Wasser herum. In dieser Zeit sind die Verluste enorm. Viele Larven werden in unwirtliche Gegenden verdriftet und gehen zugrunde, andere werden von den Milliarden und Abermilliarden von Planktonfressern der Küstenzone verzehrt. Die Überlebenden suchen dann Steine,

Eßbare Auster *(Ostrea edulis)*. Skallingen/Dänemark.

Vom Bohrschwamm *Cliona celata* durchbohrte Austernklappen *(Ostrea edulis)*. Sylt.

Muschelklappen und ähnliche „Hartgründe" auf. Nachdem sie mit dem Fuß deren Eingang geprüft haben, kriechen die Larven umher, bis ein guter Platz zum Festheften gefunden ist. Dazu strecken sie ihren Fuß aus, heften ihn mit Byssussubstanz fest und ziehen den Körper nach. Schließlich stellt die junge Auster ihre beiden Klappen senkrecht auf. Indem sie sie nun zusammenpreßt, quetscht sie aus dem Fuß eine kittartige Flüssigkeit heraus, in die sie mit der linken Klappe hineinkippt. Damit ist sie für immer auf den Untergrund zementiert. Ist der Standort schlecht gewählt, ist die Auster verloren.

Der Fuß wird nun nicht mehr gebraucht, er wächst nicht mehr weiter. Beim erwachsenen Tier ist er nicht mehr erkennbar. Siphonen besitzen die Austern im Gegensatz zu den meisten anderen Muscheln der deutschen Meeresteile nicht.

Austern werden 10 bis 15, manchmal sogar 30 Jahre alt. Sie leben an fast allen europäischen Küsten vom Gezeitenbereich bis in 80 m Tiefe – wenn nur das Wasser nicht zu kalt ist: Im Sommer sollte die Temperatur mindestens 15 °C betragen. In den Nordseewatten leben die Austern vor allem an den Abhängen der tieferen Priele. Sie bilden aber keine Bänke, sondern liegen meist einzeln in einem Abstand von einem oder mehr Metern auf dem Meeresboden. Der Salzgehalt muß bei wenigstens 19 Promille liegen. Vorübergehendes Trockenfallen bei Ebbe stört die Tiere nicht sonderlich, dann werden die Klappen fest verschlossen.

Austern gelten als einer der größten Leckerbissen überhaupt. Das ist schon seit Jahrhunderten so – und das hatte dazu geführt, daß die natürlichen Austernbänke nahezu restlos ausgebeutet wurden. Allein vor Cancale und Granville in der Normandie wurden jährlich fast 100 Millionen Tiere ge„fischt". Um die natürlichen Bestände zu retten, ging man schließlich zur Zucht über. Dazu bietet man den Larven künstliche Anheftungsstellen an. Nach einiger Zeit werden die Jungtiere von diesen Brutfängern abgenommen und an geeigneten Plätzen weiterbetreut. Die Qualität der Austern hängt von der Dichte ab, in der sie auf den Bänken gehalten werden. Oft werden fast 100 Tiere pro Quadratmeter ausgelegt; die Qualität ist dann nicht sehr gut. Für Feinschmecker werden nur 4 oder 5 Individuen auf einem Quadratmeter gehalten – und es ist selbstverständlich, daß man für solche Exemplare ein paar Pfennige mehr auf den Tisch legen muß. Gesammelt werden die Austern, wenn sie 3 bis 4 Jahre alt sind. Sie werden dann in Becken mit sauberem Wasser eingetragen,

wo sie ihren Mantelrand und Darm reinigen sollen, und gelangen lebend zum Versand.
Während die Austernzucht in England, den Niederlanden, Belgien und Frankreich von beträchtlicher wirtschaftlicher Bedeutung ist, lohnt sie vor der deutschen Küste nicht. Hier ist die Gefahr des Verschlammens und des Erfrierens zu groß, und die Anlagen können leicht durch Sturmfluten zerstört werden. Als die einst 53 Austernbänke in den deutschen Küstengewässern verödeten, wurde die Austernfischerei in den 20er Jahren unseres Jahrhunderts aufgegeben. Allein eine Austernbank südlich von Helgoland hatte Jahr für Jahr etwa ½ Million Austern geliefert. Damit endete eine lange Tradition – und ein Gesetz wurde wertlos: Das Austernfischereigesetz des dänischen Königs Frederick II. von 1587. Darin war der unbefugte Fang dieser Muschel untersagt und die Auster sozusagen der dänischen Krone unterstellt worden (Schleswig und Holstein gehörten damals zu Dänemark). Auf Norderney und Sylt gibt es jedoch Betriebe, die die pazifische Auster – *Crassostrea gigas* – in Kultur halten und seit 1986 an den Kunden weitergeben.
Mit Abstand die meisten Austern werden in Frankreich gegessen – roh, allenfalls mit etwas Zitrone. Bei dieser schonenden Zubereitungsweise bleiben alle Nährstoffe und Vitamine erhalten – und die können sich sehen lassen: 5 g Austernfleisch enthalten genauso viel Vitamin C wie 1 g Zitronensaft, an Mineralsalzen sind unter anderen Kalzium, Phosphor, Eisen und Jod zu nennen. 100 g Frischfleisch enthalten 80 bis 90 Kalorien. Nur die Amerikaner bringen es fertig, das kostbare Naturstück für den Teller tiefgreifend umzumodeln: Sie braten und kochen die Austern oder stecken sie in den Backofen. Übrigens hat, wie der Weichtierkundler HAAS in einer Arbeit aus dem Jahre 1926 lakonisch bemerkte, schon manch einer beim Austerngenuß auf gute Perlen gebissen. – Neben der Eßbaren Auster ist auch die weniger wertvolle Portugiesische Auster *Crassostrea angulata* im Handel, die nicht in der Deutschen Bucht vorkommt.
Verbreitung: Nordsee; Norwegen bis ins Mittelmeer, Schwarzes Meer.

Literatur: HAAS 1926, HEINCKE 1896, CASPERS 1938, KÄSTNER 1960, KILIAS 1971

Mytilus edulis (Linné 1758) – **Miesmuschel**

Gehäuse (in unseren Meeresteilen) bis 11 cm lang, ungleichseitig dreieckig, die längste Seite ist der fast gerade Unterrand. Wirbel fast am Vorderende. Oberfläche bis auf die feinen Anwachsstreifen glatt. Periostrakum schwarzbraun bis olivbraun, junge Tiere oft hornfarben mit dunkelblauen, vom Wirbel ausgehenden Strahlen. Innenseite silbrig weiß, am Rande dunkelblau. Ligament außen, sehr lang. Vorderer Schließmuskel klein. Am Vorderrand, fast unter dem Wirbel, meist mit 3 bis 12 zahnähnlichen Krenulierungen; echte Zähne fehlen (Abb. S–17, S. 62). Mantellinie nicht ausgebuchtet.

Lebensweise: Die Miesmuschel lebt an Steinen, Pfahlwerk, anderen Muschelgehäusen usw. Die Festheftung erfolgt durch einen hornartigen Strang, den Byssus. Das Byssusmaterial ist eine zunächst breiige Substanz, die aus Eiweißen besteht. Sie wird in der Byssusdrüse im Fuß erzeugt und erstarrt nach dem Ausscheiden zu außerordentlich zugfesten Fäden. Diese Fäden werden in einer Furche des Fußes geformt. Der Byssus besteht aus 3 Abschnitten: der weißen Wurzel, die mit ihren Fasern zwischen die Muskeln der Fußbasis eindringt, dem braunen Stamm und den ebenfalls braunen Fäden. Nur die Fäden ragen aus dem Gehäuse hervor. Will die Muschel einen Faden festheften, so wird nicht einfach Byssusmaterial auf den Untergrund gekleckert; vielmehr streckt sie ihren Fuß aus, drückt seine Spitze mit dem Faden gegen den Boden und kittet ihn durch einen besonderen Klebstoff aus einer Begleitdrüse fest. Damit ist die Muschel aber nicht zeitlebens gefesselt: Sie kann ihren Fuß zwischen oder unter die Fäden schieben und sich jederzeit losreißen. In heißen Sommern zum Beispiel lassen sich die in den obersten Wasserschichten lebenden Tiere auf den Grund fallen.

Die Miesmuschel filtert ihre Nahrung aus dem freien Wasser heraus, besitzt dazu aber wie die Auster keine Siphonen. Ein ausgewachsenes Tier kann im Sommer pro Tag rund 100000 Larven fischen. Das macht die Miesmuscheln zu wichtigen Schlickbildnern, denn was sie aufgenommen haben – nicht zuletzt Tonpartikel, die im Wasser schweben – scheiden sie als zusammenhängende Masse in kleinen Klümpchen („Pseudofaeces“) teilweise wieder aus, und die werden nicht so leicht verfrachtet wie die ursprünglichen einzelnen Partikel. Um nun nicht im eigenen Schlick begraben zu werden, rücken die Muscheln mit Hilfe ihres Fußes ab und zu ein Stück weiter nach oben. Im Spätsommer kann eine Bank junger Miesmuscheln auf

Miesmuscheln *(Mytilus edulis)*, lebende Tiere bei Ebbe. Helgoland, nördliches Felswatt.

einer knietiefen Schicht weichen Schlicks liegen. Allein im westlichen Wattenmeer werden von den Mies- und Herzmuscheln jährlich etwa 300000 t Schlick festgelegt.

Zur Fortpflanzungszeit werden die Eier und das Sperma oft in solchen Mengen abgegeben, daß sich ganze Wasserflächen milchig trüben. Aus den befruchteten Eiern entwickeln sich Veliger-Larven, die etwa 4 Wochen lang in den Küstengewässern umhertreiben, bis ein geeigneter Untergrund zum Festsetzen gefunden ist. Die Tierchen haben dann eine Länge von 0,4 bis 1 mm. Bei der jungen Miesmuschel sind die Klappen noch fast kreisförmig und durchsichtig. Erst allmählich wird die Dreiecksform angenommen. Wenn die Jungen im Sommer Pfähle, Steine, Algen oder Muschelklappen besiedeln, ist die Individuenzahl am höchsten. Auf einem Badefloß in der Kieler Förde hatten sich innerhalb von 4 Monaten 30000 Exemplare pro Quadratmeter eingefunden, wobei nicht einmal die allerkleinsten Tiere mitgezählt wurden. Auf Seegras (*Zostera*) stellte man bis 460 junge Miesmuscheln pro Quadratzentimeter fest. Manchmal werden erwachsene Miesmuscheln so dicht von jungen besiedelt, daß ihnen die Nahrung aus dem Wasser weggefiltert wird und sie verhungern. Solche Individuenzahlen sind nicht erstaunlich, wenn man sich vergegenwärtigt, daß ein einziges Weibchen 2- bis 3mal im Jahr bis zu 12 Millionen Eier produzieren kann. Später aber geht die Individuenzahl stark zurück, denn viele Tiere werden vom Gemeinen Seestern (*Asterias rubens*) und anderen Feinden gefressen, und zum Teil lösen sie sich wohl auch wieder von ihrem Standort und werden verdriftet. Nach 1 ½ bis 3 Jahren kann die Miesmuschel ausgewachsen sein. Sie erreicht bisweilen ein Alter von 8 bis 10 Jahren.

Ein besonders hohes Alter wird dort erreicht, wo die Muschel nur langsam wächst. Alter und Standort beeinflussen die Form des Gehäuses. Es wird im allgemeinen schlank, wenn die Tiere dicht an dicht leben. Sehr alte Exemplare neigen zu weiten, oben (dorsal) gerundeten, gebogenen Gehäusen. Da die Größenzunahme von den Umweltbedingungen abhängt und aus diesem Grunde für die einzelnen Populationen charakteristisch ist, bestehen zwischen alten Individuen verschiedener Populationen bisweilen erhebliche Größenunterschiede. Aber eine Beziehung zwischen Alter und Gehäuselänge gibt es auch innerhalb einer Population nur für die ersten beiden Jahre. In vielen Populationen ist die Lebensdauer der Tiere länger als die Wachstumsphase, und dann gibt es in einer Population

Variabilität der Gehäuseform der Miesmuschel *(Mytilus edulis)*.
Insel Fur/Limfjord.

zahlreiche Exemplare, die mehrere Jahre leben, ohne zu wachsen. – Die größte bisher gefundene Miesmuschel war 22,8 cm lang.
Ein rasches Wachstum ist nur möglich, wenn die Bedingungen günstig sind. Geringe Nahrungszufuhr vermindert das Wachstum, aber dieselbe Wirkung hat auch ein zu niedriger Salzgehalt. Zwar kommt die Miesmuschel in der Ostsee noch bei nur 4 Promille Salzgehalt vor, doch schon bei 16 Promille wächst sie nicht mehr so schnell wie in „normalem" Meerwasser. Örtlich wird sie in der Ostsee nur noch 3,8 cm lang. Auch Verunreinigungen durch menschliche Abwässer beeinträchtigen das Wachstum; so ist die hemmende Wirkung von Kupfer bekannt. Jährlich wiederkehrende regelmäßige Wachstumsunterbrechungen finden sich nur unter bestimmten Bedingungen – dort, wo jahreszeitliche Schwankungen von Wassertemperatur, Nahrungsangebot usw. auftreten.
Die Miesmuschel wird von zahlreichen Parasiten befallen. Man hat schon Exemplare mit 650 Saugwürmern (Trematoden) im Ruhestadium – sogenannte Metacercarien – gefunden. (Die erwachsenen Saugwürmer leben im Darm von Seevögeln; die Eier dieser Parasiten gelangen mit dem Kot der Vögel ins Wasser. Erster Zwischenwirt ist die Wattschnecke.) An den Kiemen bzw. in der Mantelhöhle sitzt oft ein etwa 1 mm langer Krebs namens *Modiolicola insignis* (ein Copepode). Bis zu 10 Exemplare können sich in einer Muschel tummeln; befallen sind in der Deutschen Bucht zwischen 3 und 75 % aller Tiere. Seltener hält sich der dekapode Krebs *Pinnotheres pisum* – der Muschelwächter – in Miesmuscheln auf.
Die Miesmuschel ist recht widerstandsfähig. Es macht ihr nichts aus, bei Ebbe stundenlang im Trockenen zu überdauern, und sie erträgt auch Frost: In nicht gerade tierfreundlichen Versuchen hat man Miesmuscheln mehrere Tage lang eingefroren, um herauszubekommen, wie sie darauf reagieren. Ergebnis: Nach 10tägigem Einfrieren bei −10 °C lebte noch die Hälfte der Tiere nach dem Auftauen (weitere Exemplare gingen allerdings in der Zeit danach noch ein). Dauert das Einfrieren nur 2 Tage, leben noch nach 2 Wochen 50 % der Tiere. Trotzdem werden in kalten Wintern manche Vorkommen der Miesmuschel völlig ausgelöscht. Dabei spielt allerdings auch die mechanische Wirkung des Eises eine Rolle. Die abgestorbenen Tiere dienen im Frühjahr kleinen Krebsen als Nahrung.
Zu den natürlichen Feinden gehören vor allem Seevögel. Nach der Gemeinen Herzmuschel ist *Mytilus* die von Silbermöwen am häufig-

Junge Miesmuscheln im Spülsaum der Ostsee bei Stein, Schleswig-Holstein.

 Miesmuschel mit einer zweiten, nach innen vorgewölbten Gehäuseinnenwand, die angelegt wurde, nachdem die Schale von außen beschädigt worden war. Fur/Limfjord.

sten vertilgte Muschel unserer Küsten. Große Mengen werden auch von Austernfischern (*Haematopus ostralegus*) verzehrt, vor allem in den Wintermonaten. Auch der Mensch langt kräftig zu; als hochwertiges Nahrungsmittel werden Miesmuscheln in vielen europäischen Ländern gegessen. Neben Mineralstoffen und den Vitaminen A, B, C und D enthält *Mytilus* 8 bis 11 % Eiweiß und 0,8 bis 1,5 % Fett. Die meisten Miesmuscheln werden in Frankreich verspeist – über 50000 t im Jahr. Hauptproduzent in Europa sind die Niederlande mit einem Jahresertrag von etwa 60000 t. 1971 wurden in Europa und im Mittelmeer insgesamt rund 310000 t von *Mytilus edulis* und *Mytilus galloprovincialis* geerntet.
Die Muscheln werden entweder auf natürlichen Bänken gesammelt, oder Jungtiere werden auf geeigneten Kulturplätzen angesiedelt, bis sie eine Größe von 5 bis 6 cm erreicht haben. Solche Plätze liegen unter der Niedrigwasserlinie, damit eine ständige Nahrungszufuhr gewährleistet ist. (An höher gelegenen Stellen würde während der Ebbe eine Unterbrechung erfolgen, und dann dauert es zu lange, bis die Muscheln die „Marktgröße“ erreicht haben.) In Spanien werden von Flößen aus Seile von 3 bis 12 m Länge ins Wasser gehängt, an denen sich die Miesmuscheln festsetzen. Zur Ernte braucht man die Seile nur nach oben zu ziehen und die Tiere abzunehmen. Für den Versand werden die Muscheln gereinigt, indem man sie einige Zeit in sauberes Wasser setzt, oder man säubert sie in Reinigungstrommeln von Sand und Schlick.
Durch Miesmuscheln ist es wiederholt zu schweren Erkrankungen gekommen. 1885 trat in Wilhelmshaven eine Massenvergiftung auf, die in vielen Fällen nach ¾ bis 5 Stunden zum Tode führte. An sich aber sind Miesmuscheln keineswegs giftig. Es ist nur so, daß sie als Planktonfiltrierer alle möglichen Krankheitserreger aufnehmen können, die durch die Abwässer in die Flüsse gelangen. Vor Flußmündungen können die Muscheln solche Keime stark anreichern. Daher dürfen nur Miesmuscheln aus einwandfreien Gewässern auf den Markt gebracht werden, und solange sie frisch sind und ihr Gehäuse fest verschlossen halten, besteht auch keine Gefahr. Vergiftungen können aber auch auftreten, wenn die Muscheln giftbildendes Plankton (wie die Dinoflagellate *Gonyaulax*) in Mengen aufnimmt. Daher wird in Zeiten einer Massenentwicklung solcher Organismen der Verkauf von Muscheln eingestellt. Eine Infektion durch Bakterien oder Viren kann vor allem dann erfolgen, wenn Miesmuscheln roh gegessen werden. In der Regel aber werden

sie gekocht, gebraten, in Saucen oder mariniert gegessen.
In letzter Zeit ist eine weitere Beeinträchtigung des Genusses von Miesmuscheln ins Gerede gekommen, ihr Gehalt an dem giftigen Schwermetall Cadmium, das durch Industrieabwässer vor unsere Küsten gelangt. Für Schleswig-Holstein ermittelte man für 1975/1976 die höchsten Cadmium-Werte in Miesmuscheln aus der inneren Kieler Förde (25 bis 34 µg Cd/g Trockengewicht). In den äußeren Bereichen lagen die Werte unter 2 µg Cd/g Trockengewicht. Das Schwermetall wird durch Diffusion durch die Körperoberfläche aufgenommen, und wie zu erwarten, steigt die Aufnahme, je stärker es im umgebenden Wasser oder Boden konzentriert ist. Grundsätzlich weisen Miesmuscheln von Pfählen geringere Gehalte auf als Tiere, die auf dem benachbarten Meeresboden leben. Von allen Schwermetallen aber reichert die Miesmuschel bevorzugt Blei an.
Im vergangenen Jahrhundert berichteten die Zoologen MEYER und MÖBIUS, daß man in Grönland Hunde mit Miesmuscheln fütterte, und daß man in England allein im Firth of Forth jährlich 30 bis 40 Millionen Stück als Köder sammelte. Vor allem für Dorsch und Wittling gibt *Mytilus* einen guten Köder ab.
Dem Nutzen für den Menschen stehen einzelne recht harmlos anmutende Schadensmeldungen gegenüber. So hatte die lebhafte Siedlungstätigkeit der Miesmuschel dazu geführt, daß Betonröhren, die Wasser zum Elektrizitätswerk Flensburg leiten sollten, verstopften. Ähnliches geschah in Dänemark, wo sie das Kühlsystem des Kraftwerkes Kyndbyvaerket eroberten.
Perlen sind in Miesmuscheln der Nordsee nicht selten. Wertvoll sind sie allerdings nicht, und die meisten sind an der Innenfläche der Klappen festgewachsen.
Mytilus – nach griechisch mýo, sich von zwei Seiten her schließen – hieß die Miesmuschel schon bei den Römern.
Verbreitung: Nord- und Ostsee; Nordatlantik bis Marokko und ins Mittelmeer, Nordamerika, nördlicher Pazifik, Falkland-Inseln, Neuseeland, vom Gezeitenbereich bis in 50 m Tiefe.
Anmerkung: Die mittelmeerische oft als *Mytilus galloprovincialis* LAMARCK bezeichnete Form ist wahrscheinlich keine eigene Art, sondern gehört wohl ebenfalls zu *Mytilus edulis*.

Literatur: ARNTZ et al. 1976, BEUKEMA 1976, DETHLEFSEN 1972, GOETHE 1958, HAAS 1926, IBING u. THEEDE 1975, JAECKEL 1952, 1964, KAESTNER 1960, KILIAS 1971, MANLEY et al. 1984, MASON 1976, MEYER u. MÖBIUS 1872, POHL – APEL u. BEYER 1988, RASMUSSEN 1973, REICHERT u. DÖRJES 1980, ROBERTS 1976, SAMTLEBEN 1973, 1977, SCHOLZ 1980, SEED 1968, 1976, SEGERSTRÅLE 1960, TEBBLE 1966, THEEDE et al. 1979, THORSON 1972, WORTHMANN 1976

Crenella decussata (Montagu 1808)

Gehäuse bis 0,5 cm lang, oval, höher als lang. Oberfläche mit 50 bis 60 feinen Radialrippen, die von konzentrischen Rippen gekreuzt werden. Schale kremigweiß, Periostrakum hell- bis dunkelbraun. Ligament kurz. Oberer Klappeninnenrand mit Knötchen; echte Schloßzähne fehlen. Vorderer Schließmuskeleindruck kleiner als der hintere. Klappenrand gekerbt. Mantellinie ohne Bucht.
Lebensweise: *Crenella decussata* lebt in der obersten Schicht des Meeresbodens, vor allem in feinen bis schlickigen Sanden.
Verbreitung: Nordsee, Ostsee; Nordatlantik, Nordpazifik, bis in 600 m Tiefe (in der Ostsee wurde sie in 20 bis 30 m, in der Nordsee in 68 m Wassertiefe festgestellt).

Literatur: ARNTZ et al. 1976, HØPNER PETERSEN 1977

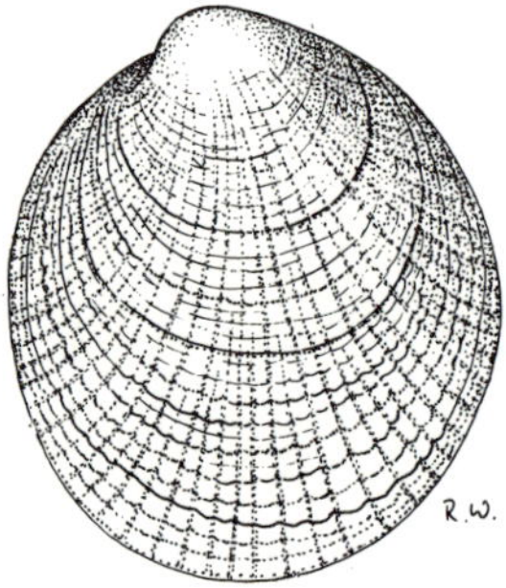

Musculus (Musculus) discors (Linné 1767) **Grüne Bohnenmuschel**

(= Modiolaria discors [Linné])

Gehäuse bis 1,7 cm lang, gestreckt oval, etwa doppelt so lang wie breit. Unterrand annähernd gerade. Wirbel nahe dem Vorderende. Vom Wirbel gehen ein vorderes und ein hinteres radial beripptes Feld aus, das vordere enthält 9 bis 12, das hintere 30 bis 50 Rippen. Wo Rippen auf den Gehäuserand treffen, ist dieser gekerbt. An der Grenze zwischen dem ungerippten Mittelfeld und dem hinteren Rippenbereich mit einem deutlichen Kiel, der an einer schwachen Ausbuchtung des Unterrandes endet. Anwachsstreifen

Grüne Bohnenmuschel *(Musculus discors).* Bülk bei Kiel.

Schwarze Bohnenmuschel *(Musculus niger).* Kieler Förde bei Friedrichsort.

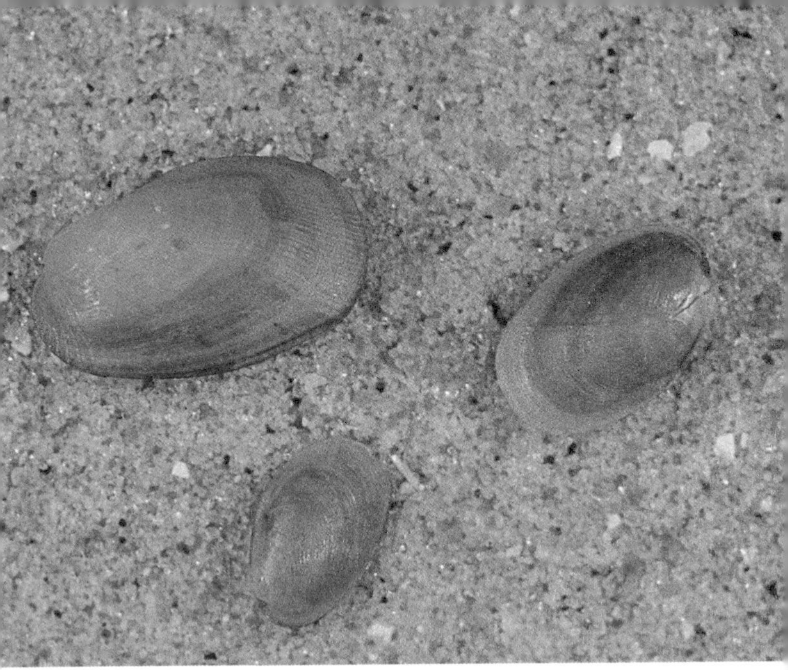

fein. Periostrakum hell olivgrün, dünn; Schale nach Entfernen des Periostrakums blaß bräunlich. Ligament außen. Innenfläche perlmutterglänzend. Ohne Schloßzähne, ohne Mantelbucht.
Lebensweise: Die Grüne Bohnenmuschel heftet sich mit Byssusfäden zwischen Algen, unter Steinen usw. fest und spinnt sich in fortgeschrittenem Alter oft in einem regelrechten Byssusnest ein. Die Eier werden nicht frei in das Wasser abgegeben, sondern in Eischnüren in ein von der Muschel gebildetes Gewebe aus Byssusfäden gelegt. Ein pelagisches Larvenstadium gibt es nicht.
Verbreitung: Nordsee, westliche Ostsee; Arktis bis ins Mittelmeer bzw. bis New York, Nordpazifik; von der Gezeitenzone bis in wenige Meter Tiefe.

Literatur: THORSON 1935

Musculus (Musculus) niger (Gray 1824) Schwarze Bohnenmuschel

(= Modiolaria niger [Gray] **= M. nigra)**

Gehäuse bis 5, selten bis 7 cm lang, oval, dünnschalig. Wirbel weit vorn, aber nicht so nahe am Vorderende wie bei der Grünen und der Marmorierten Bohnenmuschel. Unterrand fast gerade. Oberfläche mit einem vorderen und einem hinteren Feld radialer Rippen, vorn mit 20 bis 25, hinten mit 40 bis 60 Rippen. Übergang vom Mittel- zum hinteren Rippenfeld nicht scharf. Wo Rippen auf den Gehäuserand treffen, ist dieser gekerbt. Schale nach Entfernen des Periostrakums gelb- bis violettbraun, Periostrakum in der Jugend gelblich, später olivbraun bis schwarz. Ligament außen. Innenseite der Klappen perlmutterglänzend, dunkelblau bis violett (bei angewitterten Klappen silbrig). Vorderer Schließmuskeleindruck lang, schmal und gebogen, hinterer größer, breit. Schloß ohne Zähne. Ohne Mantelbucht.
Lebensweise: Wie bei *Musculus discors* bilden die Byssusfäden und die Gegenstände, an denen sich die Muschel festgeheftet hat, oft ein dichtes Nest um das Tier. Ohne pelagisches Larvenstadium.
Verbreitung: Nordsee (hier bis in 75 m Wassertiefe), westliche Ostsee (in 10 bis 28 m Tiefe); Nordatlantik, Nordpazifik, vor allem auf schlickigem Sand oder sandigem Schlick, in 7 bis 90 m Tiefe.

Literatur: ARNTZ et al. 1976, HØPNER PETERSEN 1977, THORSON 1935

Musculus (Modiolarca) marmoratus (Forbes 1838) – Marmorierte Bohnenmuschel

(= **Modiolaria marmorata** [Forbes] = **Modiolarca tumida** [Hanley 1843])

Gehäuse (Abb. S–19a) bis 1,9 cm lang, lang-oval, vorn abgestutzt, hinten schmal zulaufend, mit schwach gebogenem Unterrand. Gehäuse hinter dem Wirbel stark gewölbt. Wirbel fast am Vorderende. Mit 2 Feldern radialer Rippen, im vorderen mit 15 bis 18, im hinteren mit 20 bis 35 oder mehr Rippen. Das dazwischenliegende Mittelfeld ist fein radial gestreift. Die Rippen laufen am Gehäuserand in kleinen Knötchen aus. Anwachsstreifen fein. Farbe grüngelb mit rotbraunen Zickzackflecken, Periostrakum hellgrün; Schale nach Entfernen des Periostrakums weiß mit gelbbraunen Zickzackflecken. Innenseite der Klappen gelblichweiß, glänzend, schwach irisierend. Schließmuskeleindrücke undeutlich, vorderer lang und schmal, gebogen, der hintere ist größer und kreisförmig. Ligament außen. Schloß ohne Zähne. Ohne Mantelbucht.
Lebensweise: Die Marmorierte Bohnenmuschel lebt entweder mit Byssusfäden an Algen, unter Steinen, in leeren Muschelklappen usw. festgeheftet oder aber – angelockt vom „Tunicin" der Wirte – am Mantel verschiedener Seescheiden (Tunicata; z. B. *Styela coriaca, Dendrodoa grossularia, Ciona intestinalis*) – darin oft sogar zu zweit. Manchmal kommt es vor, daß infolge des Wachstums der Muschel die Körperwand ihres Wirtes birst. Sie bohrt sich aber nicht ein, sondern drückt Taschen in den Mantel, in denen sie dann sitzt. Im Gegensatz zu den beiden anderen *Musculus*-Arten gibt es bei *M. marmoratus* ein pelagisches Larvenstadium.
Verbreitung: Nordsee, westliche Ostsee; Atlantik von Nord-Norwegen bis Westafrika, Mittelmeer.

Literatur: DIEHL 1956, RASMUSSEN 1973, ROBERTS u. BREEN 1985

Modiolus modiolus (Linné 1758)
Große Miesmuschel

(= **Volsella** Scopoli 1777 = **Modiola** Lamarck 1801)

Gehäuse bis 23 cm lang (meist nur bis 13 cm), gestreckt. Wirbel nahe dem Vorderrande, aufgebläht. Gehäuseoberfläche bis auf die Anwachsstreifen glatt. Farbe dunkelblau oder rötlich, Periostrakum gelb oder dunkelbraun, glänzend, bei Jungtieren mit Haaren. Ligament außen, lang. Innenseite der Klappen weiß, irisierend. Schloß ohne Zähne. Vorderer Schließmuskeleindruck klein, hinterer sehr groß. Ohne Mantelbucht.

Lebensweise: Die Große Miesmuschel lebt etwa zur Hälfte in sandigem Schlick oder schlickigem Sand eingegraben, wobei sie sich mit Byssusfäden an gröberen Partikeln festheftet. Wie man an Tieren aus Schottland feststellte, kann sie ein Alter von weit über 30 Jahren erreichen.

Die Regel, daß stets der ältere Name Vorrang vor den später eingeführten Bezeichnungen für eine Gattung oder Art hat, hat wiederholt Unbehagen bereitet – und zwar dann, wenn ein jüngerer Name weithin bekanntgeworden war und plötzlich durch einen älteren, kaum bekannten ersetzt werden sollte. In manchen Fällen wird dann von der Internationalen Nomenklatur-Kommission der jüngere Name für gültig erklärt. Ein solches Verfahren wurde auch für die Große Miesmuschel eingeleitet, die überall als *Modiolus* LAMARCK 1799 geführt wurde. Aber schon 1777 hatte SCOPOLI diese Gattung „*Volsella*" getauft, eine Bezeichnung, die lange in Vergessenheit geraten war.

Verbreitung: Nordsee (südlich etwa bis Helgoland), westliche Ostsee (erwachsene Tiere hier selten); Weißes Meer, nördlicher Atlantik, nördlicher Pazifik.

Literatur: COMELY 1978, YONGE 1976

Große Miesmuschel *(Modiolus modiolus)*. Zwischen Amrum und Sylt.

Exemplare der großen Miesmuschel *(Modiolus*, links) und der Miesmuschel *(Mytilus)* von sehr ähnlicher Gehäuseform. Fur/Limfjord.

Aequipecten opercularis (Linné 1758)
Kleine Pilgermuschel

(= **Pecten opercularis** [Linné] = **Chlamys opercularis** [Linné])

Gehäuse bis 9 cm lang, festschalig, im Umriß fast kreisrund, rechte Klappe etwas flacher als die linke. Mit 18 bis 22 breiten abgerundeten Radialrippen, auf diesen und zwischen ihnen mit feinen radialen Streifen. Vor und hinter dem Wirbel mit dreiseitigen Fortsätzen („Ohren“). Vorderes und hinteres Ohr annähernd gleich groß; das vordere Ohr der rechten Klappe weist unten einen deutlichen Einschnitt auf, durch den der Byssus austritt (Byssuseinschnitt, Abb. S–4a. Das Vorderohr der rechten Klappe ist daher annähernd vierseitig). Farbe hellgelb bis dunkelbraun, manchmal rötlich gefleckt, selten weiß. Ligament innen, in einer in der Mitte liegenden dreieckigen Ligamentgrube. Schloß ohne Zähne. Nur ein Schließmuskeleindruck. Ohne Mantelbucht.

Lebensweise: *Aequipecten opercularis* ist die häufigste Art der Kammuscheln (Pectiniden) in der Deutschen Bucht. Sie erreicht bei Helgoland die äußerste Grenze ihres Verbreitungsgebietes. Allerdings pflanzt sie sich hier wahrscheinlich nicht mehr fort; es besteht die Vermutung, daß ihr Vorkommen von außerhalb gespeist wird. So ist sie in manchen Jahren bei Helgoland nicht selten, in anderen kommt sie nur spärlich vor oder fehlt vielleicht auch ganz. Vereinzelt wurde sie auch an der Westküste von Sylt gefunden.

In der Jugend leben die Kammuscheln mit Byssusfäden festgeheftet. Jungtiere besitzen noch Schloßzähne und 2 Schließmuskeln; später werden die Schloßzähne immer undeutlicher, und der vordere Schließmuskel wird reduziert. Die ausgewachsenen Exemplare liegen mit der rechten Klappe nach unten lose auf dem Meeresboden, und bei Gefahr können sie durch rasches Schließen und Öffnen der Klappen schwimmend die Flucht ergreifen. Eine weitere Besonderheit der Kammuscheln sind ihre Augen, die in beträchtlicher Anzahl am Rande des Mantels aufgereiht sind. Sie sind aber recht einfach gebaut und nicht in der Lage, der Muschel ein genaueres Abbild ihrer Umwelt zu liefern.

Verbreitung: Nordsee (hier vor allem in 40 bis 50 m Wassertiefe); Norwegen bis zu den Kanaren, Mittelmeer, in 4 bis über 2600 m Tiefe.

Literatur: CASPERS 1938, HERTLING 1934, HØPNER PETERSEN 1977

Kleine Pilgermuschel *(Aequipecten opercularis)*. Blankenberge, Zeebrügge/Belgien.

Bunte Kammuschel *(Chlamys varia)*. Bibione/Adria.

Chlamys varia (Linné 1758)
Bunte Kammuschel

(= Pecten varius [Linné])

Gehäuse bis 7 cm hoch, oval (höher als lang), dünnschalig, aber recht fest. Beide Klappen annähernd gleich stark gewölbt. Vor und hinter dem Wirbel mit „Ohren"; vorderes Ohr 2- bis 3mal größer als das hintere. Gehäuseoberfläche mit 25 bis 35 Radialrippen; Rippen und Ohren mit Schuppen und kleinen Dornen. Vorderohr der rechten Klappe mit deutlichem Einschnitt für den Byssus. Schale meist dunkel rotgrau, aber auch rot, grau oder marmoriert. Ligament innen, in einer in der Mitte liegenden, dreieckigen Grube. Schloß zahnlos. Nur ein Schließmuskeleindruck.

Verbreitung: Nordsee (leere Gehäuse des öfteren bei Helgoland, Lebendfunde sehr selten); Norwegen bis zu den Kapverden, Mittelmeer, in 0 bis 1350 m Wassertiefe.

Anmerkung: Sehr selten finden sich in der Deutschen Bucht weitere Kammuschelarten: Bei Helgoland der nur bis 2,5 cm lange *Camptonectes tigrinus* (Müller 1776) (= *Chlamys tigerina*) (rotviolett, meist mit weißen Flecken, im Umriß fast kreisrund, mit feinen,

Camptonectes tigrinus.

dichten Radialrippen; bis 1935 nur 3 Lebendfunde), und einige Male wurden treibende Kisten beobachtet, an denen die große Pilgermuschel *Pecten maximus* (Linné 1758) festgeheftet war (weiß, mit 14 bis 17 längsgerieften Rippen).

Literatur: CASPERS 1938, HEINCKE 1896, HERTLING 1934

Arca nodulosa (Müller) – **Archenmuschel**

Gehäuse bis 1,5 cm lang, im Umriß schief rechteckig, außen mit radialen Rippen und diese kreuzenden Anwachsstreifen (Gitterskulptur). Ligament außen zwischen den Wirbeln. Schloß aus ca. 18 nebeneinanderstehenden Zähnen bestehend, von denen die vorderen und hinteren schräg zum Schloßrand stehen. Schloßzahnreihe nicht geknickt, lediglich leicht gebogen.
Verbreitung: Nordsee (in der Deutschen Bucht Klappen in der Tiefen Rinne südlich Helgoland nicht selten, bis 1938 aber nur ein lebendes Tier gefunden); norwegische Küste bis ins Mittelmeer, amerikanische Ostküste bis in 4000 m Tiefe.

Literatur: CASPERS 1938, ZIEGELMEIER 1957

Arca nodulosa. Foto: Fischer-Nagel.

Astarte borealis (Schumacher 1817)

(= Tridonta borealis)

Gehäuse bis 4,5 cm lang, festschalig, im Umriß fast kreisförmig bis breit elliptisch. Wirbel direkt vor der Mitte. Oberfläche mit feinen konzentrischen Linien, am Wirbel manchmal mit stärkeren Rippen. Schale weiß, Periostrakum in der Jugend hellbraun, später dunkelbraun bis schwarz. Schloß der rechten Klappe mit 2 Hauptzähnen, von denen der vordere sehr breit und der hintere dünn ist, linke Klappe mit 3 Hauptzähnen, von denen der hintere sehr unscheinbar ist. Vorderer und hinterer Schließmuskeleindruck annähernd gleich groß. Ohne Mantelbucht.

Lebensweise: *Astarte borealis* ist in kalten Gewässern mit einer Temperatur von höchstens 16 °C verbreitet. Ihr Vorkommen in der Ostsee ist das südlichste überhaupt. Sie lebt dicht unter der Meeresbodenoberfläche im Sediment, denn ihre Siphonen sind sehr kurz. Sie ist wie die beiden folgenden Arten *Astarte elliptica* und *A. montagui* sehr widerstandsfähig gegenüber einem Mangel an Sauerstoff bzw. einem hohen Gehalt an Schwefelwasserstoff. Im Gegensatz zu den meisten Muschelarten der deutschen Küstengewässer ist kein pelagisches Larvenstadium in den Entwicklungszyklus eingeschaltet. Die Gattung ist benannt nach Ischtar, der babylonischen Göttin der Liebe (grch. Astarte).

Verbreitung: Westliche Ostsee (bis zur mecklenburgischen Küste, in der Kieler Bucht in 7 bis 36 m Wassertiefe), nördliche Nordsee (nicht in der Deutschen Bucht), arktische Meere bis in 3000 m Tiefe. Oft zusammen mit *A. elliptica*.

Anmerkung: Die Arten *borealis* und *elliptica* werden bisweilen in eine eigene Gattung *Tridonta* gestellt.

Literatur: ARNTZ et al. 1976, NORDSIECK 1969, RASMUSSEN 1973

Astarte borealis. Kieler Bucht.

Astarte elliptica. Kieler Bucht.

Astarte elliptica (Brown)

(= Tridonta elliptica)

Gehäuse bis 3 cm lang, festschalig, im Umriß breit oval. Wirbel vor der Mitte. Hinterer Gehäuserand leicht abgestumpft. Oberfläche im Unterschied zu *Astarte borealis* kräftig konzentrisch berippt, außerdem mit feinen konzentrischen Linien. Schale weiß, Periostrakum dunkel- oder rotbraun. Bezahnung des Schlosses wie bei *A. borealis;* der vordere Zahn der rechten Klappe kann so tief gefurcht sein, daß er das Aussehen von 2 Zähnen gewinnt. Vorderer und hinterer Schließmuskeleindruck etwa gleich groß. Ohne Mantelbucht. *Astarte elliptica* ist in sandigen Böden, vor allem in Feinsand und schlickigem Sand, anzutreffen – oft so flach eingegraben, daß Teile des Gehäuses in das freie Wasser ragen. Wie *Astarte borealis* kommt sie in kalten Gewässern vor (Höchsttemperatur 17 °C).
Verbreitung: Westliche Ostsee (hier in 10 bis 31 m Tiefe); nördlicher Atlantik. Nicht in der Deutschen Bucht. Bis in 2500 m Wassertiefe.
Ähnlich: *Astarte sulcata* da Costa 1778, oft (nicht immer!) mit gekerbtem Klappeninnenrand. Nordsee (nicht in der Deutschen Bucht), Arktis bis ins Mittelmeer. Nicht in der Ostsee (dem widersprechende Angaben beruhen offenbar auf einer Verwechslung mit *Astarte elliptica*).

Literatur: ARNTZ et al. 1976, RASMUSSEN 1973

Astarte montagui (Dillwyn 1817)

(= **A. compressa** Montagu 1808 zum Teil; = **Nicania montagui** Leach 1819)

Gehäuse bis 1,5 cm lang, festschalig, im Umriß dreiseitig bei fast halbkreisförmig gebogenem Unterrand. Wirbel in der Mitte. Oberfläche mit mäßig kräftigen konzentrischen Rippen. Schale weiß, Periostrakum hell- bis dunkelbraun. Bezahnung des Schlosses wie bei *Astarte borealis;* der vordere Zahn der rechten Klappe ist breit und zweigeteilt. Vorderer und hinterer Schließmuskeleindruck annähernd gleich groß. Ohne Mantelbucht.
Lebensweise: *Astarte montagui* ist ein Bewohner sandig-schlickiger Böden. In den Entwicklungszyklus ist wie bei *Astarte borealis* keine freischwimmende Larvenphase eingeschaltet.
Verbreitung: Nördliche Nordsee, westliche Ostsee; arktische Meere, in Europa südlich bis zum Golf von Biskaya. In der Nordsee in 40 bis 75 m Tiefe festgestellt, in der Ostsee in 9 bis 31 m.

Literatur: ARNTZ et al. 1976, HØPNER PETERSEN 1977, WORTHMANN 1976

Astarte montagui.

Astarte triangularis (Montagu 1803)

(= Goodallia triangularis)

Gehäuse bis 0,5 cm lang, festschalig, von annähernd dreiseitigem Umriß. Wirbel direkt hinter der Mitte. Oberfläche glatt, lediglich mit feinen konzentrischen Linien. Schale weiß, Periostrakum weiß, gelblich oder braun. Klappeninnenrand unten gekerbt. Vorderer und hinterer Schließmuskeleindruck annähernd gleich groß. Ohne Mantelbucht.
Verbreitung: Nordsee bis ins Mittelmeer, in 0 bis 370 m Wassertiefe in Sandböden.

Literatur: NORDSIECK 1969

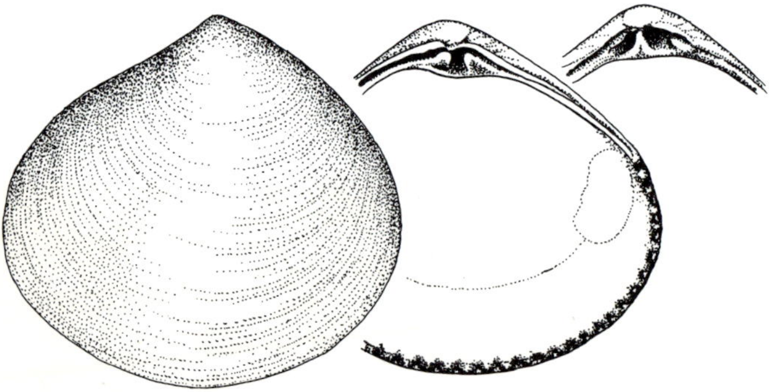

Astarte triangularis. Nach Benthem-Jutting 1943.

Thyasira flexuosa. Bergen, Norwegen.

Thyasira flexuosa (Montagu 1803)

Gehäuse bis 1,8 cm lang, dünnschalig, im Umriß fast kreisförmig. Wirbel spitz, Vorder- und Hinterrand eckig, nahe dem Hinterrand mit 2 radialen Falten. Oberfläche fein konzentrisch liniert. Schale weißlich, durchscheinend. Ligament außen, schwach entwickelt. Ohne Schloßzähne, ohne Mantelbucht.

Lebensweise: *Thyasira flexuosa* legt mit ihrem Fuß im Sediment eine Röhre an, die nach oben zum Meeresboden führt und dem Einstrom von Wasser dient. Dort, wo am Hinterrand des Gehäuses unten eine deutliche Ausbuchtung zu erkennen ist, liegt die Ausstromöffnung, durch die das Wasser die Muschel wieder verläßt. Ähnliche Verhältnisse finden sich bei *Lucinoma* und *Lucinella*. Sie weisen auf nahe verwandtschaftliche Beziehungen hin. *Thyasira* legt mit Hilfe ihres Fußes unter dem Gehäuse ein Netzwerk von Röhren an. Ähnlich wie *Lucinoma borealis* (siehe unten) enthalten die Kiemen schwefeloxidierende Bakterien, doch leben diese im Unterschied zu *Lucinoma* außerhalb von Zellen.

Verbreitung: Nordsee; Nordatlantik bis ins Mittelmeer bzw. bis zum Golf von Mexiko.

Literatur: DANDO u. SOUTHWARD 1986

Lucinoma borealis (Linné 1767)

(= Phacoides borealis [Linné])

Gehäuse bis 4 cm lang, festschalig, im Umriß kreisförmig. Wirbel direkt vor der Mitte. Oberfläche mit kräftigen konzentrischen Rippen. Schale weiß, Periostrakum braun. Ligament lang, fast bis an den Hinterrand reichend. Schloß in beiden Klappen mit 2 Hauptzähnen, von denen der vordere der linken Klappe und der hintere der rechten Klappe in 2 Teile gespalten sind. Vorderer und hinterer Seitenzahn schwach ausgeprägt. Vorderer Schließmuskeleindruck lang und schmal, hinterer wesentlich kürzer, im Umriß breit elliptisch. Ohne Mantelbucht.

Lebensweise: Alle Arten der Lucinidae, zu denen *Lucinoma borealis* und auch die folgende *Lucinella divaricata* gehören, können sich außerordentlich schnell eingraben. Sind sie im Boden verschwunden, bauen sie mit Hilfe des Fußes vor dem Gehäuse eine Röhre zur Oberfläche, die mit Schleim verfestigt wird. Durch sie strömt nahrungs- und sauerstoffreiches Wasser ein – anders als bei den meisten Muscheln, bei denen es hinten, durch den Einstromsipho, aufgenommen wird. Ausgeleitet wird es hinten, durch den Ausstromsipho, der sich bis zur Oberfläche dehnen läßt. Eine Besonderheit der Lucinidae ist die Fähigkeit, den Ausstromsipho beim Einziehen nach innen umzustülpen. Für den Einstromsipho werden immer wieder neue Röhren angelegt. Die Kiemen sind groß und enthalten in besonderen Zellen Bakterien, die Sulphid oxidieren. Die dabei freiwerdende Energie wird von der Muschel zur Fixierung von Kohlendioxid genutzt (Kohlendioxid ist grundlegend für den Aufbau organischer Materie). Die Bakterien nutzen also ihrem Wirt – und offenbar tragen sie in so hohem Maße zum Energiegewinn bei, daß der bei allen Lucinidae vereinfachte Magen mit dieser Entlastung im Zusammenhang zu sehen ist.

Verbreitung: Nordsee (hier bis 100 m Wassertiefe); Atlantik von Norwegen bis Marokko, Mittelmeer. In sandigem Schlick oder grobkörnigen Böden bis in 1500 m Tiefe.

Literatur: DANDO, SOUTHWARD u. SOUTHWARD 1986, HØPNER PETERSEN 1977, TEBBLE 1966, YONGE u. THOMPSON 1976

Lucinoma borealis. Saeby, Nordjütland.

Lucinella divaricata. Fossile Gehäuseklappen aus dem Eem-Interglazial.

Lucinella divaricata (Linné 1758)

(= **Divaricella divaricata** [Linné])

Gehäuse bis 1,3 cm lang (TEBBLE, nach ZIEGELMEIER bis 3 cm), von kreisförmigem Umriß. Wirbel etwa in der Mitte. Oberfläche mit konzentrischen Streifen und quer über das Gehäuse ziehenden, zum Teil wellig verlaufenden Rippen. Schale weiß. Ligament weit innen gelegen. Schloß der rechten Klappe mit einem markanten Hauptzahn und 2 kleinen Seitenzähnen, linke Klappe mit 2 Hauptzähnen und vorn und hinten je 2 Seitenzähnen. Innenrand der Klappen gezähnelt. Vorderer und hinterer Schließmuskeleindruck annähernd gleich groß. Ohne Mantelbucht.
Zur **Lebensweise** vgl. die Ausführungen zur vorhergehenden Art.
Verbreitung: Südliche Nordsee bis Mittelmeer, Schwarzes Meer.

Literatur: TEBBLE 1966, ZIEGELMEIER 1966

Montacuta ferruginosa (Montagu 1808)

Gehäuse bis 0,9 cm lang, dünnschalig, etwa doppelt so lang wie hoch, im Umriß gestreckt-elliptisch. Wirbel im letzten Drittel. Oberfläche schwach glänzend, zart konzentrisch gestreift, mit einigen sehr feinen Radiallinien. Schale weiß, meist aber mit einer rostbraunen Kruste bedeckt. Schloß der rechten Klappe mit einem Hauptzahn, linke vorn mit einem Nebenzahn; beide Klappen hinten ohne Nebenzähne. Vorderer Schließmuskeleindruck größer als der hintere. Ohne Mantelbucht.
Lebensweise: *Montacuta ferruginosa* nutzt die Gänge eingegraben lebender Seeigel als Lebensraum – so die von *Spatangus purpureus, Echinocardium cordatum* und anderen. Die Jungtiere heften sich mit Byssusfäden an Stacheln der Unterseite des Seeigels fest. Später leben sie frei nahe der Analöffnung des Wirtes. Bei einem einzigen Seeigel wurden bis zu zehn Exemplare von *Montacuta ferruginosa* festgestellt. Daneben lebt die Muschel aber auch fern dieser Stacheltiere im Sand eingegraben. Sobald aber ein Seeigel in der Nähe ist, wird die Muschel – erregt durch chemische Reize – unruhig; sie bewegt dann lebhaft ihren Fuß. Die Larven werden im Sommer ins freie Wasser abgegeben, wo sie monatelang verbleiben können.
Der Gattungsname wurde 1822 von Turton in lockerer Anlehnung an den Namen des Weichtierkundlers Montagu geschaffen, von dem auch die Beschreibung der Art *ferruginosa* stammt.

Links: *Montacuta ferruginosa.* Fanø/Dänemark.

Rechts: Zweizähnige Linsenmuschel *(Montacuta bidentata).* St. Peter-Ording.

Verbreitung: Nordsee (hier vor allem in 30 bis 40 m Tiefe); von Norwegen bis ins Mittelmeer in 1 bis 2500 m Tiefe.

Literatur: GAGE 1966a–c, HØPNER PETERSEN 1977, NORDSIECK 1969

Montacuta bidentata (Montagu) **Zweizähnige Linsenmuschel**

(= Mysella bidentata [Montagu])

Gehäuse bis 5 mm lang, dünnschalig, im Umriß relativ langgestreckt bis nahezu dreiseitig, wenig länger als hoch. Wirbel in der hinteren Gehäusehälfte. Oberfläche fein konzentrisch gestreift. Schale gelblich bis weiß, ältere Exemplare meist mit einer braunen Kruste bedeckt. Periostrakum graubraun. Schloß der rechten Klappe mit einem großen vorderen und hinteren Nebenzahn, linke Klappe mit einem kleineren vorderen und hinteren Nebenzahn (beide erscheinen als Fortsetzungen des Schloßrandes). Vorderer Schließmuskeleindruck meist größer als der hintere. Ohne Mantelbucht.

Lebensweise: *Montacuta bidentata* lebt oft mit Ringelwürmern, Schlangensternen, der Bohrmuschel *Barnea candida* oder Seegurken zusammen; auch in Schwämmen kommt sie vor. Wie *M. ferruginosa* ist sie auf eine solche Gesellschaft aber nicht unbedingt angewiesen, und dann kann sie in einer Anzahl von über 700 Individuen pro Quadratmeter auftreten.
Normalerweise produziert *Montacuta bidentata* eine Brut im Jahr. Im Sommer kann man in der Kiemenhöhle zahlreiche Embryonen finden. Bemerkenswerterweise werden 2 Sorten von Samenzellen erzeugt, die vermutlich auch verschiedene Funktionen haben: Solche mit einem schlanken Kopf und einem relativ kurzen Schwanzabschnitt, und solche mit einem kurzen Kopf und einem längeren Schwanz. Die Jungtiere wachsen recht langsam heran. Während des 2. Lebensjahres werden die Tiere Männchen, im Alter von 3 Jahren – die Muscheln sind dann 2 bis 3 mm lang – sind sie Zwitter. *Montacuta bidentata* dürfte eine Vielzahl von Feinden haben – unter anderen Krebse, Raubschnecken und Seesterne.
Verbreitung: Nordsee, Ostsee; Norwegen bis Nordwestafrika, Mittelmeer, Schwarzes Meer, in 4 bis 2500 m Tiefe (vor allem aber zwischen 5 und 40 m), in sandigen und schlickigen Böden.

Literatur: NORDSIECK 1969, OCKELMANN u. MUUS 1978

Cerastoderma edule (Linné 1758)
Gemeine Herzmuschel, Eßbare Herzmuschel

(**= Cardium edule,** s. S. 45)

Gehäuse bis über 5 cm lang, festschalig, im Umriß breit-elliptisch (dabei aber recht variabel). Wirbel vor der oder in der Mitte. Klappen stark gewölbt. Oberfläche mit 22 bis 28 Radialrippen (im Durchschnitt 25), die von feinen konzentrischen Linien gequert werden und kleine Schuppen tragen. Schale schmutzigweiß bis bräunlich. Periostrakum mäßig dick, gelblich- oder grünlichbraun. Ligament außen. Schloß der rechten Klappe mit 2 Hauptzähnen und 2 vorderen und 2 hinteren Seitenzähnen, linke Klappe mit 2 Hauptzähnen und je 1 vorderen und hinteren Seitenzahn. Schließmuskeleindrücke annähernd gleich groß. Ohne Mantelbucht. Zum Verwechseln ähnlich: *Cerastoderma lamarcki* (siehe unten).

Eßbare Herzmuschel *(Cerastoderma edule)*. Fanø/Dänemark.

Jungtier der Eßbaren Herzmuschel, eingegraben. Nur die nebeneinanderliegenden Öffnungen des Ein- und Ausstromsiphos sind sichtbar. St. Peter-Ording.

Lebensweise: Über wenige Muschelarten ist so viel bekannt wie über die Gemeine Herzmuschel, denn sie gehört zu den häufigsten Arten unserer Küste, und außerdem ist sie eßbar. So ist sie wie wohl keine andere Muschel dem Strandwanderer ein Begriff. Es sei aber gleich darauf hingewiesen, daß sie ein Verwechslungsspiel mit einer zweiten häufigen Art treibt, *Cerastoderma lamarcki.* Manchmal lassen sich die beiden am Gehäuse nicht unterscheiden. Im Anschluß an die Beschreibung von *C. lamarcki* folgt daher ein Abschnitt, in dem auf dieses Problem besonders eingegangen wird.
Die Gemeine Herzmuschel lebt in Sand oder Schlick in ungefähr 0 bis 10 m Wassertiefe. Sie gräbt sich höchstens 5 cm tief in den Boden ein, und dementsprechend sind ihre Siphonen nur kurz. In der Flachwasserzone der Ostsee – in 1 bis 5 m Tiefe – ist sie die wichtigste Muschel überhaupt; sie bildet hier im Durchschnitt 71 % des Gewichtes der gesamten Bodenfauna. Die höchste Besiedlungsdichte erreicht sie in 3 m Tiefe mit durchschnittlich 245 Individuen pro Quadratmeter. Auch im Mischwatt der Nordsee ist sie oft die

Jungtier der Eßbaren Herzmuschel beim Eingraben. Rechts sind die – bei dieser Art nur kurzen – Siphonen zu erkennen. St. Peter-Ording.

dominierende Art. In welcher Menge die Herzmuschel vorkommen kann, mögen die folgenden Zahlen aus dem Watt vor der Insel Sylt verdeutlichen: Im August wurden auf einer Probefläche 14000 Individuen von 5 mm Größe pro Quadratmeter gezählt. Im Dezember lag die Anzahl bei 4300 Tieren von 1 cm Größe, und im Mai des folgenden Jahres waren es 800 Tiere von 2,2 cm Größe.
Da die Herzmuschel direkt unter der Meeresbodenoberfläche lebt, wird sie nicht selten freigespült – junge Individuen oft schon bei normalem Seegang. Die Tiere versuchen dann umgehend, sich wieder einzugraben, kriechen zuvor aber nicht selten 20 bis 30 cm weit umher, um eine günstige Stelle zu finden. Dabei schieben sie sich mit dem Fuß vorwärts und hinterlassen eine tiefe Furche im Boden. Schließlich wird das Gehäuse in einer Drehbewegung aufgerichtet. Durch Ausstoßen von Wasser aus der Mantelhöhle wird der Untergrund gelockert, und dann zieht sich die Muschel unter ruckartigen Bewegungen nach beiden Seiten sowie unter raschem Schließen und Öffnen des Gehäuses in den Boden. Außerdem versucht sie, diesen Vorgang durch Rückstoß zu beschleunigen, indem sie Wasser aus dem Ausstromsipho preßt. Nach 2 bis 10 Minuten ist sie wieder eingegraben. Vor allem Jungtiere kommen durch das Auswaschen oft massenweise ums Leben. – Die Existenz so nahe der Meeresbodenoberfläche hat noch einen weiteren Nachteil: Küstennahe Vorkommen können in kalten Wintern einfrieren und restlos vernichtet werden.
Auch **auf** dem Boden kann die Herzmuschel leben. Oft finden wir sie eingesponnen in Byssusfäden von Miesmuscheln, und in dicht besiedelten Gebieten gräbt sie sich bisweilen erst gar nicht ein. Das freilich ist ein gefährliches Spiel, denn hier ist sie für Feinde leicht erreichbar.
Um Nahrung aufzunehmen, rücken die Tiere nahe an die Bodenoberfläche und strecken das Hinterende des Gehäuses mit den Siphonen ins freie Wasser. Manchmal ist der Boden von einem Rasen aus Kieselalgen überwachsen, der dabei durchstoßen wird. Graben sich die Muscheln wieder ein, so verbleiben in dem Rasen dicht an dicht liegende, rautenförmige Löcher, die dem Querschnitt der Herzmuschel entsprechen.
Eine erwachsene Herz- oder Miesmuschel pumpt unter günstigen Bedingungen pro Stunde 1 Liter Wasser durch ihre Kiemen (täglich rund 10 Liter, denn bei Niedrigwasser müssen trockenfallende Tiere eine Pause einlegen). Summiert man die Leistung aller Herz- und

Miesmuscheln, so ergibt sich allein für das niederländische Wattenmeer ein Betrag von 750 Milliarden Litern täglich. Zugleich filtern die Tierchen organische Partikel aus dem Wasser, und auch deren Menge kann sich sehen lassen: Die rund 6 Milliarden erwachsenen Herzmuscheln, die vor Holland zwischen Terschelling und Ostfriesland leben, bringen es im Jahr auf rund 1 Milliarde Kilogramm. Der unverdaubare Rest wird schließlich in Form von 700000 Kubikmetern Ausscheidungsprodukten auf dem Meeresboden festgelegt.

Cerastoderma edule ist darauf eingerichtet, auch geringe Sauerstoffkonzentrationen zu ertragen. Sie verträgt sogar einen 10tägigen Aufenthalt in sauerstofffreiem Milieu, und je nach Sauerstoffangebot kann sie ihre Atmung regulieren. Ist viel Sauerstoff verfügbar, ist die Atmung fünfmal so intensiv wie bei einem geringen Angebot. Grundsätzlich aber ist der Bedarf der Herzmuschel wesentlich höher als der von Arten, die tiefer im Sediment leben, wo sich oft überhaupt kein freier Sauerstoff mehr findet. Trotz dieser Widerstandskraft sterben Herzmuscheln oft genug an Sauerstoffmangel: Werden sie stark verschüttet und ist die Wassertemperatur zu niedrig (um 4 °C), dann können sie sich nicht mehr zur Oberfläche durchwühlen und ersticken.

Etwa Ende Mai – der genaue Zeitpunkt wird von der Wassertemperatur bestimmt – laicht die Herzmuschel ab. Die Larven schwimmen 2 bis 3 Wochen im Wasser umher, leben also pelagisch; dann sinken sie zu Boden und verwandeln sich in eine Miniaturausgabe des ausgewachsenen Tieres. Nach 1 ½ Jahren ist das Jungtier auf etwa 2,5 cm herangewachsen, wobei – wie unter den Muscheln unserer Breiten üblich – während der Wintermonate (Dezember bis Mai) kein Wachstum erfolgt. Normalerweise wird *Cerastoderma edule* 3, manchmal vielleicht bis zu 9 Jahren alt – wenn sie nicht vorher gefressen wird oder auf andere Weise ums Leben kommt. Und Feinde hat sie genug – Wellhornschnecken (die stoßen den scharfen Außenrand ihrer Mündung zwischen die Klappen, oft so tief, daß die Schließmuskeln durchschnitten werden, und fressen die Muscheln aus), Krebse (man hat beobachtet, wie eine Strandkrabbe innerhalb von 24 Stunden sechs große Herzmuscheln öffnete und fraß), vor allem aber Seevögel: Herzmuscheln werden massenweise von Silbermöwen gefressen. Oft trampeln die Möwen auf einer Stelle, um den Wattboden in weichen Schwimmsand zu verwandeln, aus dem sie die Muscheln leicht herauspicken können. Die Beute

wird dann im Ganzen verschluckt und im Muskelmagen zerdrückt. Der feine Muschelgrus wird mit dem Kot ausgeschieden, ein Teil der Gehäusetrümmer wird als Speiballen ausgewürgt. Viele Herzmuscheln werden von den männlichen Möwen ihrer Angebeteten als Hochzeitsgabe gebracht. Da von ihr aber nur wenige gefressen werden, können unversehrte Herzmuscheln am Standort eines Möwenpaares mehr als einen Quadratmeter bedecken.
Austernfischer verputzen einen weiteren großen Anteil von Herzmuscheln. In Südengland hat man beobachtet, daß ein Austernfischer im Oktober täglich etwa 214 Herzmuscheln frißt, im Januar 315. Den Winter verbringen dort mindestens 30000 Vögel dieser Art, und dann dürften in 100 Tagen an die 642 Millionen Herzmuscheln durch ihren Verdauungstrakt wandern. Auch bei Tauchenten ist die Herzmuschel beliebt; sie steht bei ihnen hinter der Miesmuschel an zweiter Stelle. Größere Schollen weiden die Siphonen ab. Und schließlich ist da noch der Mensch – Herzmuscheln sind auch für ihn durchaus genießbar. Da aber bei der Ernte der Wattboden durchsiebt wird, führt dies zu einer erheblichen Schädigung einer Vielzahl von Bodenbewohnern. – Flucht vor Feinden ist der Herzmuschel nur selten möglich. Einem Seestern z. B. kann sie durchaus entkommen, denn sie kann ihren Fuß bis zum Wirbel hin umbiegen und dann plötzlich strecken, so daß sie bis zu 30 cm weit davonspringt.
In der Eßbaren Herzmuschel sowie in *Cerastoderma lamarcki* (siehe unten) kommen die Ruhestadien von mindestens 13 Arten von Saugwürmern (Trematoden) vor. Die Erwachsenenstadien dieser Würmer leben in Seevögeln oder Fischen, die den Parasiten mit den Herzmuscheln fressen.
Verbreitung: Nordsee, westliche Ostsee (bis zur mecklenburgischen Küste), Nordnorwegen bis Westafrika, Mittelmeer, Schwarzes Meer. Da *Cerastoderma edule* auf einen Salzgehalt von wenigstens 10‰ angewiesen ist, dringt sie nicht so weit in brackische Gewässer vor wie *Cerastoderma lamarcki* (siehe unten).

Literatur: BEUKEMA 1976, BROCK 1980, CREEK 1960, DÖRJES 1978, GOETHE 1958, HECHT u. MATERN 1930, HERTWECK 1978, HOLLMANN 1968, KAESTNER 1960, LAUCKNER 1971, 1972, POHL-APEL u. BEYER 1988, RASMUSSEN 1973, REICHERT u. DÖRJES 1980, SEGERSTRÅLE 1960, THAMDRUP 1935, THORSON 1972, WORTHMANN 1976

Cerastoderma lamarcki (Reeve 1844)

(= Cardium lamarcki = Cerastoderma glaucum)

Gehäuse bis 5 cm lang, mäßig festschalig, im Umriß breit-elliptisch, dabei sehr variabel. Wirbel vor der Mitte. Klappen stark gewölbt. Oberfläche mit 22 bis 28 Radialrippen (im Durchschnitt 23), die meist dachfirstartig zugespitzt sind und keine Schuppen tragen. Periostrakum dick, zu leistenartigen Querwülsten aufgefaltet (nur an unversehrtem Material zu erkennen). Ansonsten wie *Cerastoderma edule* (siehe oben).

Lebensweise: *Cerastoderma lamarcki* bevorzugt stärker ausgesüßte und stillere Meeresteile als die Eßbare Herzmuschel. Sie erträgt noch einen Salzgehalt von nur 4‰, bei dem sich *C. edule* längst nicht mehr halten kann. Gegenüber einem Einfrieren ist *C. lamarcki* etwas widerstandsfähiger als *C. edule.*

Da die Eier von *C. lamarcki* nach dem Laichen sofort zu Boden sinken und festhaften, lassen sie sich von Wasserströmungen kaum verdriften. Daher ist der genetische Austausch zwischen den verschiedenen Populationen gegenüber der Eßbaren Herzmuschel etwas herabgesetzt – und das fördert die Entwicklung örtlich begrenzt vorkommender Rassen. In der Jugend ist das Gehäuse meist fast symmetrisch, und der Wirbel liegt etwa in der Mitte. Da anschließend der rascheste Zuwachs im hinteren Bereich des Gehäuses erfolgt, wird es später zunehmend asymmetrisch, und der Wirbel gerät dann mehr und mehr vor die Mitte. (Der Holotyp von *C. lamarcki*, jenes Exemplar, auf dem die Originalbeschreibung beruht, ist ein extrem schief-ovales Individuum.)

Verbreitung: Nordsee (an der Küste von Schleswig-Holstein nur an wenigen Stellen; nicht an den offenen Teilen der dänischen Nordseeküste), Ostsee (bis zum Finnischen Meerbusen und zum Eingang des Bottnischen Meerbusens); Norwegen bis zur Iberischen Halbinsel, oft zusammen mit der Eßbaren Herzmuschel.

Anmerkung: Häufig findet man noch heute im Schrifttum die Namen *Cardium edule* bzw. *Cardium lamarcki*. Linnés Gattung *Cardium* war sehr weit gefaßt und wurde später unterteilt; die Arten *edule* und *lamarcki* gehören nicht zu der heute noch als *Cardium* bezeichneten Artengruppe. – Wiederholt wurde *Cerastoderma lamarcki* als *C. glaucum* geführt, da man bis 1980 annahm, daß *C. lamarcki* und diese im Mittelmeer verbreitete Form eine einzige Art bilden.

Literatur: BROCK 1980, LAUCKNER 1971, 1972, RASMUSSEN 1973, TEBBLE 1966

Herzmuscheln. *Cerastoderma lamarcki* (oben) und *C. edule* (rechts). Kieler Förde.

Die Unterschiede zwischen den Herzmuscheln *Cerastoderma edule* **und** *Cerastoderma lamarcki*

1844 hatte der britische Naturkundler REEVE eine über 5 cm lange, schief-ovale Herzmuschel mit dachfirstartig gekanteten Rippen unter dem Namen „*lamarcki*" beschrieben. Da man aber zwischen *lamarcki* und der typischen *edule*-Form alle Übergänge feststellte, ist erst nach 1960, nach einer ganzen Anzahl von wissenschaftlichen Untersuchungen, deutlich geworden, worin sich diese beiden Arten unterscheiden lassen. Weil in den meisten Gehäusemerkmalen Überschneidungen in der Variationsbreite bestehen, ist ein einzelnes Gehäuse in manchen Fällen nicht zuverlässig zu bestimmen. Eine Art ist in ihren Merkmalen ja nicht starr; wir brauchen uns nur den Menschen anzusehen, um zu erkennen, daß kein Individuum dem anderen völlig gleicht. Bei den Muscheln verhält es sich ebenso. Wenn nun die Aufteilung in zwei Arten aus einer Stammart ein so junges Ereignis ist, daß sich die beiden „Tochterarten" noch sehr ähnlich sind, stehen wir vor einem Bild, wie es uns *Cerastoderma edule* und *lamarcki* bieten. Dennoch ist die Trennung bereits vollkommen: Die Arten lassen sich nicht mehr miteinander kreuzen.

Bereits die Eier zeigen deutliche Unterschiede, erkennbar mit bloßem Auge: Die von *C. edule* sind klein und dotterarm, die von *C. lamarcki* haben etwa das doppelte Volumen und sind dotterreich. Während sich die Eier von *C. edule* längere Zeit schwebend im Wasser halten und nur ein geringes Haftvermögen besitzen („planktonische Eier"), sinken die von *C. lamarcki* nach dem Laichen zu Boden und haften fest („demersale Hafteier"). Die Entwicklung von *C. edule* dauert etwas länger als die von *C. lamarcki.*

An den Veliger-Larven der beiden Arten wurden keine Unterschiede festgestellt. Unterschiede treten erst wieder bei den ausgewachsenen Tieren zutage: Die Außenseite der Siphonen ist bei *C. edule* hellgelb, bei *C. lamarcki* dunkler und braun gesprenkelt. Das Gehäuse von *C. edule* hat gerundete, das von *C. lamarcki* dachfirstähnlich gewinkelte Rippen. (Aber selbst in dieser oft als besonders geeignetes Unterscheidungsmerkmal angesehenen Struktur gibt es Zwischenformen.) Die Rippen tragen bei *C. edule* kleine, querstehende Schuppen, bei *C. lamarcki* nicht (hier ist das Periostrakum schuppenähnlich aufgefaltet). Das Ligament ist bei *C. edule* meist lang und kräftig, bei *C. lamarcki* meist kurz und schmal. Die durchschnittliche (!) Rippenzahl liegt in den Populationen von *C.*

edule zwischen 24 und 26, bei *C. lamarcki* zwischen 22 und 24. Zwischen dem seitlichen und dem hinteren Teil jeder Klappe ist *C. edule* gerundet, bei *C. lamarcki* hingegen tritt hier ein deutlicher Rand auf (er ist bei *C. edule* nur nahe dem Wirbel ausgebildet). Dieser Rand läßt sich gut feststellen, wenn man bei einem Gehäuse, bei dem die beiden Klappen noch verbunden sind, eine Nadel quer über das Hinterende des Ligaments legt. Berührt die Nadel das Gehäuse nur an einem Punkt, handelt es sich um *C. edule*, berührt sie es in zwei Punkten, liegt *C. lamarcki* vor (allerdings klappt die Bestimmung auf diese Weise nicht immer).

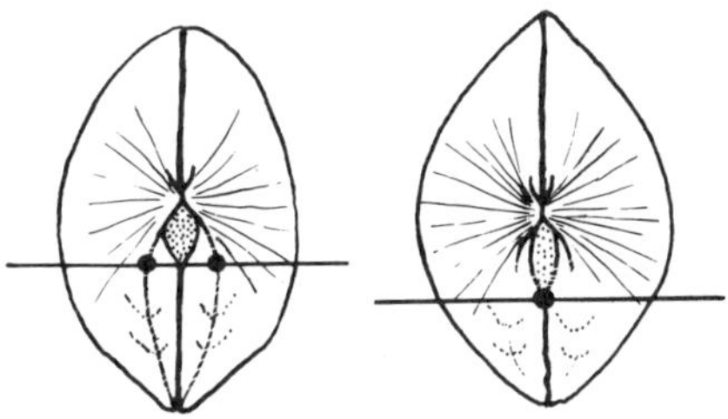

In einem ausgezeichneten englischen Muschelbestimmungswerk heißt es, die beiden Arten ließen sich an den Furchen auf der Innenfläche der Klappen erkennen: Bei *C. edule* sollen die Furchen, die den Rippen der Außenseite entsprechen, nur ein kleines Stück vom Rand in Richtung zum Wirbel laufen, bei *C. lamarcki* hingegen sehr lang sein und bis nahe an den Wirbel reichen. Genauere Untersuchungen zeigten aber, daß dickschalige Exemplare von *C. lamarcki* durchaus keine langen Furchen haben müssen und daß dünnschalige Stücke von *C. edule* lange Furchen besitzen können. Vor allem dort, wo die beiden Arten gemeinsam vorkommen, ist ein Überlappen in der Variabilität der Gehäusemerkmale zu beobachten. Das weist aber nicht auf eine Vermischung zwischen den beiden Formen, also nicht auf einen Genaustausch hin, sondern hängt insbesondere damit zusammen, daß hier dieselben Umwelteinflüsse wirksam sind und ähnliche Gehäusemerkmale bedingen. So lassen sich die Arten auch bei größter Übereinstimmung in Gehäusemerkmalen auf anderem Wege stets sicher bestimmen – auf biochemischem Wege –, doch das liegt normalerweise außerhalb der Möglichkeiten des Strandwanderers.

Daß es sich um 2 verschiedene Arten handelt, zeigt auch der Befall mit Parasiten. Die Eßbare Herzmuschel ist Zwischenwirt für den Saugwurm *Meiogymnophallus*. In *Cerastoderma lamarcki* hingegen kommt dieses Tier nicht vor.

Die etwas verschiedenen Ansprüche an die Umwelt führen dazu, daß in manchen Gewässern nur *C. edule* oder nur *C. lamarcki* vorkommt (vgl. auch die Verbreitungsangaben zu den beiden Arten). *C. edule* dringt z. B. nicht in flache Strandseen vor. In den inneren Abschnitten der Schlei lebt nur *C. lamarcki*, an den offenen Teilen der jütischen Nordseeküste nur *C. edule*. Im Limfjord, im Watt bei Sylt und an vielen Stellen der westlichen Ostsee treten beide Arten gemeinsam auf. Bis vor einigen Jahren nahm man an, daß der Salzgehalt die Anzahl der Rippen beeinflußt und daß unterschiedliche Rippenzahlen nicht auf genetischen Unterschieden bestehen. Diese Vermutung erwies sich als nicht zutreffend, denn früher hatte man *C. edule* und *C. lamarcki* oft in „einen Topf" geworfen. Daher mußte unerkannt bleiben, daß in stärker ausgesüßten Gewässern eine andere und im Durchschnitt rippenärmere Art (*C. lamarcki*) lebt als in den salzigeren Bereichen.

Literatur: BROCK 1980, EISMA 1965, LAUCKNER 1971, 1972, RASMUSSEN 1973, TEBBLE 1966

Parvicardium ovale (Sowerby 1841)

(= Parvicardium fasciatum [Montagu 1803, non Gmelin 1790] = **Cardium ovale)**

Gehäuse bis 1,5 cm lang, dünnschalig, im Umriß elliptisch, vorn abgerundet, hinten stumpfwinklig und etwas nach unten verlängert. Mit 24 bis 28 radialen Rippen. Die ersten Rippen tragen kleine Schuppen, die etwa so breit sind wie die Rippen, die hinteren 7 bis 8 Rippen sind mit kleinen Stacheln besetzt. Die mittleren Rippen sind glatt und ziemlich flach. Schale gelblich weiß, zuweilen braun gebändert. Schließmuskeleindrücke etwa gleich groß, elliptisch. Schloß der rechten Klappe mit 2 Hauptzähnen sowie 2 vorderen und 1 hinteren Seitenzahn, linke Klappe mit 2 Hauptzähnen und je 1 vorderen und hinteren Seitenzahn. Ohne Mantelbucht.

Lebensweise: *Parvicardium ovale* lebt in schlickigem Sand und Kies. Noch ein Salzgehalt von 14‰ genügen für ihr Vorkommen. Im Sommer treten im Plankton die Larven auf, die im Juli und August zum Bodenleben übergehen. Nach Beobachtungen im Isefjord (Dänemark) sind die Jungtiere im September auf etwa 3, im Oktober auf rund 4 mm herangewachsen. Dann erfolgt eine winterliche Wachstumsunterbrechung, so daß bis zum Mai des darauffolgenden Jahres nur ein weiterer Millimeter hinzukommt. Im Juni, kurz vor der Fortpflanzung, liegt die Größe bei 6,6 mm, und nach dem Ablaichen scheinen die meisten Tiere zu sterben. *Parvicardium ovale* bildet eine wichtige Nahrungsgrundlage für Fische und Enten – vor allem für die gut tauchende Eiderente.

Verbreitung: Nordsee, Ostsee (hier in 6 bis 30 m Wassertiefe, bis Warnemünde); von Murmansk bis zu den Kanaren und ins Mittelmeer, in 3,7 bis 110 m Tiefe.

Anmerkung: Da es zwischen *Parvicardium ovale* und einer weiteren Form, *P. scabrum* Philippi (= *P. nodosum* Turton) alle möglichen Übergänge zu geben scheint, ist es nicht auszuschließen, daß *P. scabrum* ein weiteres Synonym von *P. ovale* ist. (*P. scabrum* kommt in den deutschen Meeresgebieten nicht vor.)

Literatur: ARNTZ et al. 1976, KILIAS 1971, RASMUSSEN 1973, TEBBLE 1966

Parvicardium exiguum (Gmelin 1791)
Dreieckige oder Kleine Herzmuschel

Gehäuse bis 1,3 cm lang, dünnschalig, im Umriß schief dreieckig (Abb. S–24). Wirbel nahe dem Vorderende bist fast in der Mitte. Mit 20 bis 22 radialen Rippen, die zumindest in der Jugend mit Knoten besetzt sind; später finden sich Knoten nur auf den ersten Rippen bzw. am Unterrand des Gehäuses. Schloß der rechten Klappe mit 2 Hauptzähnen sowie 2 vorderen und 1 hinteren Seitenzahn, linke Klappe mit 2 Hauptzähnen und je 1 vorderen und hinteren Seitenzahn. Ohne Mantelbucht.
Lebensweise: *Parvicardium exiguum* lebt in schlammigen, sandigen oder kiesigen Böden in brackischem Wasser. Die Art toleriert noch 6‰ Salzgehalt, während sie „normales“ Meerwasser von 30‰ oder mehr nicht erträgt. Voraussetzung für ihr Vorkommen ist ein dichter Pflanzenbewuchs. Die maximale Lebensdauer liegt bei 2 ½ Jahren.
Verbreitung: Nordsee, westliche Ostsee; Norwegische See bis ins Mittelmeer, Schwarzes Meer, vom Flachwasserbereich bis in 55 m Tiefe.

Literatur: MUUS 1967, RASMUSSEN 1973

Acanthocardia echinata (Linné 1758)
Stachelige Herzmuschel

Gehäuse bis 7,5 cm lang, festschalig, mit 18 bis 22 Radialrippen, auf denen je 1 Reihe spitzer Stacheln steht. Die Stacheln sind untereinander durch einen niedrigen Grat verbunden, der aber oft abgetragen ist. Schale weiß, hellgelb oder braun. Schloß der rechten Klappe mit 2 Hauptzähnen und 2 vorderen und 1 hinteren Seitenzahn, linke Klappe mit 2 Hauptzähnen und je 1 vorderen und hinteren Seitenzahn. Ohne Mantelbucht.
Lebensweise: Die Stachelige Herzmuschel bevorzugt sandige bis schlickige Böden und lebt in der Nordsee vor allem in 10 bis 30 m Tiefe. Wenn sie vom Gemeinen Seestern (*Asterias rubens*), einem ihrer Hauptfeinde, berührt wird, rettet sie sich wie die Gemeine Herzmuschel durch Sprünge, die sie mit Hilfe ihres kräftigen Fußes ausführt.

Kleine Herzmuschel *(Parvicardium ovale)*. Kieler Bucht.

Stachelige Herzmuschel *(Acanthocardia echinata)*. Bei Helgoland.

Verbreitung: Nordsee (in der Deutschen Bucht bei Helgoland), Norwegische See bis zu den Kanaren und ins Mittelmeer.
Anmerkung: Die ähnlich große *Acanthocardia tuberculata* (Linné 1758), bei der die (etwas kürzeren und in den randlichen Bereichen stumpfen) Stacheln auf den Rippen nicht durch einen Grat verbunden sind, kommt heute in der Nordsee nicht vor, doch werden nicht selten fossile Klappen an unsere Küsten gespült.

Literatur: HØPNER PETERSEN 1977, PURCHON 1968

Arctica islandica (Linné 1767) – **Islandmuschel**

(= Cyprina islandica)

Gehäuse bis über 12 cm lang, dickschalig, von fast kreisrundem Umriß, mäßig stark gewölbt. Wirbel vor der Mitte. Schale weißlich bis hell graubraun, Periostrakum dick, in der Jugend hellbraun, später braun bis schwarz, in Richtung der Anwachsstreifen faserig. Mit Ausnahme der Anwachsstreifen ohne Skulptur. Ligament außen, es bildet ein kräftiges Band hinter den Wirbeln. Vorderer und hinterer Schließmuskeleindruck etwa gleich groß. Schloß der linken Klappe mit 3 Mittelzähnen, in der rechten hinten außerdem mit einem langen, niedrigen Seitenzahn, dem eine Grube in der rechten Klappe entspricht. Ohne Mantelbucht.
Lebensweise: Die Islandmuschel lebt in und auf schlickigem bis sandigem Boden, in der Nordsee vor allem unterhalb 40 m Tiefe, in der Ostsee in 11 bis 40 m. Nahe Bornholm kommt sie noch bei einem Salzgehalt von nur 11 bis 14‰ vor – sie ist als Art gegenüber einer Aussüßung also nicht sehr anfällig. Übrigens steckt sie nicht zeitlebens im Boden, sondern siedelt abwechselnd mehrere Tage auf dem Meeresgrund und 1 bis 7 Tage einige Zentimeter tief eingegraben. Während des Aufenthalts auf dem Boden „tankt" sie verstärkt Sauerstoff. Die Islandmuschel kann sich ausgesprochen schnell eingraben.
Die larvale Phase dauert je nach Wassertemperatur 32 bis 55 Tage. Anschließend gehen die Jungen zum Bodenleben über. Aber an einem Standort mit erwachsenen Exemplaren kommen Jungtiere eigenartigerweise oft nicht vor. Möglicherweise werden siedlungswillige Larven von den Erwachsenen eingestrudelt. Und falls ein Jungtier diese Gefahr gemeistert haben sollte, dürfte es sich kaum

Islandmuschel *(Artica islandica).* Fanø/Dänemark.

gegen seine großen Artgenossen behaupten können, denn diese filtern bis zu 7 Liter Wasser pro Stunde und schnappen ihm dadurch die Nahrung weitgehend weg.
In der Kieler Bucht ist die Islandmuschel in den 60er Jahren gegenüber dem Jahrzehnt davor offenbar häufiger geworden. Sie produzierte dort 1968 mindestens 446000 Tonnen Biomasse. Manchmal kommen über 100 Exemplare von mehr als 1,5 cm Länge auf einem Quadratmeter vor. Für junge Dorsche und für die Kliesche ist die Islandmuschel eine wichtige Nahrungsquelle. Gefressen wird nur der Weichkörper (Gehäuseteile wurden in Fischmägen nicht festgestellt). Wahrscheinlich kommen die Fische an den Weichkörper nur deswegen gut heran, weil die Muscheln nicht selten von den Scherbrettern der Fischerei-Schleppnetze zertrümmert werden. Daher wird angenommen, daß die Islandmuschel als Nahrung dieser Fische erst nach Einführung der Schleppnetzfischerei – hauptsächlich nach dem 2. Weltkrieg – Bedeutung erlangt hat. Auf Island wird oder wurde diese Muschel gegessen.
Der von dem französischen Zoologen Lamarck 1818 vorgeschlagene Gattungsname *Cyprina* war abgeleitet von Kypris, einem Beinamen der Liebesgöttin Ahprodite. Gültig aber ist der ein Jahr zuvor von Schumacher vorgeschlagene Name *Arctica*.
Verbreitung: Nordsee, westliche Ostsee; auf beiden Seiten des Nordatlantik.

Literatur: ARNTZ 1971, 1974, ARNTZ et al. 1976, 1970, HØPNER PETERSEN 1977, JAECKEL 1952, LUTZ et al. 1982, MEYER u. MÖBIUS 1872, RASMUSSEN 1973, TAYLOR 1976

Dosinia (Pectunculus) exoleta (Linné 1758) **Artemismuschel**

(= **Arthemis** bzw. **Artemis exoleta** [Linné] = **Dosinia [Orbiculus] exoleta** [Linné])

Gehäuse bis 6 cm lang, im Umriß fast kreisrund, ziemlich flach, dickschalig. Wirbel leicht nach vorn gebogen. Der Oberrand verläuft vom Wirbel an konvex. Das Ligament erstreckt sich über ⅔ der Länge des Oberrandes. Oberfläche fein konzentrisch berippt. Schale schmutzigweiß oder strohgelb, oft mit einer radialen Bänderung. Schloß jederseits mit 3 Hauptzähnen, die dicht nebeneinander unter dem Wirbel liegen. Hinzu kommt ein kleinerer

 Artemismuschel *(Dosinia exoleta)*, oben: Schloß. Helgoland.

Seitenzahn in der linken Klappe, dem eine flache Grube in der rechten Klappe entspricht. Mantelbucht deutlich, sehr tief und schmal.
Lebensweise: Die Artemismuschel gräbt sich ziemlich tief ein – und dementsprechend sind die Siphonen sehr lang. Während viele Muscheln getrennte Siphonen besitzen, sind sie bei der Artemismuschel miteinander verwachsen. Normalerweise ist das lebende Tier im Boden so orientiert, daß der Wirbel fast oben liegt und das Ligament der Meeresbodenoberfläche parallel verläuft. Die Siphonen treten daher am Hinterende des Gehäuses ebenfalls fast parallel zum Meeresboden aus. Sie biegen dann außerhalb des Gehäuses nach oben um. Das Eindringen in den Boden wird durch die fast scheibenförmige Form des Gehäuses sehr erleichtert.
Verbreitung: Nordsee; Atlantik zwischen Norwegen und dem Senegal, Mittelmeer in grobkörnigen, kiesigen Böden vom Flachwasserbereich bis in 100 m Tiefe.

Literatur: ANSELL 1961b, HØPNER PETERSEN 1977, NORDSIECK 1969

Dosinia lupinus (Linné 1758)

(= **Dosinia lincta** [Pulteney 1799])

Gehäuse bis ca. 3,8 cm lang, mit glänzender Oberfläche und sehr feinen konzentrischen Streifen. Oberrand weniger stark konvex gekrümmt als bei *Dosinia exoleta* (siehe oben). Periostrakum blaß gelb. Das Ligament erstreckt sich über die Hälfte der Länge des Oberrandes. Ansonsten wie *D. exoleta.*
Verbreitung: Nordsee; Nordnorwegen bis zur Elfenbeinküste, Mittelmeer, tief eingegraben vor allem in Sand oder sandigem Schlick, vom Gezeitenbereich bis in 280 m Tiefe.

Venus (Chamelea) striatula (Da Costa 1778) **Venusmuschel**

Gehäuse bis 3,5 cm lang, festschalig, im Umriß breit-elliptisch bis gerundet dreiseitig, mit hohem, leicht nach vorn gebogenem Wirbel. Außen mit zahlreichen schmalen konzentrischen Rippen. Schale gelblich bis hellbraun, meist mit 3 vom Wirbel ausstrahlenden Feldern winkliger Flecke. Schloß in jeder Klappe mit 3 Hauptzähnen, wobei der hintere Hauptzahn der linken Klappe mit der Ligamentleiste verbunden ist. Mantelbucht nicht tief, spitz gewinkelt.

Lebensweise: *Venus striatula* ist wegen ihres langsamen Stoffwechsels sehr langlebig. Dieselbe Ursache ermöglicht es ihr, das Gehäuse bei Gefahr lange verschlossen zu halten. Wird sie zum Beispiel vom Seestern *Astropecten* verschluckt, verbarrikadiert sie sich in ihren Klappen und kann ihrem Widersacher bis zu 18 Tage im Magen liegen, ohne daß ihr etwas passiert. Der Seestern spuckt den unverdaulichen Brocken dann oft wieder aus. (Zum Vergleich: Trogmuscheln [*Spisula*] sind spätestens nach 2 Tagen verdaut.)
Die Fortpflanzung erfolgt nicht nur während einer kurzen Periode im Jahr, sondern den ganzen Sommer über werden Eier und Sperma ausgestoßen. Das geschieht allerdings nicht unkoordiniert (dann wäre die Wahrscheinlichkeit einer Befruchtung zu gering), sondern immer annähernd gleichzeitig. Die Befruchtung erfolgt dann im freien Wasser. Die Larven schwimmen umher, bis sie 0,22 bis 0,24 mm lang sind; anschließend gehen sie zum Bodenleben über. In dieser Phase wächst der Fuß verstärkt heran, die Siphonen werden entwickelt, und das von der Larve zum Schwimmen und zur Nahrungsbeschaffung benutzte Velum geht verloren. In den Sommermonaten wächst die Venusmuschel um rund 0,7 cm.

Verbreitung: Nordsee (hier vorzugsweise in 20 bis 40 m Tiefe); Norwegen bis Marokko, in Sandböden in 15 bis 400 m Wassertiefe.

Anmerkung: Die Art wurde von vielen Autoren als *Venus gallina* geführt (nicht *V. gallina* Linné 1758, die im Mittelmeer lebt).

Literatur: ANSELL 1961a, 1962, HØPNER-P. 1977, THORSON 1972

Venus (Timoclea) ovata Pennant

Gehäuse bis 1,9 cm lang, festschalig, im Umriß elliptisch bis dreiseitig. Wirbel direkt vor der Mitte. Oberfläche mit ca. 50 aus kleinen Knoten zusammengesetzten Radialrippen. Schale schmutzigweiß bis hellgelb. Schloß in jeder Klappe mit 3 Hauptzähnen, ohne Seitenzähne. Mantelbucht klein.
Verbreitung: Nordsee (hier vor allem unterhalb der 50-m-Tiefenlinie, in der Deutschen Bucht bei Helgoland), Norwegen bis ins Mittelmeer, auf sandigem oder schlickigem Boden von 3,7 bis in über 180 m Tiefe. Obwohl diese Muschel bei Helgoland eine der häufigsten Arten ist, ist sie, da bei uns in größeren Wassertiefen lebend, im Spülsaum der deutschen Küsten nicht zu finden.

Literatur: CASPERS 1938, HEINCKE 1896, HØPNER-P. 1977

Venusmuscheln: u. l. *Venus ovata* aus dem Teufelsloch (Foto: Fischer-Nagel), u. r. aus Norwegen; o. r. *Venus striatula* aus Skallingen/Dänemark.

Venerupis pullastra (Montagu 1803) **Teppichmuschel**

(= Tapes pullastra = Paphia pullastra)

Gehäuse bis 5 cm lang, festschalig, im Umriß gestreckt elliptisch mit schräg abgestutztem Hinterrand. Wirbel weit vor der Mitte. Oberfläche fein konzentrisch und radial berippt. Schale weiß, grau, gelblich oder hellbraun. Oft mit rötlicher bis brauner Zickzackzeichnung. Schloß in jeder Klappe mit 3 Hauptzähnen, die über den Schloßrand hinaus nach innen ragen. Ohne Seitenzähne. Mantelbucht groß und weit.

Lebensweise: Die Teppichmuschel lebt meist einige Zentimeter tief im Boden – vor allem in festem, kiesigem Sand oder sandigem Schlick. Hier verankert sie sich durch Byssusfäden an einem größeren Körper wie einer Muschelklappe oder einem Stein. Diese Sicherung nimmt sie insbesondere bei stärkerer Wasserbewegung vor. Um das Eingraben zu erleichtern, stößt sie einen kräftigen Wasserstrahl nach unten aus, der das Sediment lockert. *Venerupis pullastra* kommt auch in Hohlräumen fester Gesteine vor. Allerdings ist noch unklar, ob sie diese Löcher selbst bohrt oder ob sie lediglich bereits vorhandene Hohlräume besiedelt.

Die junge Teppichmuschel wächst bis zum ersten Winter auf etwa 7 mm heran. Da das Wachstum wie bei allen unseren Muscheln und Schnecken weitgehend mit der Wassertemperatur korrelliert ist, erfolgt im Winter eine Wachstumsunterbrechung. Auch während der Laichzeit ist das Wachstum vermindert. Im Sommer nimmt die Gehäuselänge monatlich um etwa 1 bis 2 mm zu.

Verbreitung: Nordsee (im Watt vor allem in 6 bis 8 m Wassertiefe); Lofoten bis ins Mittelmeer, vom Gezeitenbereich bis in 50 m Tiefe.

Literatur: BENTHEM-JUTTING 1943, JAECKEL 1960, KILIAS 1971, PURCHON 1968, QUAYLE 1952, TEBBLE 1966

Teppichmuschel *(Venerupis pullastra)*. Sylt.

Petricola (Petricolaria) pholadiformis
Lamarck 1818
Amerikanische Bohrmuschel, Engelsflügel

Gehäuse bis 6,5 cm lang, im Umriß gestreckt-elliptisch. Wirbel in der vorderen Hälfte der Klappen. Oberfläche mit konzentrischen Linien und Radialrippen; letztere im vorderen Gehäuseteil kräftig, weit auseinanderstehend und mit starken Schuppen besetzt (Raspel zum Bohren). Schale weiß, Periostrakum dunkelbraun. Schloß der rechten Klappe mit 2 Hauptzähnen, von denen der hintere zweigeteilt ist, in der linken mit 3 Hauptzähnen, von denen der mittlere zweigeteilt ist. Seitenzähne fehlen. Mantelbucht tief.
Lebensweise: Mit der Amerikanischen Bohrmuschel lernen wir den ersten von mehreren Fremdlingen in der Tierwelt der deutschen Meeresteile kennen. Sie stammt, wie der Name verrät, aus Amerika, und wurde möglicherweise mit der Amerikanischen Auster (*Crassostrea virginica*) importiert – allerdings nicht direkt an die deutschen Küsten, sondern nach England: Erstmals wurde sie 1890 in Cricksea an der britischen Nordseeküste beobachtet. 1895 und 1896 war sie vor Südost-England schon nicht mehr selten. Von dort aus breitete sie sich rasch aus. 1899 fand sie sich an der belgisch-holländischen Küste. 1904 wurde sie erstmals in der Deutschen Bucht – bei Büsum – festgestellt, 1905 fand sie sich in Skallingen (Jütland). Ein Jahr darauf hatte sie die Deutsche Bucht allgemein erobert und sich 1907 an verschiedenen Stellen der Dänischen Küste etabliert (Manø, Fanø). 1930 wurde das erste Exemplar in der Ostsee gefunden.
Die Amerikanische Bohrmuschel ist nicht vorwiegend ein Gesteinsbohrer, sondern sucht sich vor allem Torfböden und stark verfestigten Schlick als Bohrgrund. Es ist möglich, daß sie dadurch die Weiße Bohrmuschel (*Barnea candida*) etwas verdrängt hat, denn sie bevorzugt denselben Untergrund. Allerdings findet sich die Amerikanische Bohrmuschel vor den Britischen Inseln auch in Kalkstein. Sie steckt mit dem Vorderende nach innen in ihrem Bohrloch und streckt die Siphonen zur Öffnung hinaus, um nahrungs- und sauerstoffreiches Wasser einzustrudeln. Die Siphonen sind an ihrer Basis miteinander verwachsen. Da sie ziemlich lang sind – ganz ausgestreckt sind sie etwas länger als das Gehäuse – kann das Tier ein relativ tiefes Bohrloch bewohnen, was einen besseren Schutz vor Feinden bietet. Taschenkrebse beispielsweise knacken gern das

Amerikanische Bohrmuschel (*Petricola pholadiformis*).
St. Peter-Ording.

Hinterende des Gehäuses und fressen es leer, doch ist das kaum möglich, wenn die Muschel in einem sehr tiefen Hohlraum sitzt. Einen Nachteil hat die bohrende Lebensweise allerdings auch: werden Bohrmuscheln durch Sediment verschüttet, können sie nicht nach oben kriechen und einen neuen Standort suchen. – Das Bohren geschieht rein mechanisch, d. h. durch Schaben mit dem Gehäuse ohne Zuhilfenahme chemischer Lösungsmittel.
Während die heimischen Bohrmuscheln ihr Gehäuse durch Muskelzug öffnen können, ist das der Amerikanischen Bohrmuschel nicht möglich. Sie drückt die Klappen durch stemmende Bewegungen des Fußes auseinander. Ein weiterer Unterschied ist das gut entwickelte äußere Ligament, das bei den heimischen Bohrmuscheln zurückgebildet ist.
Mit den heimischen Bohrmuscheln ist *Petricola pholadiformis* nicht nahe verwandt. Die bohrende Lebensweise ist unabhängig voneinander erworben worden, und ebenso wurde die für das Bohren gut geeignete Gehäusegestalt mit den vorn liegenden Raspelflächen unabhängig entwickelt.
Verbreitung: Nordsee, Ostsee, Norwegen bis Westafrika, Mittelmeer in 0 bis 10 m Wassertiefe. Inzwischen die häufigste Bohrmuschel im Spülsaum der deutschen Meeresküsten.

Literatur: ANSELL 1970, DÖRJES 1935, DUVAL 1963a, GRAHLE 1932, JAECKEL 1960, PURCHON 1955, SCHÄFER 1939, 1962, TEBBLE 1966, THAMDRUP 1935

Mysia undata (Pennant 1777)

(= **Lucinopsis undata** [Pennant])

Gehäuse bis 3,8 cm lang, dünnschalig, von fast kreisförmigem Umriß. Wirbel fast in der Mitte, vorstehend und nach vorn gebogen. Oberfläche konzentrisch liniert. Schloß der rechten Klappe mit 2 kleinen leistenförmigen Hauptzähnen, von denen der hintere oft

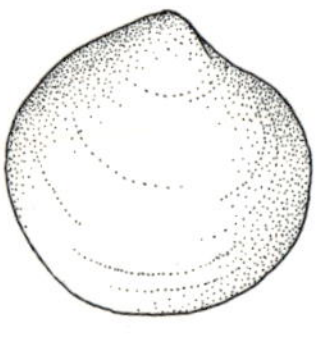

Mysia undata. Nach Ziegelmeier 1957.

gefurcht ist, linke Klappe mit 3 Hauptzähnen, von denen der mittlere relativ breit und gefurcht ist. Ohne Seitenzähne. Mantelbucht sehr tief.

Lebensweise: *Mysia undata* lebt eingegraben in schlickigem Sand und schlickigem Kies. Die Siphonen sind lang und getrennt.

Verbreitung: Nordsee (hier in 40 bis 70 m Tiefe, in der Deutschen Bucht selten); Norwegen bis ins Mittelmeer.

Literatur: HØPNER-P. 1977

Mysia undata (Foto: Fischer-Nagel).

Spisula solida (Linné 1758)
Feste Trogmuschel

Gehäuse bis 4,5 cm lang, ziemlich dickschalig, im Umriß elliptisch. Wirbel fast in der Mitte. Oberfläche konzentrisch gerieft. Äußeres Ligament kurz, schmal, hinter dem Wirbel, inneres in einem tiefen, breit dreieckigen Chondrophor, der unter und hinter den Wirbeln liegt. Schloß der rechten Klappe mit 2 getrennten Haupt- und je 2 vorderen und hinteren Seitenzähnen, linke Klappe mit 3 Haupt- und je 1 vorderen und hinteren Seitenzahn. 2 der Hauptzähne der linken Klappe sind zu einem ∧förmigen Fortsatz verschmolzen, der höchstens bis zur Hälfte der Schloßplatte nach unten reicht. (3. Hauptzahn oft abgebrochen!) Seitenzähne geriefelt. Mantelbucht tief, reicht etwa bis in Höhe des Hinterrandes des Chondrophors.
Lebensweise: Die Feste Trogmuschel siedelt in gröberem Sand. Wird sie von der Raubschnecke *Lunatia* angegriffen, ist sie in der Lage, sich durch Sprünge zu retten.
Verbreitung: Nordsee (hier vor allem in 15 bis 40 m Wassertiefe); östlicher Nordatlantik bis Marokko, bis in 160 m Tiefe.

Literatur: HØPNER-P. 1977, NORDSIECK 1969, TEBBLE 1966

Spisula elliptica (Brown 1827)

Diese Form wird oft als Varietät von *Spisula solida* angesehen, da nicht ganz geklärt ist, ob es sich bei ihr wirklich um eine eigene Art handelt.

Gehäuse bis 3,2 cm lang, dünnschaliger als *S. solida*, im Umriß elliptisch. Äußeres Ligament sehr dünn, das innere sitzt in einer tiefen, breit dreieckigen Grube. Die beiden ersten Hauptzähne im Schloß der linken Klappe bilden einen ∧förmigen Fortsatz, der über die Hälfte der Schloßplatte hinaus nach unten reicht. (3. Hauptzahn oft abgebrochen.) Die Mantelbucht reicht bis in Höhe der vorderen Hälfte der hinteren Seitenzähne.
Lebensweise: *Spisula elliptica* bewohnt schlickigen Sand oder Feinkies, oft zusammen mit der Gedrungenen Trogmuschel. Im allgemeinen lebt sie aber in etwas tieferen Bereichen als diese.
Verbreitung: Nordsee, östlicher Nordatlantik bis zum Kanal, bis in 100 m Wassertiefe.

Feste Trogmuschel *(Spisula solida)*. Sylt.

Gedrungene Trogmuschel *(Spisula subtruncata)*. Fanø.

Spisula subtruncata (Da Costa 1778)
Gedrungene Trogmuschel

Gehäuse bis 3 cm lang, festschalig, im Umriß annähernd dreiseitig. Wirbel kurz vor der Mitte. Oberfläche konzentrisch gerieft. Äußeres Ligament kurz, inneres in einer tiefen, schmal dreieckigen Grube unter und hinter den Wirbeln. Anzahl der Schloßzähne wie bei *Spisula solida,* doch die beiden ersten Hauptzähne der linken Klappe bilden einen ∧förmigen Fortsatz, der fast den Unterrand der Schloßplatte erreicht. (3. Hauptzahn oft abgebrochen!) Seitenzähne geriefelt. Mantelbucht nicht sehr tief, sie erreicht die Höhe des Anfangs vom hinteren Seitenzahn.
Lebensweise: Die Gedrungene Trogmuschel lebt in feinem bis schlickigem Sand, vor allem in Gebieten mit hoher Nahrungszufuhr. An günstigen Stellen tritt sie in Massen auf. Sie gilt als erstklassige Nahrung für Fische. Vor allem von Schollen wird sie viel gefressen. Auf einen Angriff durch die Wellhornschnecke oder Seesterne reagiert sie wie auch die oben behandelte *Spisula elliptica* mit eiliger Flucht: Sie kommt aus dem Boden heraus und springt mit Hilfe ihres Fußes davon.
Verbreitung: Nordsee, Ostsee; östlicher Nordatlantik bis Marokko und zu den Kanaren, vor allem in 10 bis 40 m Wassertiefe.

Literatur: ARNTZ et al. 1976, HØPNER-P. 1977, MØHLENBERG u. KIØRBOE 1981, NIELSEN 1975, NORDSIECK 1969, TEBBLE 1966, ZIEGELMEIER 1957

Mactra corallina (Linné 1758)
Strahlenkorb, Strahlenkörbchen, Narrenkappe, Bunte oder Strahlige Trogmuschel

Gehäuse bis 6 cm lang, ziemlich dünnschalig, im Umriß breit dreiseitig bis elliptisch, stark gewölbt. Wirbel fast in der Mitte. Oberfläche glänzend, fein konzentrisch gestreift, meist mit radialen rötlichen oder bräunlichen Strahlen (Name Strahlenkörbchen). Periostrakum schmutziggrau, meist nur an den Rändern erhalten. Äußeres und inneres Ligament durch eine Kalklamelle getrennt. Äußeres Ligament als dünnes Band hinter dem Wirbel, inneres in einem dreieckigen Chondrophor unter und hinter dem Wirbel.

Strahlenkörbchen *(Mactra corallina).* Fanø/Dänemark.

Schloß der linken Klappe mit einem gewinkelten und einem einfachen, sehr schwachen Hauptzahn sowie vorn und hinten je 1 Seitenzahn, rechte Klappe mit 1 Hauptzahn und vorn und hinten je 1 Seitenzahngrube. Mantelbucht tief.

Lebensweise: *Mactra corallina* lebt, da sie nur kurze Siphonen besitzt, flach eingegraben im Boden. In der Nordsee kommt sie vor allem in 10 bis 20 m Wassertiefe vor, doch kann sie auch im Auftauchbereich des Meeresbodens – in der Gezeitenzone – überleben. Ein idealer Standort ist das aber nicht, denn schon ½ bis 1 ½ Stunden nach dem Trockenfallen flüchtet die Muschel aus dem Sediment an die Oberfläche, wahrscheinlich wegen Sauerstoff- oder Wassermangel.

Wie bei vielen Muscheln kommt bei *Mactra corallina* die kleine Krabbe *Pinnotheres pisum* – der Muschelwächter – als Parasit vor.

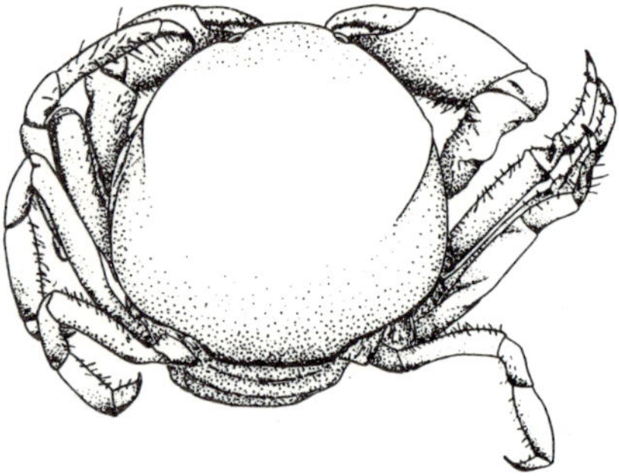

Der Muschelwächter *Pinnotheres pisum*.
Nach Dethlefsen 1972.

Er ernährt sich von den Nahrungspartikeln, die die Muschel mit dem Atemwasser herbeistrudelt und eigentlich von ihr verwertet werden sollten. Zur Fortpflanzung verläßt der Muschelwächter seinen Wirt.

Verbreitung: Nordsee, Südnorwegen bis Senegal, Mittelmeer, Schwarzes Meer, in sandigen, seltener auch schlickig-sandigen Böden bis in 30 m Wassertiefe.

Literatur: BENTHEM-JUTTING 1943, DÖRJES u. REINECK 1977, HØPNER-P. 1977, TEBBLE 1966.

Donax (Cuneus) vittatus Da Costa 1778
Dreiecksmuschel, Stumpfmuschel, Sägezähnchen

Gehäuse bis 4 cm lang, festschalig, im Umriß gestreckt dreiseitig, hinten kürzer als vorn. Wirbel klein, hinter der Mitte. Unterrand der Klappen gezähnelt. Oberfläche fein radial berippt und konzentrisch gestreift. Schalenaußenseite weiß, gelb, braun oder rötlich, manchmal mit hellen Radialstreifen. Periostrakum hellbraun, glänzend. Ligament kurz. Schloß in jeder Klappe mit 2 Hauptzähnen, davon ist der hintere Zahn der rechten Klappe gefurcht. Beide Klappen vorn und hinten mit je 1 Seitenzahn. Innenseite glänzend, oft violettblau bis blau. Mantelbucht tief.
Lebensweise: Lebende Dreiecksmuscheln stecken leicht geneigt so im Sand, daß der schräg abgestutzte Hinterrand dem Meeresboden parallel liegt. Die vordere Region des Gehäuses ist vergrößert, um den mächtigen, hakenförmigen Fuß aufnehmen zu können. Von ihm hängt das Überleben wesentlich ab: Da die Dreiecksmuschel in bewegtem Wasser und nahe der Bodenoberfläche lebt, läuft sie ständig Gefahr, freigelegt zu werden. Wenn so etwas einmal passiert ist, kann sie sich mit Hilfe ihres Fußes außerordentlich schnell wieder eingraben: Bei jedem „Schritt" zieht sie ein Drittel des Gehäuses in den Sand, und nach 4 ½ Sekunden ist sie wieder verschwunden. Die Tiere wachsen innerhalb eines Jahres auf die Größe der Erwachsenen heran.
Verbreitung: Nordsee (hier in 7 bis 30 m Wassertiefe häufig); Norwegen bis zu den Kanaren, Mittelmeer, Schwarzes Meer, vor allem in Feinsand.

Literatur: DÖRJES 1979, HØPNER-P. 1977, KAESTNER 1960, NORDSIECK 1969, YONGE u. THOMPSON 1976, ZIEGELMEIER 1957

Abra (Syndosmya) alba (Wood 1802)
Weiße Pfeffermuschel

Gehäuse bis 2,5 cm lang, dünnschalig, im Umriß breit elliptisch. Wirbel hinter der Mitte, leicht nach hinten gerichtet. Oberfläche matt, fein konzentrisch liniert. Schale matt weiß, Periostrakum hellbraun. Äußeres Ligament klein, inneres in einem annähernd dreieckigen Chondrophor. Schloß der rechten Klappe mit 2 kleinen Hauptzähnen und je 1 vorderen und hinteren Seitenzahn, linke Klappe mit 1 Haupt- und je 1 so schwachen vorderen und hinteren Seitenzahn, daß diese nur als Verstärkungen des Klappenoberrandes angesehen werden können. Mantelbucht tief.
Lebensweise: In der Kieler Bucht ist die Weiße Pfeffermuschel die häufigste Muschelart. Trotz ihrer geringen Größe bildet sie hier im Jahresmittel etwa 19 % des Biomassegewichtes aller Bodentiere. Sie lebt im Boden vergraben, wobei sie eine waagerechte Stellung einnimmt; im allgemeinen liegt sie auf der linken Seite. Die Nahrung wird mit dem Einstromsipho sowohl von der Meeresbodenoberfläche abpipettiert als auch aus dem freien Wasser eingestrudelt. Während der Nahrungsaufnahme nach dem zuletzt genannten Muster wird das weit in das Wasser hineingestreckte Ende des Siphos im Kreise bewegt.
Die Weiße Pfeffermuschel wird wie *Abra nitida* (siehe unten) meist 1, nur selten auch 2 Jahre alt. Sie gehört zu den schnell wachsenden Arten.
Alle *Abra*-Arten spielen eine große Rolle als Fischnahrung. Sowohl die Weiße Pfeffermuschel als auch *Abra nitida* werden oft von Schollen, Jungtiere von *Abra alba* auch von Dorschen in größerer Anzahl gefressen.
Verbreitung: Nordsee, Ostsee (bevorzugt in flacherem Wasser, in der Ostsee in 10 bis 33 m Tiefe); Norwegische See bis Westafrika, Mittelmeer, Schwarzes Meer, von der Niedrigwasserlinie bis in 66 m Tiefe, vor allem in schlickigem Boden.

Literatur: ARNTZ 1971, 1974, ARNTZ et al. 1976, HØPNER-P. 1977, RASMUSSEN 1973, TEBBLE 1966, ZIEGELMEIER 1957

Dreiecksmuschel *(Donax vittatus)*. St. Peter-Ording.

Abra (Syndosmya) nitida (Müller 1789)
Glänzende Pfeffermuschel

Gehäuse bis 1,5 cm lang, dünnschalig, im Umriß gestreckt-elliptisch. Wirbel kurz hinter der Mitte, nach hinten gerichtet. Oberfläche glänzend, mit feinen, konzentrischen Linien; Periostrakum selten erhalten. Schloßbezahnung wie bei *Abra alba*. Mantelbucht tief. (Abb. S–37d, S. 70).
Lebensweise: Nordsee; von Nordnorwegen bis ins Mittelmeer, in schlickigem Boden bis in mehr als 2000 m Wassertiefe.

Literatur: NORDSIECK 1969

Abra prismatica (Montagu 1803)
Lange Pfeffermuschel

Gehäuse (Abb. S–37b) bis über 2,5 cm lang, dünnschalig, im Umriß gestreckt-elliptisch, dabei hinten leicht zugespitzt. Wirbel hinter der Mitte. Schale weiß, Periostrakum hellbraun. Oberfläche mit feinen konzentrischen Linien. Bezahnung des Schlosses wie bei *Abra alba*. Mantelbucht tief (Abb. S–37b, S. 69).
Verbreitung: Nordsee (ab 15 m Wassertiefe); Nordnorwegen bis ins Mittelmeer, von der Niedrigwasserlinie bis in 275 m Tiefe, in sandigem Boden.

Literatur: TEBBLE 1966, ZIEGELMEIER 1957

Abra tenuis (Montagu 1803)

Gehäuse (Abb. S–37c) bis 1,5 cm lang, dünnschalig, im Umriß annähernd dreiseitig, dabei mit abgerundetem Vorder- und Hinterrand, Hinterrand leicht abgestutzt. Wirbel in der Mitte. Schale schmutzigweiß, Periostrakum blaß weißlichgrau oder blaß braun. Oberfläche mit feinen konzentrischen Linien. Schloßbezahnung wie bei *Abra alba*. Mantelbucht tief und breit.
Verbreitung: Westliche und südliche Nordsee, bis Nordwestafrika und ins Mittelmeer.

Literatur: TEBBLE 1966, ZIEGELMEIER 1957

Weiße Pfeffermuschel *(Abra alba)*. Ostsee. (Belegstücke zu Arntz u. a. 1976).

Glänzende Pfeffermuschel *(Abra nitida)*. St. Peter-Ording.

Scrobicularia plana (Da Costa 1778) **Pfeffermuschel, Große Pfeffermuschel, Flache Pfeffermuschel**

(= **Scrobicularia piperata** [Poiret 1786])

Gehäuse bis 5,5 cm lang, ziemlich dünnschalig, im Umriß breitelliptisch; flach. Wirbel fast in der Mitte. Oberfläche unregelmäßig konzentrisch gestreift. Schale weiß bis grau, nicht glänzend. Periostrakum hellbraun, allenfalls an den Rändern erhalten. Äußeres Ligament klein, inneres groß. Schloß der linken Klappe mit 1, das der rechten mit 2 Hauptzähnen; ohne Seitenzähne (Abb. S–39). Mantelbucht sehr ausgedehnt (Abb. S–31a).

Lebensweise: Die Große Pfeffermuschel lebt auf einer der beiden Seiten liegend in weichen Böden. Jungtiere können sich wegen ihrer kurzen Siphonen nicht sehr tief eingraben; sie leben etwa 5, ältere Individuen 10 bis 30 cm tief im Boden. Die Siphonen sind sehr schlank, und ein Tier von 4 cm Gehäuselänge kann den Einstromsipho 28 cm weit ausstrecken. Nun darf beim Verlängern der Querschnitt der Siphonalröhre natürlich nicht verringert werden, denn das würde die Nahrungsaufnahme zwangsläufig erschweren. Daher ist ein besonderes Muskelsystem entwickelt, das die Wandungen beim Ausstrecken des Siphos ausdünnt – der Querschnitt der Röhre selbst bleibt stets derselbe.

Der Einstromsipho wird nahezu senkrecht nach oben zur Bodenoberfläche geführt, der Ausstromsipho hingegen biegt vom Einstromsipho ab und erreicht das Wasser bei einem 4 cm großen Exemplar mindestens 2 cm von der Einstromöffnung entfernt. Dadurch werden die Abfallstoffe vom Einstromsipho ferngehalten. Der Ausstromsipho ragt bei Wasserbedeckung allenfalls ein kurzes Stück aus dem Boden hervor. Der Einstromsipho aber wird weit auf den Wattboden ausgefahren, wobei die Muschel Mikroorganismen und organisches Zerreibsel abpipettiert. Da der Sipho in verschiedene Richtungen vorgeschoben wird, entstehen auf dem Boden sternförmige Freßspuren aus 4 bis 8 Strahlen, die bis zu 6 cm lang sein können. Während des höchsten Wasserstandes aber scheint die Pfeffermuschel mit dem Sipho etwas vorsichtiger umzugehen, denn das ist die Zeit, in der Fische und Krabben umherstreifen, und die fressen gern ein Stück der Röhre. *Scrobicularia* pipettiert dann allenfalls das Ende des Ganges ab, in dem der Sipho nach oben

Große Pfeffermuschel *(Scrobicularia plana)*. St. Peter-Ording.

geführt wird. Dazu kann dessen Endabschnitt in alle Richtungen gedreht und sogar S-förmig gekrümmt werden. Bei stärkerer Beunruhigung zieht die Pfeffermuschel ihre Siphonen ganz zurück und schließt das Gehäuse.

Nahrung kann aber auch durch „normales" Filtern des Meerwassers aufgenommen werden. Dabei wird um so mehr Nahrung aufgenommen, je höher die Wassertemperatur ist – bis zu einem Grenzwert bei etwa 25 °C. In noch wärmerem Wasser sinkt die Aktivität der Muschel wieder. Pfeffermuscheln werden etwa 16 bis 18 Jahre alt.

Die Große Pfeffermuschel siedelt zwar bis in 15 m Wassertiefe, doch bevorzugt sie eindeutig die Gezeitenzone. Als Bewohner der tieferen Bodenschichten benötigt sie nur 1/10 jener Sauerstoffmenge, auf die die Herzmuschel (*Cerostoderma edule*) angewiesen ist. Einiges von dem Sauerstoff, den sich die Pfeffermuschel mit dem Einstromsipho zuführt, scheint durch den Mantel des Tieres an die direkte Umgebung abgegeben zu werden. Es ist nämlich so, daß der Bereich um die Höhlungen von *Scrobicularia* normalerweise hell gefärbt und oxidiert ist, während der Schlickboden ansonsten sauerstofffrei ist und schwarz.

Der deutsche Name „Pfeffermuschel" rührt wie bei *Abra* von dem scharfen Beigeschmack dieses Tieres her. Im letzten Jahrhundert wurde sie an der Bucht von Arcachon regelmäßig von der ärmeren Bevölkerung gegessen.

Verbreitung: Nordsee, westliche Ostsee; Südnorwegen bis Senegal, Mittelmeer.

Literatur: DÖRJES 1978, GREEN 1968, HÄNTZSCHEL 1934, HUGHES 1969, MEYER u. MÖBIUS 1872, PURCHON 1968, SEGERSTRÅLE 1960, TEBBLE 1966, THAMDRUP 1935

Gari fervensis (Gmelin 1791) – **Sandmuschel**

(= Psammobia fervensis [Gmelin] = Gari ferroensis)

Gehäuse bis 5 cm lang, festschalig, im Umriß annähernd elliptisch, mit abgestutztem Hinterende. Wirbel direkt vor der Mitte. Außenseite konzentrisch gerippt, hinten außerdem mit etwa 8 Radialrippen (dadurch entsteht hier eine Gitterskulptur). Vom Wirbel zieht ein Kiel schräg nach unten zur Hinterecke. Schale weiß mit gelben, rötlichen oder braunen Schattierungen und weißlichen Radialstrahlen. Periostrakum dick, dunkelbraun bis rötlich. Schloß der rechten Klappe mit 2 gleichgroßen, gespaltenen Hauptzähnen; linke Klappe mit 2 ungleichen Hauptzähnen; der vordere ist groß und gespalten, der hintere bildet eine kleine diagonale Leiste. Ohne Seitenzähne. Mantelbucht tief.
Verbreitung: Nordsee (hier in 15 bis 65 m Tiefe, in der Deutschen Bucht bei Helgoland); Norwegen bis ins Mittelmeer, in sandigem Boden bis in 80 m Wassertiefe.

Literatur: HØPNER-P. 1977

Arcopagia crassa (Pennant 1777)

(= Tellina crassa)

Gehäuse bis über 4 cm lang, festschalig, breit-oval (im Umriß fast kreisförmig). Wirbel kurz hinter der Mitte. Linke Klappe etwas flacher als die rechte. Außenseite mit konzentrischen Rippen, zwischen denen sich feine Radiallinien befinden. Schale meist schmutzigweiß, oft mit orangefarbenen oder rötlichen Strahlen. Ligament außen. Schloß der rechten Klappe mit 2 Hauptzähnen (der hintere ist gespalten) sowie je 1 vorderen und hinteren Seitenzahn, linke Klappe mit 2 Hauptzähnen, von denen der vordere gespalten ist, und ebenfalls je 1 vorderen und hinteren Seitenzahn. Mantelbucht tief, zungenförmig.
Verbreitung: Nordsee (in der Deutschen Bucht leere Klappen bei Helgoland gefunden); Norwegische See bis Westafrika, in Sandböden bis in 146 m Tiefe.
Anmerkung: *Arcopagia* wird manchmal als Untergattung von *Tellina* angesehen. Bei Ziegelmeier 1957 irrtümlich als *Acropagia*.

Literatur: TEBBLE 1966, ZIEGELMEIER 1957

Sandmuschel *(Gari fervensis)*. Norwegen.

Arcopagia crassa. Schottische Küste.

Tellina (Fabulina) fabula (Gmelin 1791)
Gerippte Tellmuschel

Gehäuse bis 2,2 cm lang, dünnschalig, im Umriß annähernd elliptisch, Hinterende leicht zugespitzt und nach rechts gebogen; flach. Wirbel fast in der Mitte. Linke Klappe etwas flacher als die rechte. Außenseite konzentrisch liniert, rechte Klappe außerdem mit diagonal verlaufenden Linien, so daß hier eine charakteristische Schrägrippung erzeugt wird. Schale weiß mit gelblichem oder orangerotem Hauch. Schloß der rechten Klappe mit 2 Hauptzähnen, von denen der hintere gespalten ist, sowie einem kurzen vorderen und einem kleinen hinteren Seitenzahn, linke Klappe mit 2 Hauptzähnen, von denen der vordere gespalten ist, und einem schwachen hinteren Seitenzahn (sowie einer rückenartigen Erhebung vor dem Wirbel). Mantelbucht tief, im Umriß fast quadratisch.
Lebensweise: *Tellina fabula* liegt bis zu 6 cm tief auf der Seite im Boden, mit der linken Klappe nach unten. Die in der Beschreibung erwähnte Umbiegung des Hinterendes nach rechts hängt damit zusammen, daß hier die Siphonen austreten und sich nach rechts – das ist in der Lebendstellung nach oben – wenden. Stellenweise tritt diese Art in großer Individuenzahl auf; auf $\frac{1}{10}$ m^2 wurden bis 117 Individuen gezählt. Soweit bekannt, handelt es sich um die in der Deutschen Bucht von Schollen am häufigsten gefressene Muschelart. Die Schollen fressen dann einen Parasiten gleich mit: den Strudelwurm *Monocelis alba,* der in der Mantelhöhle lebt.
Verbreitung: Nordsee (hier vor allem in 20 bis 30 m Tiefe); Norwegen bis ins Mittelmeer, in sauberem Feinsand bis schlickigem Sand in 5 bis 100 m Tiefe.

Literatur: HAAS 1926, HØPNER-P. 1977, TEBBLE 1966, ZIEGELMEIER 1954, 1957

Gerippte Tellmuschel *(Tellina fabula).* St. Peter-Ording.

Platte Tellmuschel *(Tellina tenuis).* Skallingen/Dänemark.

Tellina (Angulus) tenuis (Da Costa)
Platte Tellmuschel

Gehäuse bis 2,5 cm lang, dünnschalig, im Umriß elliptisch mit schräg abgestutztem Hinterrand; ziemlich flach. Wirbel kurz hinter der Mitte. Hinterende etwas zugespitzt und leicht nach rechts gekrümmt. Oberfläche glänzend. Schale weiß, rosa, orange oder gelblich, meist in konzentrischen Bändern stärker betont; selten finden sich auf einer Klappe verschiedene Farben. Oberfläche bis auf die Anwachsstreifen glatt. Schloß der rechten Klappe mit 2 Hauptzähnen, von denen der hintere gespalten ist, sowie mit je 1 vorderen und hinteren Seitenzahn. Linke Klappe mit 2 Hauptzähnen, von denen der vordere gespalten ist, sowie 1 hinteren Seitenzahn (sowie vor dem Wirbel mit einer rückenähnlichen Erhebung). Mantelbucht tief, fast quadratisch.
Lebensweise: Wie die Gerippte Tellmuschel (siehe oben) lebt *Tellina tenuis* im Boden auf der linken Seite liegend, und zwar bis zu 13 cm tief eingegraben. Sie kommt vor allem in Küstennähe und in stärker überströmten Sandböden vor, wenn auch nicht in ganz so großen Beständen wie *Tellina fabula*. Dennoch bildet sie eine wichtige Nahrungsquelle für Fische. An der Niedrigwasserlinie kann sie durchaus die häufigste Muschel sein. *Tellina tenuis* erreicht ein Alter von etwa 5 Jahren. Wie die Gerippte Tellmuschel beherbergt auch *Tellina tenuis* den Strudelwurm *Monocelis alba*.
Verbreitung: Nordsee, Ostsee bis in die Kieler Bucht; Norwegische See bis ins Mittelmeer, Schwarzes Meer, vom Flachwasserbereich bis in 20 m Tiefe.

Literatur: HAAS 1926, HØPNER-P. 1977, SEGERSTRÅLE 1960, TEBBLE 1966, ZIEGELMEIER 1957

Tellina (Moerella) pygmaea (Lovén 1846)

Gehäuse (Abb. S–35) bis 1 cm lang, dünnschalig, lang. Wirbel weit hinter der Mitte, nach hinten gerichtet. Vorderrand gleichmäßig gerundet, Hinterrand leicht abgestumpft. Oberfläche konzentrisch liniert. Schale weiß, rosa, orange oder rotbraun, oft strahlig gezeichnet. Schloß der rechten Klappe mit 2 Hauptzähnen, von denen der hintere gespalten ist, sowie je 1 deutlichen vorderen und hinteren Seitenzahn; linke Klappe mit 2 Hauptzähnen, von denen der

vordere gespalten ist, sowie je 1 schwachen vorderen und hinteren Seitenzahn. Mantelbucht tief.
Verbreitung: Nordsee (vor den deutschen Küsten nur vereinzelt, z. B. vor Helgoland und Borkum); Nordnorwegen bis Westafrika, Mittelmeer, in Grobsand, vom Flachwasserbereich bis in 150 m Tiefe.

Literatur: TEBBLE 1966, ZIEGELMEIER 1957

Macoma balthica (Linné 1758)
Baltische Tellmuschel, Plattmuschel, Rote Bohne

(= Macoma baltica)

Gehäuse bis 3 cm lang, festschalig, im Umriß breit dreiseitig. Wirbel etwa in der Mitte. Vorderende abgerundet, Hinterende leicht schief zugespitzt. Oberfläche konzentrisch liniert. Schale rötlich, gelb, grünlich, braun, weiß, zuweilen mehrfarbig; Farbgebung oft in konzentrischen Bändern verstärkt. Periostrakum farblos, blaß braun oder grau. Ligament außen. Schloß in jeder Klappe mit 2 Hauptzähnen, von denen in der rechten Klappe der hintere und in der linken Klappe der vordere gespalten ist (Abb. S–40). Ohne Seitenzähne. Mantelbucht tief.
Lebensweise: Die Baltische Tellmuschel gehört zu den häufigsten und am besten bekannten Muscheln unserer Küsten. Wegen ihrer vielfältigen Farbvariationen (Abb. S. 27) wird sie von Strandwanderern gern gesammelt. Die Farben haben für die Tiere wohl keine Bedeutung – vor allem die der Gehäuseinnenseite –, spiegeln aber möglicherweise Unterschiede in der Erbsubstanz wider. Dabei gibt es örtliche Unterschiede: In Frankreich gibt es viele gelbe Gehäuse (über 25 %), im Norden (Skandinavien) hohe Anteile roter Gehäuse. Weiße Gehäuse treten besonders in brackischen Gewässern auf.
Macoma balthica siedelt nur 3 bis 6 cm tief im Boden und wird daher nach dem Absterben leicht herausgespült. Junge Tiere stecken sogar nur wenige Millimeter tief im Sediment, denn ihre Siphonen sind noch recht kurz.

In einer Wassertiefe von etwa 3 m wird die Baltische Tellmuschel rund 7 bis 8 Jahre alt, in tieferem Wasser steigt die Lebensdauer bis auf 25 Jahre. Ein längeres Leben ist vor allem auf die niedrigeren Wassertemperaturen in größerer Tiefe und eine dadurch verminderte Aktivität der Muschel zurückzuführen. Gleichalte Tiere können also je nach Standort sehr verschieden groß sein.
Zwar lebt die Baltische Tellmuschel in der Ostsee bis in 200 m Tiefe, am häufigsten aber ist sie hier zwischen 6 und 10 m. Bei Surendorf beispielsweise wurden im Jahresdurchschnitt in 1 m Tiefe 49 Individuen pro Quadratmeter gefunden, in 3 m Tiefe 339 und in 5 m Tiefe bereits 528 Tiere. Hinsichtlich des Lebensraumes besteht oft Konkurrenz zu der Großen Pfeffermuschel (*Scrobicularia plana*). Bei hoher Siedlungsdichte dominiert meist eindeutig eine der beiden Arten, bei niedriger Dichte – bis 500 Tiere pro Quadratmeter und Art – können beide in ähnlicher Anzahl zusammen vorkommen.
Macoma balthica laicht im April und Mai. Bis Oktober wachsen die Jungen auf 2 bis 3 mm heran. Im Winter kommt es wie bei allen Muscheln unserer Breiten infolge der niedrigen Temperatur und der dadurch verminderten Aktivität zu einem Wachstumsstillstand.
Gefressen werden teils organische Teilchen aus der obersten Schicht des Meeresbodens, teils Nahrungspartikel, die im freien Wasser schweben oder schwimmen. Im letzteren Fall wird der Einstromsipho senkrecht in das Wasser ausgestreckt und sein Ende in kreisende Bewegungen versetzt. Das hat aber auch einen unerwünschten Nebeneffekt: Es erregt das Interesse vieler Fische. Vor allem Jungschollen lieben die Siphonen – sie erwischen meist etwa ⅓ dieses Organs –, aber auch Strandkrabben u. a. Im Durchschnitt verliert ein Individuum pro Tag mehrmals ein Stück Sipho auf diese Weise. Das bringt die Muschel zwar nicht um, aber es kostet sie einiges an Extranahrung, um den Schaden wieder zu reparieren, auch wenn sich Siphonen leicht regenerieren lassen. Außerdem beeinflußt der Verlust eines Siphostückes die Tiefe des Standortes im Boden, denn mit verkürzten Siphonen muß die Muschel näher an die Oberfläche rücken und dann kann sie leichter ein Opfer von Seevögeln werden. Im flachen Wasser lebende Baltische Tellmuscheln sind ohnehin eine leichte Beute von Wasservögeln. So wurde festgestellt, daß 2 % der Trauerenten ausschließlich *Macoma balthica* im Magen hatten.
Für die Schlei konnte schon vor Jahren am Beispiel der Baltischen Tellmuschel gezeigt werden, in welchem Maße der Mensch die

 Baltische Tellmuschel (*Macoma balthica*). Fanø/Dänemark.

Macoma calcarea. Kieler Bucht.

Gewässer schädigt. Früher war *Macoma balthica* hier die häufigste Muschel, und sie kam bis Schleswig lebend vor. Um 1960 aber waren lebende Tiere nur noch bis Missunde zu beobachten, d. h., die Baltische Tellmuschel war um rund 10 km nach Osten vertrieben worden. Ursache war die zunehmende Sauerstoffarmut, und die ist eine Folge einer übermäßigen Düngung aus allen möglichen Quellen. Das förderte einen verstärkten Algenwuchs, und das Verrotten der Algen zehrte den im Wasser gelösten Sauerstoff auf und führte zur Bildung von Faulschlamm. Bei solchen Bedingungen kann die Baltische Tellmuschel nicht überleben. Mit der weiteren Verschmutzung starben nach 1960 auch die Populationen östlich von Missunde ab. 1980 fand man lebende Tiere nur noch bis in die Karschauer Breite hinein – damit waren erneut weit über 10 km Schlei als Lebensraum für die Baltische Tellmuschel verlorengegangen. Zugleich wurden die Tiere nur noch 1,5 cm lang.
Verbreitung: Nordsee, Ostsee; Weißes Meer bis zur Iberischen Halbinsel, Nordpazifik, Ostküste Nordamerikas, vor allem in Sand oder Schlicksand. (Die nordamerikanischen Populationen gehören möglicherweise zu einer anderen Art.)

Literatur: BEUKEMA u. MEEHAN 1985, GREEN 1968, MÜLLER 1968, PEKKARINEN 1987a, b, SAMTLEBEN 1981, SEGERSTRÅLE 1960, TEBBLE 1966, THIEL et al. 1984, VLAS 1985, WORTHMANN 1976

Macoma calcarea (Gmelin 1790)

Gehäuse bis 5 cm lang, dünnschalig, im Umriß elliptisch (schlanker als *Macoma balthica*); flach. Wirbel hinter der Mitte. Schale weiß, Periostrakum braun. Ansonsten ähnlich der Baltischen Tellmuschel.
Lebensweise: Erwachsene Tiere dieser Art leben oft 20 cm tief im Boden. *Macoma calcarea* ist eine Kaltwasserart; in der Nordsee findet sie sich nur in Gebieten, wo die Wassertemperatur 11 °C nicht übersteigt. Früher nahm man an, sie bilde während des Entwicklungszyklus kein pelagisches Larvenstadium aus, wie das bei vielen arktischen Mollusken der Fall ist. Diese Vermutung erwies sich inzwischen als falsch: Wie die Baltische Tellmuschel hat sie frei im Wasser umherschwimmende Larven.
Verbreitung: Nördliche Nordsee (in 37 bis 52 m Tiefe), Ostsee (in 13 bis 40 m Tiefe); Nordatlantik, Nordpazifik in 2 bis 1600 m Wassertiefe.

Literatur: ARNTZ et al. 1976, HØPNER-P. 1977, MUUS 1973

Ensis directus (Conrad 1843)
Gerade Scheidenmuschel

Gehäuse bis 17 cm lang (in der Nordsee; in Nordamerika bis 25,4 cm), mäßig festschalig, sehr lang und schmal mit einander fast parallel verlaufendem Ober- und Unterrand, dabei leicht gebogen. Hinterende abgestutzt, zugleich aber leicht gerundet. Wirbel nahe dem Vorderende, kaum hervortretend. Vorder- und Hinterende klaffend. Gehäuseoberfläche farblich diagonal unterteilt; über der Diagonallinie nicht wie bei anderen *Ensis*-Arten weißlich oder gesprenkelt, sondern relativ einheitlich rötlich oder grau. Außenseite der Klappen bis auf feine Anwachsstreifen glatt. Schloß der rechten Klappe mit einem hakenförmigen Haupt- und einem hinteren, horizontal ausgerichteten leistenförmigen Seitenzahn, linke Klappe mit 2 hakenförmigen Hauptzähnen und einem hinteren Seitenzahn. Hinterer Schließmuskeleindruck nahe der Mantelbucht (oft nur 2 bis 3 mm Zwischenraum bei ausgewachsenen Tieren). Mantelbucht oben in Richtung Schließmuskeleindruck zugespitzt.

Lebensweise: Scheidenmuscheln gehörten bis vor wenigen Jahren zu den selteneren Funden an der Nordseeküste. Aber 1979 wurden Jungtiere einer Scheidenmuschel nahe dem Feuerschiff „Elbe I“ vom Meeresboden heraufgeholt, von denen zunächst niemand sagen konnte, um welche Art es sich handelte. 1980 und 1981 wurde dieselbe Art massenhaft bei St. Peter Ording, auf Amrun, Sylt und nördlich Esbjerg (Börsmosestrand) angespült. Eine genaue Untersuchung zeigte dann, daß 50 Jahre nach dem Einschleppen der Pantoffelschnecke (siehe unten) erneut ein Fremdling in der Nordsee Fuß gefaßt hatte: Die aus Nordamerika stammende Gerade Scheidenmuschel. Offenbar waren 1978 mit Ballastwasser Larven in die Deutsche Bucht transportiert und hier freigesetzt worden. Hier trafen sie beste Lebensbedingungen an, besiedelten den Meeresboden, und deren Nachkommen haben sich dann in rasender Geschwindigkeit verbreitet. Inzwischen ist die Gerade Scheidenmuschel an allen geeigneten Stellen der deutschen und dänischen Nordseeküste sowie im Limfjord anzutreffen.

Alle Scheidenmuscheln zeichnen sich durch ein langes Gehäuse aus, das an eine Schwertscheide erinnert. Aus dem schmalen Hinterende ragen die Siphonen hervor, aus dem ebenso schmalen Vorderende tritt der Fuß aus. Alle Scheidenmuscheln leben in senkrechten

Gängen mit dem Hinterende nach oben im Boden. Sie halten sich nahe der Meeresbodenoberfläche auf, denn die Siphonen sind nur kurz. Bei Störungen ziehen sie sich mit Hilfe ihres stempelförmigen Fußes, der im Gang festgeklemmt wird, in tiefere Teile ihres Baues zurück. Größere Scheidenmuscheln können sich durch Ausstoßen von Wasser und bei Unterstützung durch den Fuß über einen halben Meter weit fortschnellen, und Jungtiere, die ausgespült werden, schießen oft eine ganze Weile kreuz und quer durch das Wasser, bevor sie sich wieder eingraben.
Ensis directus wächst sehr schnell heran. Anfangs nimmt die Gehäuselänge monatlich um etwa 5 mm, im Winter um 3 mm zu. Nach 2 Jahren hat sie eine Länge von 11 cm erreicht, aber schon nach einem Jahr ist sie geschlechtsreif. Im Jahresmittel lebt sie mit bis zu 440 Individuen auf einem Quadratmeter. Während die heimischen Scheidenmuscheln Wassertiefen unterhalb 20 m bevorzugen, lebt *Ensis directus* in flacherem Wasser, vor allem zwischen 3 und 18 m. Nur selten geht sie bis 26 m hinab. Im Frühjahr kommt es regelmäßig zu einem Massensterben, wahrscheinlich als Folge einer totalen Verausgabung bei der Fortpflanzung. Während der Sommermonate findet man oft massenhaft ausgespülte Jungtiere (Abb. S. 21).
Verbreitung: Östliche Nordsee; Ostküste Nordamerikas.

Literatur: COSEL et al. 1982, MÜHLENHARDT-SIEGEL et al. 1983.

Ensis siliqua (Linné 1758) – **Schotenmuschel**

Gehäuse bis 23 cm lang und ca. 3 cm hoch, gerade oder allenfalls ganz leicht gebogen. Hinterende scharf abgestutzt, kaum gerundet. Oberer und unterer Klappenrand verlaufen einander meist nicht genau parallel, sondern der obere gerade und der untere oft schwach gebogen. Schloß wie bei *Ensis directus*. Der hintere Schließmuskeleindruck liegt um den eigenen Längsdurchmesser oder weniger von der Mantelbucht entfernt. Mantelbucht breit, kurz, nicht zugespitzt.
Verbreitung: Nordsee (in der Deutschen Bucht selten); Norwegen bis ins Mittelmeer (hier mit *E. siliqua minor*, die von einigen Autoren als eigene Art angesehen wird. An der Atlantikküste soll es aber Übergangsformen zu *Ensis siliqua siliqua* geben, und damit dürfte sichergestellt sein, daß nur **eine** Art im Sinne des biologischen Artkonzeptes vorliegt). Vor allem in Feinsand; schlickige Bereiche werden gemieden.

Literatur: COSEL et al. 1982

Gerade Scheidenmuschel *(Ensis directus)*. Fanø/Dänemark.

Ausgepülte Jungtiere der Geraden Scheidenmuschel. Bei zwei Exemplaren ist am Vorderende der Fuß sichtbar. St. Peter-Ording.

Ensis ensis (Linné 1758)
Schwertförmige Scheidenmuschel, Schwertförmige Messerscheide

Gehäuse bis 10 cm lang und 1,3 cm breit, dünnschalig, stets deutlich – wenn auch in unterschiedlichem Maße – gebogen. Ober- und Unterrand verlaufen einander fast parallel. Schloß wie bei *Ensis directus*. Der hintere Schließmuskeleindruck liegt etwa um das 1½fache seines Längsdurchmessers von der Mantelbucht entfernt. Mantelbucht gerundet, nicht spitz zulaufend.
Verbreitung: Nordsee (hier hauptsächlich in 20 bis 30 m Wassertiefe); Großbritannien bis ins Mittelmeer, in sandigen Böden.

Literatur: COSEL et al. 1982

Ensis arcuatus (Jeffreys 1865)

Gehäuse bis 17 cm lang und 2,3 cm breit, festschalig, mit kurzer gerundeter bis fast eckiger Mantelbucht. Ähnlich der vorstehend beschriebenen Art *Ensis ensis*.
Verbreitung: Nordsee (hier häufiger als *Ensis ensis*); Norwegen bis Portugal, in Sandböden in 15 bis 40 m Wassertiefe.
Hin und wieder sollen Zwischenformen zu *Ensis ensis* vorkommen. Wenn das einen Genaustausch widerspiegelt, hieße das, daß mit *Ensis arcuatus* und *Ensis ensis* insgesamt nur eine einzige Art vorliegt.

Literatur: COSEL et al. 1982

Phaxas pellucidus (Pennant 1777)
Kleine Schwertmuschel, Durchscheinende Scheidenmuschel

(= **Cultellus pellucidus** [Pennant])

Gehäuse bis 3,8 cm lang, im Vergleich zu *Ensis* breit; zartschalig, durchscheinend. Enden stark gerundet. Wirbel kaum vorragend. Oberrand fast gerade, Unterrand gebogen. Schale weißlich, Periostrakum dünn, gelbgrün. Schloß der rechten Klappe mit 1 Hauptzahn und 1 zungenförmigen hinteren Seitenzahn, der horizontal

Schotenmuschel *(Ensis siliqua)*. Camaret/Bretagne.

Schwertförmige Scheidenmuschel *(Ensis ensis)*. Yarmouth.

gespalten ist. Linke Klappe mit 2 Hauptzähnen (der hintere ist gespalten) und 1 zungenförmigen hinteren Seitenzahn.
Lebensweise: Die Kleine Schwertmuschel lebt in Schlick, schlickigem Sand und Feinsand in einer Wassertiefe von 4 bis 100 m. Wird der Fuß sehr plötzlich gegen einen festen Gegenstand gestemmt, schnellt er das Tier nach hinten fort. Die volle Gehäuselänge kann in weniger als 2 Jahren erreicht werden.
Verbreitung: Nordsee (hier vor allem in 30 bis 50 m Tiefe), Ostsee (bis in die Kieler Bucht, in 10 bis 29 m Tiefe); Norwegen bis Marokko.

Literatur: ARNTZ et al. 1976, HØPNER-P. 1977, MEYER u. MÖBIUS 1872, ESCHRICH 1931

Ähnlich den *Ensis*-Arten: *Solen marginatus* Pulteney 1799 (= *Solen vagina* Lamarck, Abb. S–9, S. 173), bis 15 cm lang, gerade, im Gegensatz zu *Ensis* in jeder Klappe mit nur einem Hauptzahn sowie mit einer deutlichen parallel zum Vorderrand (d. h. von oben nach unten) ziehenden Rinne. Eßbar. In der Deutschen Bucht lediglich vereinzelt fossile Klappen. Verbreitung: Norwegen bis Westafrika, Mittelmeer, Schwarzes Meer.

Hiatella arctica (Linné 1767)

(= **Hiatella rugosa** [Linné] = **Saxicava arctica** [Linné])

Gehäuse bis 3,8 cm (meist nur bis 2 cm) lang, festschalig, von fast rechteckigem, dabei sehr unregelmäßigem Umriß. Wirbel nahe dem Vorderrand. Hinterende klaffend. Schale weiß, Periostrakum gelblichbraun. Außenseite mit unregelmäßigen konzentrischen Rippen und Runzeln sowie 2 Radialrippen, die vom Wirbel aus nach hinten ziehen. Radialrippen bisweilen mit 1 Reihe kurzer Stacheln. Ligament außen. Schloß der rechten Klappe mit 1 kurzen Hauptzahn, linke Klappe mit 2 kleinen Zähnen (bei ausgewachsenen Exemplaren kaum erkennbar). Ohne Seitenzähne. Mantelbucht tief.

An *Hiatella arctica* läßt sich gut zeigen, wie kompliziert es bei der wissenschaftlichen Benennung der Arten zugehen kann. Der schwedische Naturforscher Linné hatte 2 Arten beschrieben, die er *rugosa* und *arctica* nannte. Diese beiden Namen wurden seitdem auch für 2 verschiedene *Hiatella*-Arten benutzt. In diesem Jahrhundert aber stellte sich heraus, daß Linnés Exemplare von *rugosa* zur selben Art

 Durchscheinende Scheidenmuschel *(Phaxas pellucidus)*. Kieler Bucht.

Solen marginatus. Bibione, nördliche Adria.

gehören wie *Hiatella arctica*. Das bedeutete, daß seine *rugosa* dasselbe wie *Hiatella arctica* ist und daß der Name *rugosa* nicht mehr benutzt werden darf.
Trotzdem gibt es 2 *Hiatella*-Arten – *arctica* (inklusive Linnés *rugosa*) und eine Form, von der immer angenommen wurde, sie sei Linnés *rugosa*. Letztere hatte nun plötzlich keinen Linnéschen Namen mehr. Zufälligerweise war sie später zweimal unter anderen Namen beschrieben worden, die nun zur Verfügung standen: *gallicana* Lamarck 1818 und *striata* Fleuriau 1802. Gültig – da älter – ist die Bezeichnung *striata* (s. u.).
Aber damit hat das Verwirrspiel durchaus noch kein Ende. Der Name *arctica* Linné steht für eine stacheltragende, durch Byssus festgeheftet lebende Form, der Name *striata* für eine bohrende, stachellose Form. Aber auch *Hiatella arctica* kann bohren, und *H. striata* bohrt keineswegs immer, und das beeinflußt die Gehäuseform. So ist bis heute nicht ganz geklärt, worin sich die beiden Arten im Erwachsenenstadium unterscheiden lassen, und so werden die beiden Formen bisweilen nur als Varietäten einer einzigen Art angesehen. Die recht verschiedenen Larvenformen aber sprechen dafür, daß doch 2 Arten vorliegen.

Lebensweise: *Hiatella arctica* lebt an Felsküsten in Spalten, in leeren Molluskengehäusen, in Schwämmen oder unter Steinen. In der Ostsee tritt sie vor allem in 15 bis 27 m Wassertiefe dort auf, wo Wurzelwerk von Tang (*Laminaria*), Muschelklappen, Steine usw. Anheftungsmöglichkeiten bieten, doch lebt sie auch direkt in der Küstenzone.

Verbreitung: Nordsee, Ostsee; Nordatlantik und nördlicher Pazifik.

Literatur: ARNTZ et al. 1976, HUNTER 1949, KILIAS 1971, TEBBLE 1966

Hiatella arctica. Kieler Förde.

Gemeiner Felsenbohrer *(Hiatella striata)*. Helgoland.

Hiatella striata (Fleuriau de Bellevue 1802) **Gemeiner Felsenbohrer**

(= **Hiatella gallicana** Lamarck 1818 = **Saxicava striata** Fleuriau de Bellevue = **Hiatella rugosa** vieler Autoren [nicht *rugosa* Linné])

Gehäuse bis 5 cm lang, festschalig, von unregelmäßigem Umriß; ähnlich dem von *Hiatella arctica*, doch ohne Stacheln, und die 2 vom Wirbel aus nach hinten ziehenden Radialrippen sind undeutlich. Ohne Schloßzähne. Nach Meinung mehrer Autoren sind die ausgewachsenen Exemplare der beiden Arten *arctica* und *rugosa* nach dem derzeitigen Wissensstand nicht zu unterscheiden.
Lebensweise: *Hiatella striata* lebt überwiegend in selbstgebohrten Löchern, die sie in Kalk- oder Sandstein anlegt. Die Jungtiere dringen zunächst mit der Unterseite in das Substrat ein und bohren möglicherweise unter Zuhilfenahme chemischer Lösungsmittel. Später wird die Gehäuselängsachse parallel zur Achse des Bohrloches ausgerichtet. Jetzt wird offenbar nur noch mechanisch, das heißt durch reibende Bewegungen mit dem Gehäuse, gebohrt. Ein Bohrloch wird stets von einer bereits vorhandenen Vertiefung im Gestein aus angelegt. Die Höhle des erwachsenen Tieres erweitert sich nach innen, so daß die Muschel ihre Wohnstatt nicht mehr verlassen kann. Aus der Eingangsöffnung ragen die Siphonen heraus, um dem Tier Nahrung und Sauerstoff zuzuführen. Bei stärkerer Störung werden die Siphonen eingezogen, und die Muschel drückt ihre beiden Gehäuseklappen gegen die Wände des Bohrloches, so daß es festgeklemmt wird.
Verbreitung: Nordsee, Ostsee; Norwegen bis ins Mittelmeer.

Literatur: HUNTER 1949, TEBBLE 1966

Saxicavella jeffreysi Winckworth

Gehäuse bis 1 cm lang, dünnschalig, im Umriß schief-trapezförmig bis elliptisch. Wirbel vor der Mitte. Hinterrand sehr weit gerundet, Vorderende schmal. Oberfläche konzentrisch gestreift und mit einem schwachen Kiel, der vom Wirbel aus zur hinteren Unterecke der Klappen zieht. Schale weiß, Periostrakum blaßgelb. Ligament außen, in der rechten Klappe auf einer dreieckigen Platte sitzend, die an den Chondrophor der Klaffmuscheln *(Mya)* erinnert. Schloß der rechten Klappe mit 1 kleinen Hauptzahn (der allerdings oft nicht erhalten bleibt), linke Klappe ohne Schloßzähne. Mantellinie undeutlich, mit sehr kleiner Bucht.
Verbreitung: Nordsee (hier selten; in der Deutschen Bucht leere Gehäuse bei Helgoland gefunden); Nord-Norwegen bis ins Mittelmeer und zu den Kanaren, in sandigen Böden in mehr als 7 m Wassertiefe.

Literatur: CASPERS 1938, TEBBLE 1966

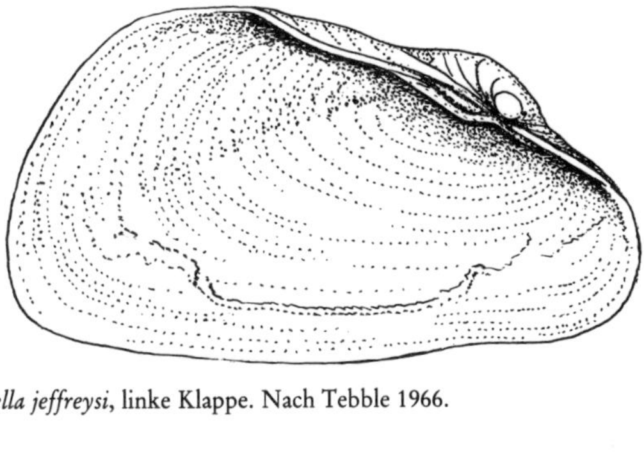

Saxicavella jeffreysi, linke Klappe. Nach Tebble 1966.

Corbula (Varicorbula) gibba (Olivi 1782) **Korbmuschel, Körbchenmuschel**

(= **Aloidis gibba** [Olivi])

Gehäuse bis 1,3 cm lang, festschalig, im Umriß gerundet dreieckig, Klappen stark gewölbt. Hinterrand leicht schnabelförmig verlängert. Linke Klappe größer als die rechte. Oberfläche konzentrisch liniert, linke Klappe zusätzlich mit etwa einem Dutzend Radiallinien. Schale cremefarben oder weiß, Periostrakum dunkelgrau oder braun. Mantelbucht sehr klein.

Lebensweise: Da die Korbmuschel sehr kurze Siphonen hat – der Ausstromsipho kann nur auf ¼ der Gehäuselänge ausgestreckt werden, und der Einstromsipho erreicht gerade ¼ der Länge des Ausstromsiphos – lebt sie sehr flach eingegraben. Sie bevorzugt Sand- und Weichböden. Im Vergleich zu anderen Muschelarten ist *Corbula gibba* nicht sehr beweglich. Zum einen ist das Gehäuse alles andere als stromlinienförmig (freigespülte Korbmuscheln brauchen etwa ½ Stunde, bis sie wieder im schützenden Boden verschwunden sind, die Dreiecksmuschel schafft das in 5 Sekunden!), und außerdem verankert sie sich durch Byssusfäden.

Die Korbmuschel hat einen eigentümlichen Schutz gegen Feinde wie die Raubschnecke *Lunatia*, Pilze oder den Bohrschwamm *Cliona*, die das Gehäuse anbohren: eine zusätzliche hornähnliche Schicht aus Konchiolin im Inneren der Schale. Vor allem vor einem Anätzen ist sie dadurch weitgehend gesichert.

Diese Schicht bietet gleich noch einen zweiten Vorteil: Wo sie nahe dem Unterrand der rechten Klappe austritt, bildet sie ein elastisches, rinnenförmiges Widerlager für den Rand der etwas kleineren linken Klappe. Dadurch ist ein außerordentlich dichter Verschluß des Gehäuses möglich. Manchmal ist noch eine zweite innere Konchiolin-Lage in die Schale eingebaut. – Die Korbmuschel ist ein wichtiger Nahrungsbestandteil der Schell- und Plattfische. Auch von Seesternen wird sie oft gefressen. Die Fortpflanzungszeit liegt im Frühherbst.

Verbreitung: Nordsee, Ostsee (hier in 7 bis 31 m, in der Nordsee bis 50 m); Nord-Norwegen bis Angola, Mittelmeer, Schwarzes Meer, von 0 bis 2200 m Tiefe, auch in Brackwasser bis wenigstens 14 Promille Salzgehalt.

Literatur: ARNTZ et al. 1976, HAAS 1926, HØPNER-P. 1977, LEWY u. SAMTLEBEN 1979, MEYER u. MÖBIUS 1872, NORDSIECK 1969, TEBBLE 1966, YONGE 1946

Korbmuschel *(Corbula gibba)*. St. Peter-Ording.

Mya (Mya) truncata (Linné 1758)
Abgestutzte Klaffmuschel

Gehäuse bis 7,5 cm lang, ähnlich dem von *Mya arenaria* (s. u.), aber hinten geradlinig abgestutzt. Schale weißlich, Periostrakum strohgelb bis dunkelbraun. Mantelbucht sehr breit.

Lebensweise: In den Flachwasserbereichen des Wattenmeeres lebt *Mya truncata* zusammen mit *Mya arenaria*, doch geht sie in der Nordsee bis in 70 m Tiefe hinab. In der Ostsee kommt sie nicht im Flachwasser, sondern in 10 bis 29 m Tiefe vor („Brackwassersubmergenz", s. S. 36 ff.). Im Gegensatz zu *Mya arenaria* läßt sich der Sipho nur auf doppelte Gehäuselänge ausstrecken, dafür kann er aber ganz zwischen die Klappen zurückgezogen werden.

Mya truncata ist eine arktische Form. In unseren Breiten scheint sie im Winter zu laichen – bei denselben Temperaturen, bei denen später im Jahr Larven vor Grönland häufig sind. Sie soll bis 8 Jahre alt werden. Auf Grönland und den Färöer wird die Abgestutzte Klaffmuschel gegessen.

Verbreitung: Nordsee, Ostsee (hier bis Warnemünde); Nordatlantik (an den europäischen Küsten bis zur Biskaya), Nordpazifik, vorwiegend in Weichböden.

Literatur: HØPNER-P. 1977, KILIAS 1971, NORDSIECK 1969, RASMUSSEN 1973, SEGERSTRÅLE 1960, TEBBLE 1966

Mya (Arenomya) arenaria (Linné 1758)
Sandklaffmuschel, Klaffmuschel, Sandmuschel

Gehäuse bis 15 cm lang, festschalig, im Umriß fast elliptisch mit sich deutlich verjüngendem Hinterrand. Wirbel kurz vor der Mitte. Gehäuse vorn und hinten klaffend. Oberfläche konzentrisch gestreift. Schale schmutzigweiß, Periostrakum hellgelb. Ligament außen und innen. Linke Klappe unter dem Wirbel mit einem mächtigen Fortsatz (Chondrophor) für das Ligament, rechte Klappe mit einer entsprechenden, annähernd dreieckigen Grube, Schloßrand ohne Zähne. Mantelbucht tief.

Lebensweise: *Mya arenaria* ist die größte Muschel der deutschen Küstenregion, und sie gehört hier zu den bekanntesten Arten. Ausgewachsene Tiere leben etwa 30 bis 40 cm tief in verschiedenen

Abgestutzte Klaffmuschel *(Mya truncata)*. Fanø.

Sandklaffmuschel *(Mya arenaria)*. St. Peter-Ording.

Böden. Von dort aus strecken sie ihren Siphonalschlauch, in dem Ein- und Ausstromsipho vereinigt nebeneinanderliegen, zur Oberfläche. Der Siphonalschlauch läßt sich auf 4fache Gehäuselänge ausfahren, ist aber zu groß, um ganz in das Gehäuse zurückgezogen werden zu können. Das Ausfahren geschieht nicht durch die direkte Wirkung von Muskeln, sondern schubweise, wenn die Klappen zusammengepreßt werden und sich dadurch der Wasserdruck in Mantelhöhle und Siphonen erhöht. Dazu werden die Siphonen an ihrem Eingang verschlossen, denn sonst würde das Wasser ausströmen, ohne die gewünschte Wirkung zu zeigen. Die Außenhaut des Siphonalschlauches ist braun und geht in das Periostrakum der Schale über. Als Nahrung werden mit dem Atemwasser Plankton und Detritus eingestrudelt.
Junge Sandklaffmuscheln stecken weniger tief im Boden, denn bei ihnen ist der Siphonalschlauch noch sehr kurz. Die 1- bis 2jährigen Individuen leben weniger als 10, die 4jährigen höchstens 20 cm tief eingegraben; erst die 7jährigen dringen bis 30 cm Tiefe vor. Die Jungmuscheln bis zu einer Gehäuselänge von 1 cm sind recht beweglich. Sie können sich bei stärkerer Verschüttung noch zur Oberfläche durchwühlen. Das braucht zwar seine Zeit (2 bis 10 Stunden für 10 cm), aber ausgewachsene Tiere sind in einer solchen Situation verloren. Der Grund dafür liegt darin, daß der Fuß mit dem allgemeinen Wachstum nicht schritthält und den Körper später kaum mehr bewegen kann. Das führt dazu, daß manchmal ganze Populationen durch Überlagerung absterben. Werden die toten Tiere später freigespült, sieht man sich oft ausgedehnten Leichenfeldern gegenüber, in denen die Gehäuse noch senkrecht im Boden stecken. Wegen der geringen Größe ihres Fußes können sich die Tiere von mehr als 5 cm Gehäuselänge auch nicht mehr eingraben, wenn sie aus dem Sediment herausgespült wurden. Das Höchstalter der Sandklaffmuschel dürfte bei 19 Jahren liegen.
Als Bewohner der tieferen Bodenschichten kommt die Sandklaffmuschel mit rund 10mal weniger Sauerstoff aus als die Gemeine Herzmuschel. Außerdem reguliert sie ihre Atmung: die Sauerstoffaufnahme läßt sich in guten Zeiten um das 5fache steigern.
Jungtiere treten im Sommer in ungeheuren Mengen auf – mit bis zu 100 000 Stück pro Quadratmeter. Das ist kein Wunder, denn ein einziges Weibchen produziert jährlich bis zu 3 Millionen Eier. Die Larven schwimmen etwa 2 Wochen frei im Wasser umher, dann heften sie sich mit Byssusfäden an Sandkörnchen oder Pflanzen-

teilen fest. Sie sind jetzt 0,2 bis 0,32 mm lang. Bald danach graben sie sich ein. Den Byssus können sie als Verankerung beibehalten, bis sie 7 mm lang sind. Kamen schon während der Larvalphase Unmengen von Individuen ums Leben, so dezimiert sich ihre Zahl nun noch mehr: Nach Untersuchungen in der Ostsee fallen vor allem Strandkrabben und der Gemeine Seestern über die Jungtiere her. Eine weitere unabsehbare Anzahl dürfte ausgewaschen werden und umkommen. Als ein weiterer Feind wäre die Silbermöwe zu nennen. Sie öffnet die Sandklaffmuscheln vor dem Verzehr, in dem sie sie aus 6 bis 8 m Höhe fallenläßt. Junge Schollen fressen die Enden der Siphonen in großer Zahl ab. – Parasiten hat die Sandklaffmuschel auch: Sie beherbergt (ebenso wie die Abgestutzte Klaffmuschel *Mya truncata*) den Schnurwurm *Malacobdella grossa*. Aufgrund der hohen Verluste während ihrer Entwicklung – und wegen der erhöhten Raum- und Nahrungskonkurrenz – treten ältere Sandklaffmuscheln nicht mehr in so großer Dichte auf wie die Jungtiere. Bei einer Gehäuselänge von 2,7 bis 5 cm kommen maximal 1500 Individuen pro Quadratmeter vor, bei 6 cm Länge werden noch Siedlungsdichten von 30 bis 150 und bei 15 cm Länge Dichten von 15 Individuen pro Quadratmeter erreicht.

In Sand wächst *Mya arenaria* schneller als in dem kompakteren Schlick. Manchmal aber lebt sie überhaupt nicht im Boden, sondern zwischen Miesmuscheln, eingesponnen in ein Nest aus deren Byssusfäden. An solchen Standorten wird das Gehäuse oft sehr unregelmäßig, und der Siphonalschlauch wird nicht so lang wie bei eingegrabenen Artgenossen.

Obwohl die Sandklaffmuschel zu den charakteristischsten Tieren der Deutschen Bucht und der Ostsee gehört, ist sie noch nicht lange hier. Während der Eiszeiten war sie in Europa ausgestorben; überlebt hatte sie in Nordamerika. Erst im 16. Jahrhundert wurde sie von dort wieder nach Europa eingeschleppt, und in die Ostsee scheint sie erst im 18. Jahrhundert eingedrungen zu sein. Man kam aber schnell darauf, daß sie sich (wenigstens in Notzeiten) ganz gut essen läßt. In Nordamerika stand sie im letzten Jahrhundert allgemein auf dem Speisezettel – übrigens auch bei den Hausschweinen. Die liefen auf Long Island bei Niedrigwasser auf die Wattflächen hinaus und scharrten die Muscheln aus dem Boden.

Warum die Sandklaffmuschel bei uns nicht allgemein auf dem Speisezettel steht, begründete man kurz nach dem 1. Weltkrieg in den „Flugschriften zur Volksernährung“ damit, daß „der Deutsche schwer zur Aufnahme eines bis dahin unbekannten Nahrungsmittels zu bewegen ist". Sogar ihre Nutzung als Viehfutter – „namentlich für Enten" – sei im Deutschen Reich eine seltene Ausnahme gewesen.

Eine Flugschrift zur Volksernährung wäre keine Flugschrift zur Volksernährung, stünde nicht auch gleich darin, wie man die Sandklaffmuscheln auf den Teller zu bringen hat. So erfuhr man daraus zunächst, daß die Zubereitung auf „mannigfache Art vorgenommen werden kann. Schon die Indianer kannten und verspeisten die Klaffmuschel. Sie legten sie in Haufen, bedeckten sie mit Torfboden und steckten diese an. Auf diese Weise schmorten die Muscheln in ihren Schalen". In Tönning wurde versucht, eine Art Gelee aus der Muschel zu machen. Und in Cuxhaven wurde eine Pastete hergestellt, die nach einem lebensmittelhygienischen Gutachten angenehm an „Gänseleberpastete und gleichzeitig etwas an Sardellenleberwurst" erinnerte. In rohem Zustand – so die Flugschrift weiter – lassen sich die Muscheln wie Austern mit oder ohne Zitrone genießen. „Als besondere Delikatesse nimmt man nur den mittleren, eiförmigen sogenannten Herzteil. Von diesem entfernt man den etwas zähen Fuß sowie den Kristallstiel, einen gallertartigen stabförmigen Körper, und zieht, vorsichtig am Afterende anfassend, den an der dunklen Farbe kenntlichen, leicht zerreißbaren Darm heraus." Mehr zu empfehlen sei aber der Verbrauch im erhitzten Zustande.

Ich persönlich möchte Ihnen den Verbrauch aber überhaupt nicht empfehlen. Eine Störung des Lebensraumes Watt durch Muschelgräber sowie die Durchwühlung des Bodens mit all ihren Folgen für die anderen darin vorkommenden Organismen ist angesichts der hochgradigen Gefährdung des Wattenmeeres – man vergleiche das Schlußwort – nicht mehr zu verantworten.

Verbreitung: Nordsee, Ostsee bis zum Bottnischen Meerbusen (hier vom Flachwasserbereich bis in 1 m Tiefe); Weißes Meer und Nord-Norwegen bis Frankreich (nach Ziegelmeier 1957 auch im westlichen Mittelmeer), nordamerikanische Ostküste, Nordpazifik, in bis über 70 m Tiefe.

Literatur: ARNTZ et al. 1976, DÖRJES 1978, EHRENBAUM u. DUGE (o. J.), GOETHE 1958, GRAHLE 1932, GREEN 1968, HAAS 1926, JAECKEL 1964, KAESTNER 1960, KILIAS 1971, KÜHL 1951, MEYER u. MÖBIUS 1872, MÜLLER 1968, RASMUSSEN 1973, SEGERSTRÅLE 1960, STRAUCH 1972, SWAN 1952, THIEL et al. 1984, THORSON 1972, ZIEGELMEIER 1957

Krause Bohrmuschel *(Zirfaea crispata)*. Fanø.

Dattelmuschel *(Pholas dactylus)*. Helgoland.

Zirfaea crispata (Linné 1767)
Krause oder Rauhe Bohrmuschel

Gehäuse bis 9 cm lang, hoch, Gehäuserand vorn spitz gewinkelt, hinten breit abgerundet; vorn und hinten weit klaffend. Wirbel kurz vor der Mitte. Von ihm aus verläuft eine auffällige Furche schräg nach hinten-unten. Der vor ihr liegende Gehäuseabschnitt ist durch eine Kombination kräftiger konzentrischer und radialer Rippen skulpturiert (Raspel für den Bohrvorgang), der hintere Abschnitt ist lediglich konzentrisch gerieft. Gehäuse vor dem Wirbel nach oben und außen umgeschlagen. Schale weiß, Periostrakum braun. Jede Klappe innen mit einem langen, flachen, freistehenden Fortsatz, der als Anheftungsstelle für den Fußmuskel dient. Vorderer Schließmuskeleindruck groß, auf dem Schalenumschlag gelegen. Ohne Schloßzähne. Mantelbucht tief. Zwischen den beiden Klappen befindet sich ein zusätzliches („akzessorisches"), im Umriß dreieckiges Schalenstück.

Lebensweise: *Zirfaea crispata* bohrt sich durch Raspelbewegungen in Torf, festen Ton oder weichen Fels, seltener auch in Holz ein. Hier ist sie fast optimal vor Feinden geschützt. Das Hinterende der Muschel ist der Öffnung des Bohrloches zugewandt. Von ihm aus erstrecken sich die Siphonen zum Ausgang, um dem Tier nahrungs- und sauerstoffreiches Wasser zuzuführen. Am Rand des Einstromsiphos befinden sich etwa ein Dutzend gezackte Fortsätze. Sie sollen das Eindringen gröberer Partikel verhindern, die bei stärkerer Wasserbewegung aufgewirbelt werden, denn so etwas könnte empfindliche Organe wie die Kiemen beschädigen. Die Siphonen lassen sich nicht völlig in das Gehäuse zurückziehen.

Das Gehäuse ist ganz auf das Bohren eingestellt. Als Bohrwerkzeug dient sein vorderer Abschnitt. Er ist wie eine Feile mit Raspelzähnen ausgestattet. Der Körperrücken bildet oben, vor dem Ligament, einen vortretenden Wulst des Mantels, und auf ihm wird zusätzlich Schalenmaterial abgeschieden – das in der Beschreibung genannte akzessorische Schalenstück. Hier krümmen sich die Oberränder der Klappen nicht wie üblich nach innen, sondern biegen nach oben und außen um, weichen also auseinander. Der vordere Schließmuskel ist weit nach oben verlagert und verbindet die auseinanderweichenden Klappenteile. Wenn er sich zusammenzieht, schließt er das Gehäuse nicht mehr, sondern zieht es auf. Der vordere Schließmuskel ist also zu einem Öffner geworden, zum Gegenspieler des hinteren Schließmuskels, der seine alte Aufgabe und Lage beibehalten hat. Zum Bohren wird durch Kontraktion des vorderen Schließmuskels das Gehäuse geöffnet, und die Klappen werden gegen die Wand des Bohrloches gedrückt. Der Fuß wird seitlich gegen die Wand gestemmt und dreht das Tier ein kleines Stück um seine Längsachse. Bei dieser Bewegung wird etwas Material von der Wand des Bohrloches abgeschabt – ein mühsames Handwerk. Etwa 30mal muß die Muschel den Druck der Klappen gegen die Wand vermindern, den Fuß umsetzen und andrücken, das Gehäuse öffnen und schließlich ein Stück weiterdrehen, bis sie einmal um ihre Längsachse rotiert ist. Das Bohrmehl – Ton- und Gesteinspartikel, Holzspäne – wird offenbar durch pumpende Bewegungen der Klappen und Kontraktionen der Siphonen aus dem Bohrloch gespült. Die Muschel muß ihre Röhre erweitern – d. h. sie muß bohren –, bis sie ausgewachsen ist, sonst würde ihr ihr Wohnraum bald zu eng werden. Die Löcher werden bis zu 15 cm weit in den Boden vorgetrieben; örtlich soll *Zirfaea crispata* ausschließlich in Holz bohren und hier bis 30 cm tiefe Gänge anlegen.

Zirfaea crispata lebt in 2 bis 16 m Wassertiefe. In der Ostsee bewohnt sie vor allem mergelige Flächen. Im Gegensatz zur Weißen Bohrmuschel, die ganze Kolonien bildet (s. u.), lebt die Krause Bohrmuschel einzeln.

Verbreitung: Nordsee, westliche Ostsee; Nordatlantik, Nordpazifik.

Literatur: ARNTZ u. RUMOHR 1973, KILIAS 1971, MEYER u. MÖBIUS 1872, NAIR u. ANSELL 1968, PURCHON 1968, SCHÄFER 1962, TEBBLE 1966

Pholas dactylus (Linné 1758)
Dattelmuschel, Große Bohrmuschel

Gehäuse bis über 12 cm lang, mäßig festschalig, im Umriß lang elliptisch, vorn fingerförmig verjüngt. Hinterende gleichmäßig gerundet. Wirbel in der vorderen Gehäusehälfte. Oberfläche mit konzentrischen Rippen sowie vorn etwa 40 Radialrippen, auf denen sich kräftige Dornen erheben (Raspel zum Bohren). Am vorderen oberen Rand ist das Gehäuse in 2 übereinanderliegenden Schichten nach oben und außen umgeschlagen; die untere Schicht liegt der Klappe direkt an, die andere erhebt sich frei über ihr, der Zwischenraum zwischen beiden ist durch 9 bis 14 senkrechte Wände (Septen) unterteilt. Oben zwischen den beiden Klappen mit mehreren zusätzlichen (akzessorischen) Schalenstücken (an toten Tieren meist abgefallen). Schale weiß, Periostrakum gelblich. Im Innern jeder Klappe mit einem Fortsatz für die Fußmuskeln. Vorderer Schließmuskel auf dem Schalenumschlag. Mantelbucht tief.
Die **Lebensweise** der Dattelmuschel ist ähnlich der von *Zirfaea crispata*, doch bohrt sie häufiger in Fels. So erzeugt vor allem sie die größeren Bohrungen in den Gesteinen um Helgoland. Eine Besonderheit ist ihr Leuchtvermögen: Bei starker Störung scheiden Mantel und Siphonen Schleim ab, der diese Organe ins Leuchten versetzt und sich wie eine Wolke im Wasser verteilt. *Pholas* hieß schon bei dem griechischen Schriftsteller Athenaeus (2. Jh. n. Chr.) eine in einer Höhle lebende Muschel.
Verbreitung: Nordsee; Norwegen bis ins Mittelmeer, Schwarzes Meer.

Literatur: KAESTNER 1960, KILIAS 1971

Dattelmuschel in ihrem Bohrgang. Helgoland.

Barnea candida (Linné 1758)
Weiße Bohrmuschel

Gehäuse bis über 6 cm lang, dünnschalig, im Umriß annähernd elliptisch. Wirbel in der vorderen Gehäusehälfte. Gehäuserand vor dem Wirbel nach oben und außen umgeschlagen, doch im Gegensatz zu *Pholas dactylus* ohne Septen. Vorn mit einem zusätzlichen, am Wirbel gelegenen „akzessorischen" Schalenstück. Oberfläche konzentrisch und radial berippt; Radialrippen mit kleinen Stacheln, die vor allem vorn besonders kräftig sind (Raspelzähne). Beide Klappen innen mit je 1 dünnen Fortsatz für die Fußmuskeln (an angespültem Material oft abgebrochen). Vorderer Schließmuskeleindruck lang und dünn, auf dem Schalenumschlag. Mantelbucht tief.

Lebenweise: *Barnea candida* lebt nicht einzeln wie *Zirfaea crispata*, sondern bildet individuenreiche Kolonien. Jungtiere bevölkern den Boden an günstigen Stellen mit 800 Tieren pro Quadratmeter. Nach Untersuchungen in der Ostsee ist *Barnea* nach 30 Monaten auf 5 bis 6,5 cm Länge herangewachsen; sie hat dann bis 15 cm tiefe Gänge angelegt. Sie besiedelt Ton, Mergel und Torfböden, seltener auch Holz oder Kreide. *Barnea candida* bohrt sich nicht nur senkrecht ein, sondern dringt in vorstehende Mergelrippen auch waagerecht vor. Dabei kann es passieren, daß bereits bestehende Bohrlöcher angeschnitten werden. Mit ihrer Tätigkeit trägt die Weiße Bohr-

muschel erheblich zur Abtragung der unter Wasser anstehenden Tone und Mergel bei.
Verbreitung: Nordsee, westliche Ostsee (bis Rügen); Norwegen bis ins Mittelmeer und Westafrika, Schwarzes Meer, in 3 bis 27 m Wassertiefe.

Literatur: ARNTZ u. RUMOHR 1973, DUVAL 1963b, MUUS 1973, RICHTER u. RUMOHR 1976, TEBBLE 1966

Teredo navalis (Linné 1758) – Pfahlwurm

Gehäuse bis 1 cm lang, kugelig. Wirbel vor der Mitte. Jede Klappe ist in 3 Platten unterteilt: einer vorderen, etwa dreieckigen, einer großen mittleren und einer hinteren, dem Auriculum. Auf der Mittelplatte sind ein vorderes, mittleres und ein hinteres Feld deutlich zu erkennen. Auriculum klein, nach oben den Wirbel nicht überragend, mit feinen konzentrischen Linien. Etwa in der Mitte sind die beiden Klappen oben und unten durch ein Gelenk miteinander verbunden. Schale weiß, Periostrakum hellbraun. Jede Klappe innen mit einem Fortsatz für den Fußmuskel. Hinterer Schließmuskeleindruck groß, auf dem Auriculum gelegen, vorderer klein, vor den Wirbeln. Ohne akzessorische Schalenstücke, ohne Ligament, ohne Schloßzähne.
Der Körper wird 45 cm lang, ist wurmförmig gestreckt und wird vom Gehäuse nur ganz vorn wie ein Ring umgeben. Der hintere Körperabschnitt geht in 2 lange einziehbare Siphonen über. Dieser Teil erhält eine eigene kalkige Hülle, die vom Mantel abgeschieden wird und den Bohrgang wie eine Tapete auskleidet. An der Basis der Siphonen liegt 1 Paar Kalkplatten („Paletten"), die etwa 0,6 cm Länge erreichen und aus einem Blatt und einem Stiel bestehen. Das Blatt läuft in 2 Spitzen aus, der Stiel ist etwa ¼ bis ⅓ so lang wie das Blatt. Die Paletten schützen die Siphonen, wenn diese eingezogen sind.
Lebensweise: Wie der Name verrät, lebt der Pfahlwurm in Holz, und hier legt er sehr lange und dicht an dicht liegende Gänge an (der Gattungsname *Teredo* ist von lat. terere, bohren, abgeleitet). Der Körperbau ist in Anpassung an diese Lebensweise so stark abgewandelt, daß der Pfahlwurm äußerlich kaum noch einer „gewöhnlichen" Muschel ähnelt, sondern einem Wurm. So hat denn LINNÉ (1758) ihn nicht zusammen mit den Muscheln behandelt, sondern im

Weiße Bohrmuschel *(Barnea candida)*. Skallingen/Dänemark.

Anschluß an die Röhrenwürmer. Das kleine Gehäuse sah er als die Kiefer an. Tatsächlich aber ist der Pfahlwurm sehr nahe mit den soeben beschriebenen Bohrmuscheln verwandt.
Auf das Gehäuse als Schutzhülle verzichtete *Teredo*. Nur als Bohrorgan wurden die Klappen noch benötigt, und so blieben sie im vordersten Körperbereich als Bohrmeißel erhalten. Und damit richtet er gewaltige Schäden an: 1730 brachen in Holland Deichbauten und Schleusen und mußten für 8 Millionen Goldgulden repariert werden (damals ein ungeheurer Betrag), und in Dänemark sackten Kaianlagen in sich zusammen. Auch wird angenommen, daß der vieldiskutierte Untergang der spanischen Armada (1588) von Schiffsbohrwürmern gefördert wurde. Denn zur Vorbereitung des Angriffs gegen England hatte die Flotte einige Monate im Hafen von Lissabon gelegen, wo diese Tiere ideale Lebensbedingungen fanden: Sie können sich ohne weiteres in kurzer Zeit verheerend vermehrt und von Schiff zu Schiff verbreitet haben. *Teredo navalis* erzeugt pro Jahr 3- bis 4mal 1 bis 5 Millionen Eier, die sich im Mantelraum des Muttertieres innerhalb von 14 Tagen zu Larven entwickeln. Diese werden dann durch den Sipho ins Wasser entlassen, wo sie 1 bis 3 Wochen frei umherschwimmen. Dann heften sie sich mit Byssusfäden an Holz fest und schaben mit den Rändern ihres winzigen Gehäuses erste Späne ab. Aus diesen Teilchen baut die Larve zunächst einen schützenden Wall um sich herum auf. In frühester Jugend ist das Gehäuse aber noch kein ideales Bohrwerkzeug, und es besitzt noch Schloßzähne. Erst nach dem Eindringen in das Holz, etwa 23 Tage nach dem Festheften, nimmt die Jungmuschel die wurmförmige Gestalt der Erwachsenen an. Rund 40 Tage später ist sie schon 7 cm lang, und weitere 3 Monate danach – etwa 130 Tage nach dem Festheften – beträgt ihre Länge bereits 14 bis 17 cm. Geschlechtsreif ist sie schon mit 4 bis 5 cm Länge. Die Lebensdauer beträgt etwa 1 bis 3 Jahre.
Da der Pfahlwurm auf einen Salzgehalt von 9 bis 35 Promille angewiesen ist, sind Häfen in den Flußunterläufen wie Hamburg und Bremen vor ihm geschützt. In der Ostsee kommt er etwa bis Kiel vor. Einen vorübergehenden Süßwassereinfluß kann die Muschel durch einen Verschluß ihrer Röhre durch die Paletten überstehen. Trotz vieler Bemühungen kennt man keinen wirklich guten Schutz vor einem Befall; meistens behilft man sich durch Verkleiden des Holzes mit Metallfolien, Teerpappe und Kunststoffen. Eine biologische Bekämpfung ist bisher ebenfalls noch nicht

geglückt: Der eine Feind – die Bohrassel *Limnoria terebrans* – bohrt selbst, und ein anderer, der Ringelwurm *Nereis fuscata*, ist nicht häufig genug. Am stärksten befallen wird Tannenholz, es folgen Kiefer und Esche; Eiche wird vergleichsweise wenig zerraspelt. Nur ungern nimmt der Pfahlwurm Hölzer an, die stark bewachsen sind oder in deren Umgebung eine starke Schlickbildung erfolgt.

Ein Befall ist nicht ohne weiteres von außen zu erkennen. Das Eingangsloch, von der Jungmuschel angelegt, ist sehr klein. Der erste und engste Abschnitt des Ganges verläuft quer zur Holzfaser, anschließend bohrt die Muschel fast nur noch mit dem Faserverlauf – und wie: Manchmal besteht das Holz fast nur noch aus Hohlräumen (Abb. S. 196).

Der Bohrvorgang entspricht in vieler Hinsicht dem der Rauhen Bohrmuschel (*Zirfaea crispata*, siehe oben). Allerdings werden die Gehäuseklappen in anderer Weise eingesetzt. Wie beschrieben, stoßen sie oben, nahe dem Wirbel, und unten mit je einem Gelenk aneinander. Wenn sich nun der vordere Schließmuskel zusammen-

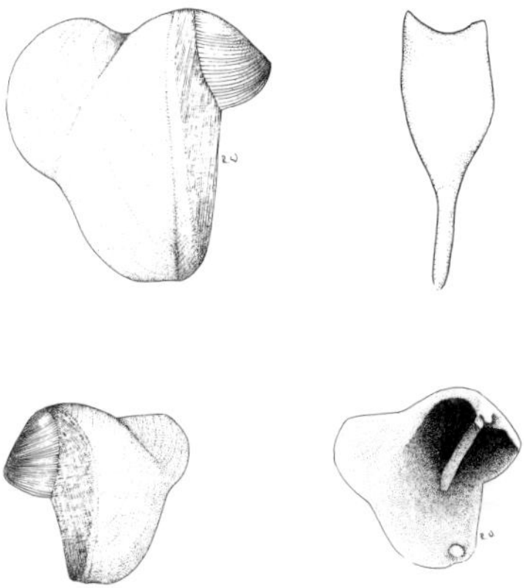

Teredo navalis. Oben rechts eine Palette.

zieht, schließt sich das Gehäuse vorn, und hinten klafft es. Kontrahiert sich der hintere Schließmuskel, öffnet sich das Gehäuse vorn, und hinten werden die Klappen zusammengezogen. Durch diese Bewegungen werden feine Späne von der Wand des Bohrloches abgeschabt, nicht durch eine Rotation des Gehäuses um seine Längsachse. In der Minute werden 8 bis 12 solcher Raspelbewegungen durchgeführt. Die wichtigsten Bohrer-Elemente am Gehäuse sind die Vorder- und Mittelplatte. Die Vorderplatte ist dicht berippt, und auf der Mittelplatte erheben sich Tausende kleiner, in Reihen angeordneter Raspelzähnchen. Der Fuß und der Rückenteil des Mantels pressen das Gehäuse an die Wand des Ganges; der Fuß saugt sich dazu an der Wand fest und zieht den Bohrmeißel an das Ende der Röhre. Nach jeder Raspelbewegung führt der Fuß die Bohrspäne zum Mund – und nun zeigt sich eine weitere Besonderheit von *Teredo*: Die Späne werden gefressen. Etwa 80% der Zellulose und bis zu 56% der Hemizellulose des Holzes werden in Magen und Mitteldarmdrüse zu Zucker abgebaut. Zusätzlich beschafft sich die Muschel mit dem Einstromsipho Plankton als Nahrung.

Verbreitung: Nordsee, westliche Ostsee; weltweit verbreitet.

Literatur: KAESTNER 1960, KILIAS 1971, LINNÉ 1758, SCHÄFER 1962, THORSON 1972

Rechts oben: *Psiloteredo megotara* (Foto: Fischer-Nagel).
Rechts unten: Paletten (Foto: Fischer-Nagel).
Bohrungen des Pfahlwurms mit ihrer kalkigen Auskleidung. Hafen von Kiel.

Teredo (Psiloteredo) megotara (Forbes u. Hanley 1848) – **Schiffsbohrwurm**

Gehäuse bis 1,3 cm lang, ähnlich dem von *Teredo navalis*, doch mit größerem Auriculum: Es erstreckt sich nach oben bis über die Höhe der Wirbel hinaus. Paletten bis 1,3 cm lang, Stiel weniger als ¼ der Länge des Blattes erreichend. Blatt nicht in 2 Spitzen auslaufend.
Lebensweise: Der Schiffsbohrwurm bohrt – möglicherweise ausschließlich – in treibendem Holz.
Verbreitung: Nordsee, westliche Ostsee (bis Kiel); Nordatlantik bis ins Mittelmeer, Schwarzes Meer, Nordamerika.
Ähnlich: *Teredo (Nototeredo) norvagica* (Spengler) (= *T. norvegica*), vereinzelt im Kieler Hafen festgestellt, wurde hier aber nicht heimisch. Auriculum nicht bis zur Höhe der Wirbel reichend, aber im Gegensatz zu *Teredo navalis* glatt. Paletten paddelförmig. Körper bis 1 m lang. Nordatlantik, Mittelmeer.

Literatur: JAECKEL 1952, KAESTNER 1960

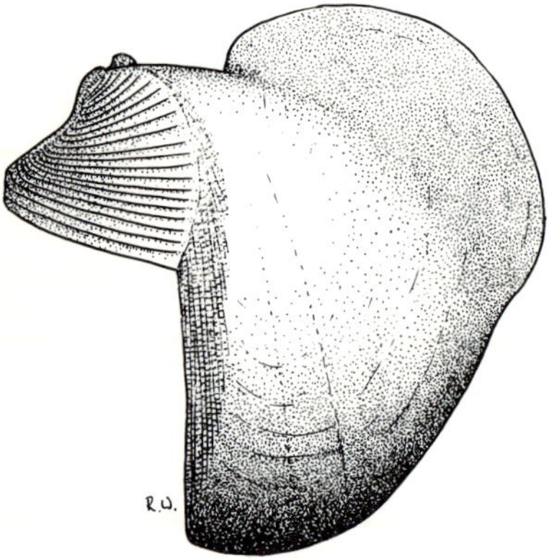

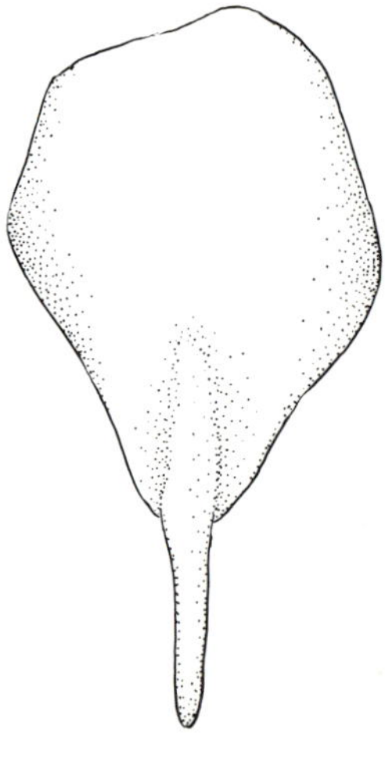

Thracia papyracea (Poli 1795)

(= **Thracia phaseolina** [Lamarck 1818])

Gehäuse bis 3,8 cm lang, dünnschalig, im Umriß elliptisch, dabei hinten abgestutzt. Wirbel kurz hinter der Mitte. Linke Klappe kleiner und flacher als die rechte. Oberfläche konzentrisch liniert, außerdem fein gekörnelt (die gröbsten Körnchen liegen hinter dem Wirbel, Lupe! – ansonsten nur mit dem Mikroskop erkennbar). Ligament innen und außen. Ohne Schloßzähne. Mantelbucht groß.
Verbreitung: Nordsee (hier in 10 bis 60 m Tiefe), westliche Ostsee (offenbar nur gelegentlich, in 7 bis 30 m Tiefe), Nord-Norwegen bis ins Mittelmeer, Schwarzes Meer, in schlickigem Sand, Sand oder sandigem Kies.

Literatur: ARNTZ et al. 1976, HØPNER-P. 1977, NORDSIECK 1969, ZIEGELMEIER 1957

Thracia papyracea. Gullmarfjord, Christinebjerg.

Cochlodesma praetenue (Pulteney 1799)

Gehäuse bis 3,8 cm lang, ähnlich dem der vorhergehenden Art, aber mit gerundetem Hinterrand. Hinter dem Wirbel mit einem Riß, der ein kurzes Stück in Richtung zum unteren Hinterrand zieht (Abb. S–21b). Ligament innen und außen, äußeres Ligament sehr dünn, das innere liegt in einer nach vorn gerichteten, elliptischen Bandgrube. Hinter dieser befindet sich in der rechten Klappe eine leistenförmige Verstärkung des oberen Klappenrandes. Schloßzähne fehlen. Mantelbucht tief.

Lebensweise: *Cochlodesma praetenue* lebt auf der Seite liegend im Boden. Der Ausstromsipho führt – im Gegensatz zu der nahe verwandten *Thracia* – nicht zur Bodenoberfläche, sondern erstreckt sich im Sediment waagerecht nach hinten. Für beide Siphonen legt die Muschel im Boden schleimverfestigte Röhren an.

Verbreitung: Nordsee (in der Deutschen Bucht häufig leere Klappen bei Helgoland), Nord-Norwegen bis ins Mittelmeer, in schlickigem Sand, Sand und Feinkies bis in 110 m Wassertiefe.

Literatur: ALLEN 1958

Cochlodesma praetenue. Dänemark.

Schnecken

Patella vulgata (Linné 1758)
Gemeine Napfschnecke

Gehäuse bis 6 cm lang, schüsselförmig, dickschalig. Oberfläche mit kräftigen Radialrippen, zwischen denen schwächere Sekundärrippen liegen. Anwachsstreifen deutlich. Apex etwa in der Mitte. Innenseite glänzend, mit einem nach vorn offenen, hufeisenförmigen Haftmuskeleindruck. Gehäuseform im einzelnen sehr variabel; weit oben im Wasser lebende Tiere sind in der Regel höher als die Gehäuse von tiefer sitzenden Individuen.

Lebensweise: Die Gemeine Napfschnecke – bei uns eine große Seltenheit – bewohnt die Gezeitenzone felsiger Küsten. Von ihrer Unterlage läßt sie sich nur mit Mühe lösen. Das Festheften erfolgt durch ihren breiten Fuß, in den sich der hufeisenförmige Spindelmuskel von der Gehäuseinnenseite aus erstreckt. Als Saugkraft des Fußes ermittelte man bis zu 15 kg. Damit kann *Patella* auch der stärksten Brandung widerstehen.

Zwischen Gehäuse und Untergrund verbleibt nur ein hauchdünner Spalt, durch den Sauerstoff und Kohlendioxid passieren können, ohne daß viel Wasser verdunstet. Daher können die Tiere bei Ebbe auch Sonneneinstrahlung bzw. bei Regen Ströme von Süßwasser unbeschadet überstehen. Das ist nur möglich, weil sich der Gehäuserand im Laufe des Wachstums den Unebenheiten des Untergrundes genau anpaßt. Dazu aber dürfen die Tiere ihren Standort nicht wechseln – und das wird durch eine weitere besondere Fähigkeit gewährleistet: Bei Flut bzw. nachts kriechen die Schnekken gemächlich über die Felsen, um Algen und Bakterien abzuweiden. Dabei entfernen sie sich etwa 1 m von ihrem Wohnplatz, kehren aber immer zielsicher dorthin zurück: Das wird dadurch ermöglicht, daß *Patella* ihren Standort und ihre Kriechspur durch Substanzen markiert, die sich sowohl im Wasser wie an der Luft sehr stabil verhalten. Der Heimatplatz wird so gekennzeichnet, daß sich die Schnecke millimetergenau in ihrer alten Stellung festheften kann. Bemerkenswert ist, daß jedes Individuum nur seiner eigenen Spur folgt und den Standort anderer Artgenossen meidet. – Welchen Einfluß *Patella* auf den Algenbewuchs hat, zeigte sich nach der Katastrophe des Öltankers „Torrey Canyon" vor der englischen Küste. Dabei kamen Unmengen von Napfschnecken ums Leben, und danach entwickelten sich die Algen auf den Felsen in einem ungeheuren Ausmaß.

In vielen Gegenden wird *Patella vulgata* gegessen, und oft dient sie als Schweine- oder Hühnerfutter. Bei Ebbe versuchen auch Ratten, die Leckerbissen von den Felsen zu lösen. Sie arbeiten sich dann mit den Zähnen unter den Gehäuserand vor. Bisweilen werden sie dabei von der Schnecke festgeklemmt und dann bei steigender Flut langsam ersäuft.

Verbreitung: In der Deutschen Bucht sehr selten angetriebene Exemplare. Bei Helgoland vereinzelt auch Lebendfunde, offenbar von Individuen, die als Brut hierher verdriftet worden waren. Europäische Atlantikküsten zwischen Nord-Norwegen und Spanien, Kanalküste bis Holland.

Literatur: FUNKE 1968, HERTLING 1932, KILIAS 1971, THORSON 1972

Gemeine Napfschnecke *(Patella vulgata)*. Cancale/Bretagne.

Helcion (Ansates) pellucidus (Linné 1758) **Durchsichtige Napfschnecke**

Gehäuse bis 2 cm lang, napfförmig, zartschalig. Apex nahe dem Vorderrand. Oberfläche mit feinen Radialstreifen und deutlichen konzentrischen Wachstumsringen. Schale grünlichgelb bis dunkelbraun, meist mit radialen, lebhaft blauen Linien. Innenseite glänzend. Die Gehäuseform variiert beträchtlich, neben flachen Individuen kommen relativ hohe Exemplare vor.
Lebensweise: *Helcion pellucidus* lebt auf algenbewachsenen Flächen. Beim Fressen vollzieht er vorwärtskriechend weite, pendelnde Bewegungen und zieht dabei die Zähnchen der Radula in parallelen Bahnen über den Untergrund. *Helcion* ist aber auch imstande, in die von ihm bewohnten Braunalgen (Laminarien) tiefe Löcher zu fressen. Die auffallenden, blau schillernden Linien helfen die Tiere zu tarnen: unter Wasser zeigt der Thallus der Laminarien, an denen sie lebt, ebenfalls eine solche opalisierende Färbung.
Verbreitung: Nordsee (in der Deutschen Bucht bei Helgoland); Nord-Norwegen bis Portugal.

Literatur: ANKEL 1936, 1937, HEINCKE 1896

Acmaea (Tectura) testudinalis (Müller 1776) **Schildkrötenschnecke**

(= **Acmaea tessulata** [Müller])

Gehäuse (Abb. S–42c) bis 3 cm lang, kappenförmig, dickschalig. Apex etwas vor der Mitte. Oberfläche mit feinen Radialrippchen und konzentrischen Anwachsstreifen. Farbe gelb- oder bläulichweiß mit braunen Flecken, die oft regelmäßig angeordnet sind und dann an die Zeichnung mancher Landschildkröten erinnern (Name). Innenseite porzellanglänzend, unter dem Apex dunkelbraun.
Lebensweise: Die Schildkrötenschnecke lebt unterhalb der Gezeitenzone auf Steinen und Algen. Sie ernährt sich von Kieselalgen und anderen Kleinorganismen.
Verbreitung: Nordsee, Ostsee (einzige Napfschnecke der Kieler Bucht, hier in 4 bis 30 m Wassertiefe, seit 1950 stark zurückgegangen); Nordatlantik, Japan, bis in mehreren hundert Metern Tiefe.

Literatur: ARNTZ et al. 1976

Durchsichtige Napfschnecke *(Helcion pellucidus)*. Helgoland.

Acmaea virginea. Helgoland.

Acmaea (Tectura) virginea (Müller 1776)

Gehäuse bis 1,5 cm lang, kappenförmig, festschalig, im Umriß oval. Im Unterschied zu *A. testudinalis* mit weit vorn liegendem Apex. Oberfläche fast glatt: Die Radial- und die Anwachsstreifen sind nur schwach entwickelt. Außenseite rötlich oder mit rötlichen Strahlen; Innenseite des Gehäuses rosa oder weiß.

Lebensweise: *Acmaea virginea* kommt auf Steinen vor, die mit der roten Kalkalge *Lithoderma* überzogen sind. Hier ist sie infolge ihrer Färbung für Feinde kaum zu entdecken. Diese Alge bildet zugleich die Nahrung dieser Schnecke.

Verbreitung: Nordsee (um Helgoland nicht selten); Norwegen bis zu den Kapverden, Mittelmeer; in 0 bis 120 m Wassertiefe.

Literatur: CASPERS 1938, HEINCKE 1896, NORDSIECK 1968

Sehr selten wurde in der Deutschen Bucht mit dem bis 0,9 cm langen *Pilidium fulvum* (Müller) (Abb. S–42 b) eine weitere Napfschnecke festgestellt (bei Helgoland; Oberfläche fein radial berippt, orange oder rötlich; Apex dem Vorderrande genähert. Verbreitung: Norwegen bis zu den Azoren). Bei Helgoland finden sich bisweilen leere Gehäuse der fast weißen, mit kräftigen Radialrippen und einer eingerollten Spitze ausgestatteten Napfschnecke *Puncturella noachina* (Linné) (Abb. S. 207). Sie wird bis 1 cm lang und hat direkt vor dem Apex eine schlitzförmige Öffnung (Nordsee, Nordatlantik, Nordpazifik).

Gibbula cineraria (Linné 1758)
Aschfarbene Kreiselschnecke, Friesenknopf

Gehäuse bis 2 cm hoch, breit kegelförmig mit flacher Basis, festschalig. Nabel eng. Maximal 6 Umgänge. Windungsflanken schwach gewölbt, mit zahlreichen schmalen Spiralleisten. Gehäusefärbung grau bis rötlichgrau mit dunkleren Flecken. Mündung winkelig.

Lebensweise: Die Aschfarbene Kreiselschnecke lebt auf felsigem Untergrund, von dem sie den Algenbelag mit ihrer fein bezahnten Radula geradezu abbürstet (so wirkungsvoll wie von ihr wird von keiner anderen Schnecke unserer Küsten die Nahrung vom Substrat gekratzt). Oft findet man durchweg perlmutterglänzende Gehäuse. Bei ihnen sind die oberen Schalenschichten zerstört, und nur noch die mächtige unterste Schicht ist erhalten.

Verbreitung: Nordsee (in der Deutschen Bucht besonders bei Helgoland häufig); Norwegen bis ins Mittelmeer.

Literatur: ANKEL 1938

Puncturella noachina. Norwegen.

Gibbula tumida (Montagu)
Spitze Kreiselschnecke

Gehäuse bis 1,4 cm hoch. Im Unterschied zu *G. cineraria* (s. o.) mit deutlich voneinander abgesetzten Umgängen, so daß das Gehäuse getreppt erscheint.
Verbreitung: Ähnlich der von *G. cineraria.* Bei Helgoland in tieferem Wasser (hier ist sie bezeichnend für die Fauna der Tiefen Rinne südlich der Insel). Lebt in 6 bis über 1200 m Wassertiefe.

Literatur: CASPERS 1938, NORDSIECK 1968

Calliostoma zizyphinus (Linné 1758)
Bunte Kreiselschnecke

(= **Calliostoma conuloide** [Lamarck])

Gehäuse bis 1,8 cm hoch, kreiselförmig, mit abgeflachter Basis. Windungsseiten nicht gewölbt, mit einigen wenigen Spiralleisten. Gehäuse gelbgrau mit rötlichbraunen Flecken. Ohne Nabel.
Lebensweise: Die Bunte Kreiselschnecke ernährt sich räuberisch. Im letzten Jahrhundert wurde sie bei Helgoland in großen Mengen in den Hummerkörben gefunden. Wahrscheinlich war sie von den Ködern angelockt worden und hat sich dann über diese hergemacht. Später ist sie wieder selten geworden.
Verbreitung: Nordsee (in der Deutschen Bucht vereinzelt bei Helgoland in tieferem Wasser); Nordatlantik bis zu den Kanaren, Mittelmeer.

Literatur: HEINCKE 1896

Aschfarbene Kreiselschnecke *(Gibbula cineraria).* Helgoland.

Links: Spitze Kreiselschnecke *(Gibbula tumida).* Nordsee.
Rechts: Bunte Kreiselschnecke *(Calliostoma zizyphinus).* Norwegen.

Rissoa (Rissostomia) membranacea
(Adams 1797)

Gehäuse bis 11 mm hoch. In brackigen Gewässern dünnschalig, oft durchscheinend (Name!), schlank, kegelförmig, in vollmarinem Milieu dickschalig und fest, nicht durchscheinend. Mit bis zu 9 Umgängen, glatt oder mit einigen flachen Axialrippen. Mündung groß, im Umriß schief-elliptisch, oben gewinkelt; Mündungsrand unten vorgezogen, Außenrand verdickt, meist mit 3 braunen Flecken. Nabel spaltförmig. Der letzte Umgang nimmt etwa $\frac{3}{5}$ der Gesamthöhe ein. Schale fleischfarben bis graubraun, oft mit dunklen, welligen Axialstreifen.
Lebensweise: *Rissoa membranacea* ernährt sich von Kieselalgen und Teilchen mehrzelliger Pflanzen. Ihre Gehäuseform ist außerordentlich variabel, neben sehr hohen und schlanken Tieren gibt es relativ gedrungene. In Dänemark wurde darüber hinaus festgestellt, daß sich unter der Bezeichnung *Rissoa membranacea* möglicherweise 2 Arten verbergen, von denen die eine ein kleines Embryonalgehäuse besitzt und auf die die vorstehende Beschreibung zutrifft. Ihre Eier sind weiß, und die Larven leben eine Zeitlang schwimmend im Wasser. Die 2. Form ist stets gedrungen und hat ein größeres Embryonalgehäuse. Die Eier sind gelblich, und die Jungen kriechen nach dem Schlüpfen auf dem Untergrund umher. Der Name der Gattung wurde 1814 zu Ehren des italienischen Zoologen G. A. Risso (1777–1845) geschaffen.
Verbreitung: Nordsee, westliche Ostsee (Dänische Inseln); Norwegen bis zur Biskaya, vom Flachwasserbereich bis in über 1000 m Tiefe.

Literatur: REHFELD 1968, FRETTER u. GRAHAM 1978

Wahrscheinlich artidentisch mit *R. membranacea* ist die Form

octona (Nilsson 1822)

Gehäuse bis über 7 mm hoch, dünnschalig, durchscheinend, sehr schlank-kegelförmig (fast turmförmig gewunden), mit bis zu 12 Umgängen, glatt oder auf dem 6. bis zum vorletzten Umgang mit flachen und breiten Axialrippen. Mündung im Umriß elliptisch, Außenrand verdickt und mit 2 braunen Flecken. Nabel spaltförmig. Der letzte Umgang nimmt nicht ganz $\frac{2}{5}$ der Gesamthöhe des Gehäuses ein. Schale fleischfarben, mit dunkelgelben Axialstreifen.

Literatur: ARNTZ et al. 1976, MEYER u. MÖBIUS 1872

Rissoa membranacea. Dünnschalige Form. Svendborg/Dänemark.

Links: *Rissoa membranacea.* Dickschalige Form. Amrum.
Rechts: *Rissoa octona.* Kieler Bucht.

Turboella inconspicua (Alder 1844)

(= Rissoa inconspicua)

Gehäuse bis 4 mm hoch, mäßig dickschalig (oft durchscheinend), schlank-kegelförmig. Windungsseiten deutlich gewölbt. Oberfläche glatt oder mit zahlreichen (pro Umgang ca. 20) Axialrippen. Naht tief. Mündung oben gewinkelt, manchmal von eckigem Umriß, mit verdicktem Außenrand. Nabel geritzt. Schale hellgraubraun bis violettbraun. Gehäuse (Abb. S–76) sehr variabel!
Lebensweise: *Turboella inconspicua* frißt Kieselalgen, sich zersetzendes Seegras usw.
Verbreitung: Nordsee, Ostsee; nördlicher Atlantik bis ins Mittelmeer und bis zu den dänischen Inseln, vom Flachwasserbereich bis in 40 m Tiefe.

Literatur: FRETTER u. GRAHAM 1978

Turboella parva (Da Costa 1778)

(= Rissoa parva)

Gehäuse bis 5 mm hoch, festschalig, kegelförmig. Windungsseiten deutlich gewölbt. Oberfläche glatt oder vom 3. bis 4. Umgang an mit weitständigen Axialrippen (bis zu 12, im Mittelmeerraum bis 17 Rippen pro Windung). Mündung im Umriß an ein D erinnernd, oben gewinkelt. Nabel geritzt. Schale gelblichweiß, oft mit brauner Bänderung (Abb. S–75).
Gerippte Gehäuse treten nach Untersuchungen an den britischen Küsten vor allem an geschützten Bereichen auf; in stärkerer Wasserbewegung nehmen glatte Formen zu. Diese Unterschiede haben zur Aufstellung einer als *interrupta* Adams 1798 bezeichneten glattschaligen Form geführt (vereinzelt unberechtigt als eigene Art aufgefaßt).
Verbreitung: Nordsee; Nordatlantik bis ins Mittelmeer, Schwarzes Meer.

Literatur: FRETTER u. GRAHAM 1978, NORDSIECK 1972, WIGHAM 1975

Turboella parva und (oben links) *Rissoa membranacea*. Fanø.

Onoba aculeus. Helgoland, nördliches Felswatt.

Rissoa (Lilacinia) rufilabris (Leach 1815)

Gehäuse bis 5 mm hoch, mäßig festschalig, spitz kegelförmig, mit bis zu 7 Umgängen. Windungsseiten schwach gewölbt, Naht flach. Mit spiralen Grübchenreihen, auf den letzten Windungen außerdem mit schwach ausgeprägten Spiral- und Axialrippen. Mündung breitelliptisch, oben gewinkelt, Außenrand verdickt, weiß. Schale bräunlichgelb bis grünlich (Abb. S–70).

Verbreitung: Nordsee, westliche Ostsee; Nord-Norwegen bis zum Kanal.

Literatur: ZIEGELMEIER 1966

Onoba aculeus (Gould 1841)

Gehäuse bis 3 mm hoch, festschalig, schlank bis mäßig breitkegelförmig, mit höchstens 7 Umgängen. Windungsseiten gewölbt, mit zahlreichen, dicht nebeneinanderliegenden Spiralleisten und feinen Anwachsstreifen. Auf den ersten 1 bis 2 Umgängen können Axialrippen auftreten. Naht tief. Mündung elliptisch, oben gewinkelt, Außenrand leicht verdickt. Ohne Nabel. Schale beim lebenden Tier dunkelbraun, ansonsten strohgelb. Deckel oval, in der Mitte gelblich, randlich farblos.

Lebensweise: *Onoba aculeus* ernährt sich von Substratbrocken, die reich an Kieselalgen sind. Im Gegensatz zu den meisten Schnecken der deutschen Küstengebiete ist in ihren Entwicklungszyklus kein pelagisches Larvenstadium eingeschaltet: Die Veliger-Phase wird in der Eikapsel durchlaufen.

Verbreitung: Nordsee, Ostsee (Kieler Bucht, hier in 7 bis 28 m Tiefe), Nord-Norwegen und Grönland bis Massachusetts, vom Gezeitenbereich bis in erhebliche Tiefen.

Anmerkung: Diese Art wurde sehr oft mit *Onoba semicostata* (Montagu) (= *O. striata*; nicht in den deutschen Gewässern) verwechselt und bisher meist unter diesem Namen aus der Nord- und Ostsee gemeldet. Bei *O. semicostata* treten jedoch auf allen Umgängen Axialrippen auf.

Literatur: ARNTZ et al. 1976, FRETTER u. GRAHAM 1978, JAECKEL 1952, JANKE 1986, RASMUSSEN 1973 (als *O. striata*), WARÉN 1974

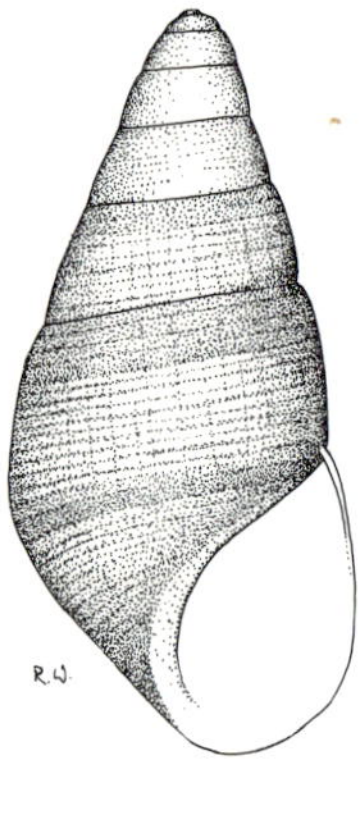

Cingula cingillus.
Helgoland.

Cingula cingillus (Montagu 1803)

Gehäuse bis 4,3 mm hoch, mäßig festschalig, durchscheinend, mit bis zu 7 Umgängen. Windungsseiten kaum gewölbt, Naht flach. Oberfläche mit feinen Anwachsstreifen und 12 bis 20 Spiralrillen (letztere vor allem auf der Endwindung). Die ersten Umgänge sind oft bis auf die Anwachsstreifen glatt. Mündung groß, annähernd elliptisch, oben gewinkelt. Farbe gelblich mit 2 bis 4 braunen bis violetten Spiralbinden (Name; *cingula*, lat. = kleiner Gürtel).
Lebensweise: *Cingula cingillus* frißt Diatomeen, Schwämme und andere kleinere Organismen, indem sie Detritus aufnimmt. Die Eier werden in einer Anzahl von 1 bis 4 Stück in einer linsenförmigen hornigen Kapsel eingeschlossen, die 0,72 mm Durchmesser erreicht. Das Veliger-Stadium wird innerhalb dieser Kapsel durchlaufen – es gibt also keine freischwimmenden Larven –, und die Jungen schlüpfen mit einem bräunlichen Gehäuse mit 2½ Umgängen.
Verbreitung: Nordsee (in der Deutschen Bucht bei Helgoland); Norwegen bis zur Biskaya vom Gezeitenbereich bis in 20 m Tiefe.

Literatur: FRETTER u. GRAHAM 1980

Barleeia rubra (Adams 1795)

Gehäuse (Abb. S–74) bis 3 mm hoch, spitz-kegelförmig, festschalig, mit bis zu 6 Umgängen. Windungsseiten schwach gewölbt, glatt, glänzend, mit undeutlicher Spiralstreifung. Naht nicht sehr tief. Mündung elliptisch, oben zugespitzt, mit zusammenhängendem Rand; unten leicht ausgebuchtet. Nabel ritzförmig. Schale gelb oder braun, unter der Naht mit einem breiten und an der Basis mit einem schmaleren dunklen Spiralstreifen. Deckel mit einem Fortsatz (Apophyse).
Lebensweise: *Barleeia rubra* lebt in flacherem Wasser und ernährt sich von Kieselalgen und Detritus.
Verbreitung: Nordsee; europäische Atlantikküsten, Mittelmeer.

Literatur: FRETTER u. GRAHAM 1962

Die 3 folgenden Arten – *Hydrobia ulvae, H. ventrosa* und *H. neglecta* – lassen sich am Gehäuse oft nur schwer unterscheiden. Bei *H. ulvae* sind die Windungsflanken im allgemeinen nur schwach gewölbt, und die Naht ist nicht sehr tief. Bei *H. ventrosa* und *H. neglecta* sind die Windungsflanken gewölbt (bei *neglecta* etwas weniger stark), und die Naht ist tiefer. Da das Gehäuse aller 3 Arten beträchtlich variiert, ist manchmal eine Bestimmung nur an Körpermerkmalen möglich: Bei *Hydrobia ulvae* ist der Penis groß und gedrungen, bei *H. ventrosa* klein und läuft spitz aus, bei *H. neglecta* ist er klein und gedrungen und hat ein abgerundetes, meist rechtwinklig abgeknicktes Ende (Abb. S–73, S. 80).

Hydrobia ulvae (Pennant 1777) – **Wattschnecke**

(= Peringia ulvae)

Gehäuse bis 8 (9) mm hoch, konisch, mit maximal 7 Umgängen. Windungsflanken abgeflacht bis leicht gewölbt. Naht nicht sehr tief. Mündung elliptisch, oben gewinkelt; Rand scharf. Nabel eng.
Rüssel vor dem Vorderrand mit dunklem Querstreifen. Penis groß, gedrungen, mit leicht zugespitztem „Kopf". Der Samenleiter verläuft im Basalteil des Penis in zahlreichen Windungen (Abb. S–73).
Lebensweise: *Hydrobia ulvae* lebt in flacherem Wasser – und wo sie auftritt, oft in Massen: Es wurden schon 7000 Tiere auf nur 0,1 m^2 gezählt, und 2,5 Quadratmeilen im Clyde-Ästuar bieten rund 30 Milliarden Individuen Lebensraum! Trotzdem können sie dort, wo sie zu Tausenden auftreten, Stunden später verschwunden sein. Denn bei Bedarf kann sich die Wattschnecke vom Gezeitenstrom forttragen lassen. Dazu heftet sie sich mittels eines Schleimfadens kopfunter an die Wasseroberfläche, driftet mit der auflaufenden Flut landeinwärts und kehrt schließlich mit dem Ebbestrom in die Nähe des ursprünglichen Standortes zurück. Hier läßt sie sich zu Boden sinken und beginnt zu fressen. Sie entwickelt dabei einen ausgeprägten 12-Stunden-Rhythmus. Kriechend legt die Wattschnecke höchstens 2 cm in der Minute zurück, wobei sie auf dem Schlick schmale Spuren hinterläßt.
Bei Trockenfallen ihres Lebensraumes gräbt sich die Wattschnecke mit Hilfe des Fußes etwa 1 cm tief in den Boden ein. Das Gehäuse wird unter rüttelnden und drehenden Bewegungen hinterhergezo-

Wattschnecken *(Hydrobia ulvae)*. Sylt, Watt bei Keitum.

Gehäuse einer Wattschnecke *(Hydrobia ulvae)* mit jungem Einsiedlerkrebs *(Eupagurus bernhardus)*. St. Peter-Ording.

gen. Schließlich verraten nur noch kleine Löcher die Gegenwart von Wattschnecken. Mit der Flut kommen sie wieder hervor. Werden sie verschüttet, versuchen sie, sich in spiraligen Bahnen nach oben durchzuwühlen.
Die Nahrung von *Hydrobia ulvae* wechselt je nach Standort. Der Artnahme weist auf die Grünalge *Ulva* hin, doch werden auch andere Algen und auf Schlickflächen auch Bakterien gefressen. Die Hauptnahrung bilden Kieselalgen. Die Wattschnecke lebt übrigens keineswegs nur auf dem Meeresboden, sie besiedelt auch Pflanzen und die Wohnröhren im Boden lebender Tiere.
Zwischen März und November, in der Nordsee hauptsächlich im Mai und Juni, werden die Eier abgelegt. Sie werden in einer Anzahl von 3 bis 25 in kleinen, mit Sandkörnchen dicht besetzten Schleimkapseln eingeschlossen, die gewöhnlich an das Gehäuse eines Artgenossen, aber auch an Schill, Steine oder an Algen geklebt werden. Die Larven schlüpfen nach 10 bis 24 Tagen. Ein Weibchen legt mehrere solcher Kapseln ab; dabei produziert es bis zu 500 Eier. Nach einem Jahr erreichen die Tiere eine Gehäusehöhe von 1,5 bis 2,5 mm und sind geschlechtsreif. Auch im Frühling darauf – im Alter von 2 Jahren – beteiligen sie sich wohl noch am Fortpflanzungsgeschehen; danach sterben sie wahrscheinlich ab. Es gibt allerdings Schätzungen, wonach *Hydrobia ulvae* bis zu 5 Jahre alt werden kann.
In dänischen Gewässern wurden 15 Formen von Saugwürmern (Trematoden) als Parasiten von *Hydrobia ulvae* und *ventrosa* ermittelt. Meist sind die Hydrobien 1. oder 2. Zwischenwirt; Endwirt sind Seevögel oder Fische. Die frühere Annahme, daß diese Schmarotzer den manchmal zu beobachtenden Riesenwuchs der Schnecken verursachen, ließ sich nicht bestätigen. Aber befallene Hydrobien sind in ihrer Entwicklung gestört, oder sie fallen für die Fortpflanzung aus, z. B., weil der Penis verkümmert. Freßfeinde haben die kleinen Wattschnecken auch, und einige davon sind ebenso klein – so die Schnecke *Retusa obtusa*, die sich mit Vorliebe von Hydrobien ernährt.
Verbreitung: Nordsee, Ostsee; europäische Atlantikküsten, afrikanische Atlantikküsten bis zum Senegal, Mittelmeer bis in 20 m Wassertiefe bei einem Salzgehalt von 10 bis 33 Promille.

Literatur: ANDERSON 1971, ANKEL 1962, DÖRJES 1978, FRETTER u. GRAHAM 1978, GREEN 1968, HERTWECK 1978, MUUS 1963, RASMUSSEN 1973, TAIT 1971, THAMDRUP 1935, ZIEGELMEIER 1966

Hydrobia stagnalis. Laboe bei Kiel.

Hydrobia stagnalis (Baster 1765)

(= **Hydrobia ventrosa** [Montagu 1803]
= **H. stagnorum** [Gmelin 1790])

Gehäuse bis 7 mm hoch, schlank-kegelförmig, mit etwa 7 Umgängen. Windungsseiten gewölbt, Naht tief. Mündung elliptisch, oben spitz gewinkelt. Nabel etwas weiter als bei *Hydrobia ulvae*.
Rüssel im Gegensatz zu *H. ulvae* und *H. neglecta* vorn ohne dunkles Querband. Penis klein, spitz zulaufend und dabei einen fadenförmigen Fortsatz bildend. Der Samenleiter verläuft im basalen Teil des Penis in zahlreichen Krümmungen (Abb. S–73 s. S. 80).
Lebensweise: Wie die beiden anderen *Hydrobia*-Arten ernährt sich *H. stagnalis* hauptsächlich von Kieselalgen, und wie *H. ulvae* kleben sich die Tiere auch bei dieser Art ihre Gelege oft gegenseitig an das Gehäuse. Jede Eikapsel enthält meist nur 1 Ei (selten 2 oder 3). Die Eier werden von April bis Juli abgelegt. Im Gegensatz zu *H. ulvae* gibt es kein freischwimmendes Larvenstadium. Die Form des Gehäuses variiert beträchtlich. Das steht aber nicht, wie zeitweise angenommen wurde, mit einem Befall durch Saugwürmer (Trematoden) in Zusammenhang.
Verbreitung: Nordsee (in brackigen Teilen des Watts), Ostsee; europäische Küsten, bei 6 bis 24 Promille Salzgehalt. In Flachwasser bis 1 m Tiefe. Oft zusammen mit *Hydrobia ulvae*.

Literatur: F. ANKEL 1962, FRETTER u. GRAHAM 1978, JAECKEL 1952, 1960, MUUS 1963, RASMUSSEN 1973.

Hydrobia neglecta (Muus 1963)

(= **Hydrobia minuta Totten 1834** [nach NORDSIECK, 1972])

Gehäuse bis 4 mm hoch, ähnlich dem von *H. stagnalis*, doch sind die Windungsseiten im allgemeinen etwas weniger stark gewölbt, und das Gewinde erscheint meist etwas schlanker. Nabel eng (Abb. S–73a, s. S. 80).
Rüssel kurz vor dem Vorderende mit einem dunklen Querstreifen. Penis klein, gedrungen, mit abgerundetem und gewöhnlich von der Basis rechtwinklig abknickenden Ende. Der Samenleiter läuft am Rande des Penis gerade entlang (oft schwierig zu erkennen) und endet im Gegensatz zu *H. ulvae* und *stagnalis* nicht an der Penisspitze, sondern sozusagen auf dem Rücken des Peniskopfes.
Lebensweise: *Hydrobia neglecta* frißt wie die beiden anderen Arten dieser Gattung hauptsächlich Diatomeen. Sie lebt in pflanzenreichen Gewässerbereichen und kommt hier oft in beträchtlicher Anzahl vor (bis 5000 Individuen pro Quadratmeter) – nicht selten zusammen mit *Hydrobia ulvae* und *H. stagnalis*.
Verbreitung: Nordsee, Ostsee (Dänemark), Britische Inseln und Irland; Verbreitung im einzelnen ungenügend bekannt. In Wasser mit 10 bis 24 Promille Salzgehalt.

Literatur: MUUS 1963, FRETTER u. GRAHAM 1978

Potamopyrgus jenkinsi. Bach südwestlich von Kiel.

Potamopyrgus jenkinsi (Smith 1889)

Ähnlich wie *H. stagnalis* und *H. neglecta*, aber ohne Nabel. In Süß- und Brackwasser. Oft mit einem schwachen Spiralkiel auf der Windungsseite. Pflanzt sich parthenogenetisch fort (d. h. ohne Zuhilfenahme männlicher Partner; Männchen wurden nur ganz selten gefunden). Aus Neuseeland eingeschleppt.

Literatur: MUUS 1967, REMANE 1958

Skeneopsis planorbis (Fabricius 1780)

Gehäuse bis 1,5 mm hoch, niedrig gewunden, mit höchstens 4 Umgängen. Oberfläche bis auf die Anwachsstreifen glatt. Naht tief. Mündung kreisförmig, Nabel weit. Bei Jungtieren ist die Schale meist rötlichbraun, bei älteren oft blaß und infolge eines Bewuchses mit Algen grünlich. Deckel kreisrund.
Lebensweise: *Skeneopsis planorbis* ist eine der kleinsten Gehäuseschnecken unserer Gewässer. Sie ernährt sich von Pflanzenteilen und Kieselalgen. Während des ganzen Sommers werden Eier abgelegt, und zwar in rundlichen oder ovalen Kapseln, von denen jede 1 oder 2 Eier enthält. Die Jungen schlüpfen als Miniaturausgaben der erwachsenen Tiere – ein Stadium, in dem die Larven frei umherschwimmen, gibt es also nicht. *Skeneopsis planorbis* wird etwa 1 Jahr alt.
Verbreitung: Nordsee (z. B. im Helgoländer Felswatt); Nordatlantik bis ins Mittelmeer im Flachwasserbereich.

Literatur: FRETTER 1948

Skeneopsis planorbis. Island.

Omalogyra atomus (Philippi 1841)

(= Homalogyra atomus)

Gehäuse bis 1,5 mm im Durchmesser. In einer Ebene gewunden, mit höchstens 3 Umgängen. Oberfläche bis auf die Anwachsstreifen glatt. Naht tief. Mündung kreisförmig, Nabel weit. Der Apex ist eingesenkt. Schale rötlichbraun. Deckel kreisrund.
Lebensweise: *Omalogyra atomus* ist die kleinste Gehäuseschnecke unserer Gewässer. Sie besitzt keine Kiemen mehr; möglicherweise reicht bei diesen winzigen Tierchen der durch die Manteloberfläche aufgenommene Sauerstoff zur Erhaltung aller Lebensfunktionen aus. Die Eier werden einzeln oder paarweise in rundlichen oder ovalen, bis 0,2 mm langen Kapseln abgelegt. Bei einer Wassertemperatur von 15 bis 19 °C schlüpfen die Jungen nach rund 10 Tagen, ohne daß ein pelagisches Larvenstadium eingeschaltet wird. Die Jungtiere fressen zunächst fast ununterbrochen. Nach einer Woche haben sie ihre Größe verdoppelt. Die Fortpflanzungszeit liegt zwischen Frühling und Frühherbst. Als Nahrung dienen Rotalgen und Kieselalgen, die von Sandkörnchen abgeweidet werden.
Verbreitung: Nordsee, Ostsee (Kieler Bucht), in 0 bis 40 m Wassertiefe.

Literatur: FRETTER 1948, JAECKEL 1952

Omalogyra atomus. Kleiner Belt.

Assiminea grayana (Fleming 1828)

Gehäuse (Abb. S–71) bis 7 mm hoch, festschalig, kegelförmig, mit ca. 7 Umgängen. Windungsseiten schwach gewölbt. Anwachsstreifen deutlich. Endwindung um die Basis leicht kantig. Mündung halbkreisförmig, oben gewinkelt. Ohne Nabel. Schale gelblich, manchmal rot gebändert.
Lebensweise: *Assiminea grayana* ist schon als Landtier zu betrachten. Es lebt oberhalb der Hochwasserlinie in brackischen Bereichen und ist damit eng an Außendeichwiesen gebunden. Von der Nähe der Küste ist *Assiminea* wegen ihres planktonischen Larvenstadiums abhängig. Die Fortpflanzungszeit beginnt im April. Bei der Paarung sitzt das Männchen über dem rechten vorderen Rand des Gehäuses seiner Partnerin und führt den Penis in den Endabschnitt des Eileiters ein. Das Weibchen kriecht dabei umher. Die Eier werden dann in Gelegen mit bis zu 140 Stück auf dem feuchten Untergrund abgelegt und durch eine Kappe aus Kotpillen vor Austrocknung und Feinden geschützt. Wenn die Larven schlüpfen, reißt die zweischichtige Eihülle auf und kontrahiert sich, wobei die Jungen fast explosionsartig in die Umgebung geschleudert werden.
Verbreitung: Nordsee- und Atlantikküsten.

Literatur: SANDER 1950, SANDER u. SIEBRECHT 1967

Lacuna divaricata (Fabricius 1780) **Gebänderte Grübchenschnecke**

(= **Lacuna vincta** [Montagu])

Gehäuse bis 1,4 cm hoch, dünnschalig, kegelförmig. Windungsseiten gewölbt. Naht scharf. Oberfläche mit feinen Spiral- und den axialen Anwachsstreifen. Mündung schief-elliptisch. Nabel groß, spaltförmig. Schale meist fahl grünlichbraun und meistens mit 2 bis 4 braunen Spiralbändern. Deckel elliptisch, bräunlich oder grünlichgelb.
Lebensweise: *Lacuna divaricata* lebt von Kieselalgen und der oberen Gewebeschicht von Seegras, Braun- und Rotalgen. Während der Fortpflanzungszeit legen die Männchen ein blaß violettes „Hochzeitskleid“ an. Die Eier sind gelblich-weiß und werden in

einer klaren, bogenförmigen Schleimschnur abgelegt. Die Larven leben eine Zeitlang freischwimmend im Wasser. Die Männchen sind übrigens etwas kleiner als die Weibchen.
Verbreitung: Nordsee, Ostsee (nach Osten bis Mecklenburg; hier im Flachwasser bis in 18 m Tiefe); Nordatlantik bis zum Kanal. Bis 64 m Tiefe, auch in Brackwasser (bis minimal 8 Promille). Bei Helgoland massenhaft an den Wurzeln von Laminarien.

Literatur: ANKEL 1938, ARNTZ et al. 1976, FRETTER u. GRAHAM 1962, JAECKEL 1962, MEYER u. MÖBIUS 1872, NORDSIECK 1968

Lacuna pallidula (Da Costa 1778) **Flache Grübchenschnecke**

Gehäuse bis 1 cm hoch (dabei herrscht ein ausgeprägter Geschlechtsdimorphismus: Die Männchen erreichen eine Gehäusebreite von 5,8 mm, die Weibchen 12 mm). Endwindung rasch an Umfang zunehmend, die vorherigen Umgänge weitgehend umschließend. Oberfläche mit feinen Anwachsstreifen, bei dickschaligen Tieren auch mit feinen Spiralstreifen. Mündung fast kreisförmig, so groß wie der Rest des Gehäuses. Nabel spaltförmig, weit. Schale blaß gelbgrün, Periostrakum oliv. Deckel breit halbkreisförmig, bleich olivgrün.
Lebensweise: Im Gegensatz zu *Lacuna divaricata* gibt es bei dieser Art kein pelagisches Larvenstadium: Die Jungen schlüpfen erst, wenn sie wie die ausgewachsenen Tiere kriechen können. Die Eier werden zu 9 bis 60 in einem Gelege von bis zu 5 mm Durchmesser abgelegt. Die Lebensdauer beträgt etwa 1 Jahr. Die Männchen sterben, kurz nachdem sie die Weibchen befruchtet haben.
Verbreitung: Nordsee, Ostsee (hier in 3,7 bis 13 m Tiefe); Nordatlantik, in 0 bis 72 m Wassertiefe.
Anmerkung: Die Meldung einer weiteren *Lacuna*-Art aus deutschen Gewässern, der dickschaligen *Lacuna parva* durch JAECKEL (1952), wird inzwischen bezweifelt.

Literatur: ARNTZ et al. 1976, GALLIEN u. LARAMBERGUE 1938, JAECKEL 1952, NORDSIECK 1968, OCKELMANN u. NIELSEN 1981, ZIEGELMEIER 1966

O. und u. l.:
Gebänderte Grübchenschnecke *(Lacuna divaricata)*. Helgoland, Düne.

U. r.: Flache Grübchenschnecke *(Lacuna pallidula)*. Bülk bei Kiel.

Littorina littorea (Linné 1758)
Gemeine Strandschnecke
helgoländisch: „Hölker"

Gehäuse: bis 3 cm hoch, dickschalig, kegelförmig; letzter Umgang groß. Windungsseiten schwach gewölbt, mit feinen Anwachsstreifen und in seltenen Fällen auch feinen Spiralriefen. Naht scharf, nicht sehr tief. Mündung schief oval, oben spitz gewinkelt. Ohne Nabel; braun oder grau; oft mit spiral verlaufenden Bändern. Deckel elliptisch.

Lebensweise: Die Gemeinde Strandschnecke lebt an Felsen, Muschelklappen, an Uferbefestigungen und an Seegras (*Zostera*), in der Nordsee im Gezeitenbereich, in der Ostsee vorwiegend etwas tiefer, im Sublitoral. Im Sommer kriecht sie bis weit über den Wasserspiegel empor und bleibt dort oft tagelang sitzen. Mitunter erfolgt hier auch die Paarung. Erst bei starker Trockenheit läßt sie sich ins Wasser zurückfallen.

Von ihren Standorten aus kann die Strandschnecke Wanderungen auf benachbarte Bereiche sandigen Schlicks unternehmen, wo sie dann Kieselalgen frißt. Kriechend legt sie bis zu 2,4 m in der Stunde zurück. Die Bewegungsrichtung wird von der Sonne beeinflußt. Meist schlägt sie einen U-förmigen Kurs ein, der sie schließlich fast an den Ausgangsort zurückbringt. Das ermöglicht es ihr, eine große Fläche abzugrasen, ohne daß sie sich zu weit von ihrem Standort entfernen muß. Meistens aber weidet sie den Pflanzenbewuchs vom Untergrund ihres Standortes ab – Algen schon in deren Jugendstadium; das führt dazu, daß von *Littorina* besiedelte Zonen frei von Algenbewuchs sein können und sich damit kraß von benachbarten nicht besiedelten Flächen unterscheiden können. Über 3000 Radula-Zähnchen werden dazu eingesetzt. Wenn sich die Gelegenheit bietet, nimmt sie auch tierische Nahrung an. So frißt sie beispielsweise beschädigte bzw. vom Untergrund gelöste Seepocken aus. Da *Littorina littorea* in beträchtlichen Mengen vorkommt, ist sie nicht ohne Bedeutung für die Bildung von Sediment: Sie nimmt die losen Partikel auf und ballt die unverwerteten Reste im Kot zusammen. Nicht selten leben 350 Exemplare auf einem Quadratmeter, mittelgroße Tiere wurden auch schon in einer Anzahl von 1470 Exemplaren pro Quadratmeter festgestellt.

Während des Winters ziehen sich die Strandschnecken in Wasser-

Gemeine Strandschnecke *(Littorina littorea)*. Helgoland.

Gemeine Strandschnecke. Fur/Limfjord.

tiefen von 2 m und mehr zurück, wo sie vor Frost geschützt sind. Sie graben sich sogar in weiche Böden ein. Aber *Littorina littorea* – und noch mehr *L. saxatilis* – kann auch ein Einfrieren überleben: Nach 10 Tagen bei −10 °C leben noch fast alle Tiere. (Allerdings überlebt etwa die Hälfte die ersten 10 Tage nach dem Auftauen nicht.) Ein Einfrieren bei −15 °C ertragen beide Arten nicht mehr. Im Sommer ist diese „Gefrier-Resistenz“ stark vermindert.

Die Hauptlaichzeit liegt zwischen April und Juni. Die Gemeine Strandschnecke produziert dann zahlreiche flache Gallertmassen von 0,6 bis 0,9 mm Größe, sog. Laichscheiben, die je 1 bis 4 Eier enthalten. Diese Laichscheiben werden nicht auf dem Substrat festgeheftet, sondern treiben frei im Wasser umher. Wenn die Nährmasse aufgezehrt ist, platzen sie an der Unterseite auf und entlassen eine Larve, die etwa 3 Wochen im Wasser umherschwimmt und dann zum Bodenleben übergeht. Bis zum ersten Winter sind die kleinen Strandschnecken auf 6 bis 8 mm herangewachsen, nach dem zweiten sind sie etwa 1,4 cm, nach dem dritten bis zu 2 cm lang. Die recht groß werdenden Tiere an den britischen Küsten sind im ersten Winter schon um 1,4 cm groß, im fünften etwa 2,7 cm. Die größten Exemplare in der Deutschen Bucht findet man im Felswatt von Helgoland, wo sie 3,3 cm hoch werden können. Die Gemeine Strandschnecke erreicht ein Alter von über 10 Jahren.

Die Gehäuse von *Littorina littorea* und *L. saxatilis* werden – vor allem an der Spitze – oft von der Flechte *Arthopyrenia sublitoralis* befallen. Das Resultat sind dicht nebeneinanderliegende kleine Löcher in der Schale. Andere Organismen setzen der Gemeinen Strandschnecke in massiverer Weise zu – vor allem Seevögel, und unter denen in erster Linie die Silbermöwe. Sie frißt die Schnecken im Ganzen und knackt das Gehäuse in ihrem Muskelmagen. In Frankreich, Großbritannien, in den Niederlanden und auf Helgoland wird bzw. wurde die Strandschnecke auch vom Menschen gegessen. Auf dem Londoner Markt sollen jährlich rund 2000 Tonnen Strandschnecken umgesetzt werden. Zur Zeit kostet in London 1 pint (etwas mehr als 0,5 Liter) 80 Pence – etwa 2,50 DM. Steinzeitliche Küchenabfälle zeigen, daß sie schon seit langem als Nahrungsmittel diente.

Als in den 70er Jahren einer Firma für Babynahrung bei Dorschen aus der Ostsee dunkle Flecke in der Haut auffielen, zeigte sich, daß

Gemeine Strandschnecke, sich in das Gehäuse zurückziehend. Der Fuß ist bereits stark zusammengefaltet. Auf seiner Rückenseite sieht man links neben der Gehäusemündung den Deckel, der das Gehäuse verschließen wird. Tümlauer Bucht, Halbinsel Eiderstedt.

Gemeine Strandschnecke, eine tiefe Kriechspur im Sandboden erzeugend. Halbinsel Eiderstedt.

es sich dabei um die Ruhestadien eines Saugwurmes namens *Cryptocotyle lingua* handelte. Erster Zwischenwirt dieses Tierchens ist die Gemeine Strandschnecke.

Verbreitung: Nordsee, westliche Ostsee (bis Hiddensee; hier bis in 15 m Tiefe); Nord-Norwegen bis zur Iberischen Halbinsel, Nordamerika.

Literatur: ANKEL 1937, ARNTZ et al. 1976, HERTWECK 1978, IBING u. THEEDE 1975, JAECKEL 1952, KILIAS 1971, LAUCKNER 1984, MOORE 1937, RASMUSSEN 1973, SCHÄFER 1950, 1962

Littorina saxatilis (Olivi 1792) **Rauhe oder Spitze Strandschnecke, Dunkle Strandschnecke**

Gehäuse bis 1,7 cm hoch, festschalig, kegelförmig. Windungsseiten deutlich gewölbt, mit deutlichen Spiralrillen. Anwachsstreifen fein. Mündung oben nicht spitz gewinkelt, sondern der Außenrand trifft in annähernd rechtem Winkel auf den letzten Umgang. Ohne Nabel. Farbe sehr variabel, meist dunkelbraun, aber auch weiß, gelblich oder bunt gebändert.

Lebensweise: *Littorina saxatilis* lebt meistens zusammen mit der Gemeinen Strandschnecke, siedelt aber vorwiegend im obersten Gezeitenbereich und damit in etwas höheren Zonen als sie. Dabei bevorzugt sie Spalten und kleine Höhlen als Standort. Sie frißt Kieselalgen und junge Sprosse von Tangen.

In ihrer Entwicklung unterscheidet sich *Littorina saxatilis* grundlegend von *L. littorea*. Die befruchteten Eier werden vom Muttertier in einer Anzahl von 40 bis über 500 Stück unter dem Mantelrand aufbewahrt, bis winzige, fertig entwickelte Schnecken schlüpfen. Im Gegensatz zu *L. littorea* fehlt also ein pelagisches Larvenstadium.

In noch einem Punkt unterscheidet sich *Littorina saxatilis* von der Gemeinen Strandschnecke. Bei *L. littorea* ist die Kieme zurückgebildet. Diese Entwicklung wurde bei *L. saxatilis* und *L. neritoides* (s. unten) weitergeführt: Beide haben ihre Mantelhöhle zu einer Lunge umfunktioniert, die auch aus der Atmosphäre Sauerstoff aufnehmen kann.

Aufgrund der variablen Gehäusegestalt wurden mehrere Unterarten beschrieben – *Littorina saxatilis rugosa, L. s. jugosa, L. s. tenebrosa* und *L. s. saxatilis*, die sogenannte Nominatform. Unterschiede in der Radula, an den Fühlern, am Penis, in der Entwicklung und im Parasitenbefall kommen hinzu. Zum Teil leben diese 4 Formen gemeinsam an ein und demselben Ort, ohne daß Zwischenformen existieren. Die Unterarten scheinen sich also teilweise nicht mehr zu vermischen – ein Hinweis darauf, daß hier der Prozeß der Artbildung weit fortgeschritten oder sogar schon zum Abschluß gekommen ist.

Verbreitung: Nordsee, westliche Ostsee (bis Rügen); nordeuropäische und nordamerikanische Atlantikküste.

Literatur: KÄSTNER 1960, KILIAS 1972, RASMUSSEN 1973, SMITH 1981, TAIT 1971

Spitze Strandschnecke *(Littorina saxatilis)*, kriechend. Tümlauer Bucht, Eiderstedt.

Ein ähnliches Gehäuse wie *L. saxatilis* hat

Littorina rudis (Maton 1797),

die meist als artgleich mit *L. saxatilis* angesehen wird. Ihr Status muß als noch nicht geklärt gelten. Gehäuse kegelförmig, mit stark gewölbten Windungsseiten und tiefer Naht. Oberfläche glatt oder mit Spiralriefen. Färbung sehr unterschiedlich (gelblich, rötlich bis braun, grünlichgrau oder schwarz), oft in Bändern. Mündung rundlich bis oval. Das Weibchen entläßt wie bei *L. saxatilis* fertig entwickelte Junge ins Leben.

Literatur: FRETTER 1980, HANNAFORD-ELLIS 1979, HELLER 1975, RAFFAELLI 1982, SMITH 1981, YONGE u. THOMPSON 1976

Littorina mariae (Sacchi u. Rastelli 1966) **Stumpfe Strandschnecke**

Gehäuse bis 1,5 cm hoch, dickschalig, fast kugelig, dabei sehr variabel (vgl. Abb. unten) (der Anfang des Gehäuses wird vom letzten Umgang fast völlig umschlossen). Windungsseiten schwach gewölbt, Oberfläche mit feinen Spiral- und Anwachsstreifen. Mündung halbkreisförmig. Ohne Nabel. Farbe schwarz, dunkelbraun oder gelb, manchmal gebändert. Deckel elliptisch, olivbraun. Von der ähnlichen *Littorina obtusata* nur durch die Penismorphologie sicher zu unterscheiden: *L. mariae* hat einen Penis mit langer, fingerförmiger Spitze und einer Reihe großer Drüsen, *L. obtusata* einen Penis mit kurzer, konischer Spitze und 2 bis 3 Reihen kleiner Drüsen.

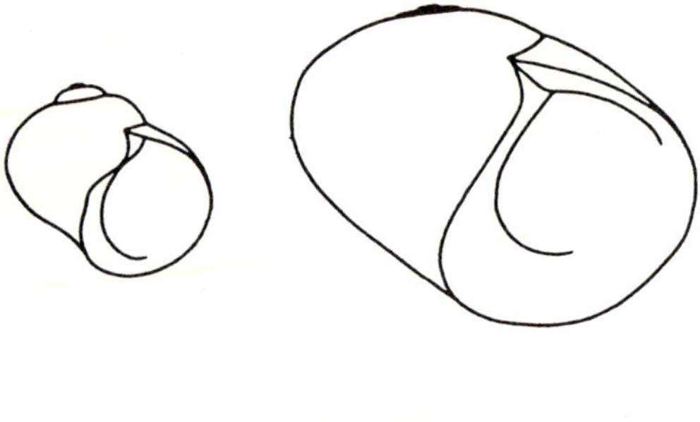

Spitze Strandschnecke *(Littorina saxatilis).* Helgoland.

Littorina „rudis“.

Lebensweise: *L. mariae* lebt vor allem am Sägetang (*Fucus serratus*), der auch ihre Hauptnahrung bildet. Daneben frißt sie auch Kieselalgen und Dinoflagellaten. Wie *Littorina saxatilis* bildet sie kein pelagisches Larvenstadium aus. Allerdings behält sie die Eier nicht in der Mantelhöhle, sondern legt sie auf Tang ab – die schlüpfenden Jungen sind damit gleich an ihrer endgültigen Nahrungsquelle. Pro Gelege entwickeln sich ca. 80 bis 120 Embryonen. Die Eier sind weißlich bis hellgrau. Viele Gelege sterben jedoch vor dem Schlüpfen der Jungtiere ab, weil sie von anderen Organismen – vor allem Moostierchen – überwachsen werden. Die Weibchen werden etwas größer als die Männchen, und in brackischen sowie stärker geschützten Gewässern sind die Tiere dünnschaliger und allgemein kleiner als sonst. In der Ostsee dringt *L. mariae* in Bereiche mit 12 Promille Salzgehalt vor. Ihre unterschiedliche Farbe dient der Tarnung.
Bis 1985 war aus den deutschen Gewässern nur eine Art der Stumpfen Strandschnecken gemeldet: Die von Linné 1758 beschriebene *Littorina obtusata* (s. u.). 1966 aber hatten zwei Italiener – Sacchi und Rastelli – berichtet, daß sich unter den Stumpfen Strandschnecken Europas zwei Arten verbergen – Linnés Form und eine bis dahin unbekannte, die sie *Littorina mariae* nannten. Seitdem wurde man auch in Großbritannien, Dänemark und 1985 schließlich auch in Deutschland auf *L. mariae* aufmerksam. Dabei stellte sich heraus, daß um Helgoland *L. mariae* sogar viel häufiger ist als *L. obtusata*. Ein Problem ergibt sich nun mit älteren wissenschaftlichen Untersuchungen wie denen über die Überlebensfähigkeit in Süßwasser an *L. obtusata* (s. u.): Es ist gut möglich, daß sie sich tatsächlich auf *L. mariae* beziehen oder aber daß dabei beide Arten unbemerkt miteinander vermengt wurden.
Verbreitung: Nordsee, Ostsee (hier bis in 13 m Tiefe); Nordeuropa bis ins Mittelmeer.

Literatur: BAKKER 1958, GALLARDO u. GÖTTING 1985, GOODWIN u. FISH 1977, JAECKEL 1952, NIELSEN 1980, RAFFAELI 1982, RASMUSSEN 1973, SCHLIEPER 1958, ZIEGELMEIER 1966

Littorina obtusata (Linné 1758)
Stumpfe Strandschnecke

(= Littorina littoralis [Linné 1758])

Gehäuse meist(!) nicht so flach wie das von *L. mariae*, Ansatz des Mündungsrandes an der letzten Windung daher oft(!) nicht so weit oben wie bei *L. mariae*. Mündung oben oft(!) leicht spitzwinklig, bei *L. mariae* oft fast 90 °. Wird größer als *L. mariae*. Ein sicheres Unterscheidungsmerkmal bietet die Ausprägung des Penis (s. Beschreibung von *L. mariae*).

Lebensweise: Die Stumpfe Strandschnecke *L. obtusata* lebt vorwiegend auf Knotentang (*Ascophyllum nodosum*). Pro Gelege entwickeln sich etwa 250 bis 300 Eikapseln und damit deutlich mehr als bei *L. mariae*. Die Eier werden auf Knotentang, *Fucus spiralis* sowie *F. vesiculosus* (Blasentang) abgelegt. Männchen und Weibchen sind etwa gleich groß.

Laboratiumsversuche haben ergeben, daß die Überlebensfähigkeit von *Littorina obtusata* je nach Herkunft stark schwankt: Tiere aus

Stumpfe Strandschnecke *(Littorina obtusata)*. Helgoland, nördl. Felswatt.

vollmarinem Milieu (über 30 Promille Salzgehalt) überleben etwa 1 Tag in Süßwasser, Tiere aus Gewässern mit 17 Promille Salzgehalt immerhin schon 4 Tage.

Verbreitung: Nordsee, Ostsee; Nordeuropa bis ins Mittelmeer, Nordamerika; auf Blasentang (*Fucus vesiculosus*), *Fucus spiralis* und Knotentang (*Ascophyllum nodosum*).

Literatur: BAKKER 1958, GALLARDO u. GÖTTING 1985, GOODWIN u. FISH 1977, NIELSEN 1980, RAFFAELLI 1982, SCHLIEPER 1958

Gelbschaliges Exemplar der Stumpfen Strandschnecke. Falmouth/Cornwall.

Littorina neritoides (Linné 1758)

Gehäuse bis 0,9 cm hoch, spitz-kegelförmig. Windungsseiten schwach gewölbt. Oberfläche bis auf die Anwachsstreifen glatt. Mündung breit-elliptisch, oben spitz gewinkelt. Ohne Nabel. Schale blaugrau (Abb. S–60a, S. 77).

Lebensweise: Von den Strandschnecken, die in der Deutschen Bucht vorkommen, dringt *Littorina neritoides* am Ufer am weitesten nach oben vor: Sie lebt im hohen Supralitoral. Entsprechend kann sie einem Austrocknen ebensogut widerstehen wie starken Schwankungen des Salzgehaltes, denn die Felstümpel, in denen sie zu finden ist, werden einerseits durch salziges Spritzwasser, andererseits durch Regenwasser gespeist. Wie *Littorina saxatilis* ist sie in der Lage, atmosphärischen Sauerstoff aufzunehmen. Auch die Ausscheidung ist dem Leben im trockenfallenden Bereich angepaßt: *Littorina* scheidet nicht Ammoniak wie die meisten Meerestiere aus, denn diese Substanz ist sehr giftig und müßte stark mit Wasser verdünnt werden – davon aber steht nicht immer genügend viel zur Verfügung. Sie geben daher Harnsäure als halbflüssigen Brei ab. Dabei liegt die Harnsäure-Konzentration am höchsten bei jenen Arten, die am Ufer am weitesten emporklettern: Sind es bei *Littorina littorea* nur 1,5 mg/g Trockengewicht, so sind es bei *L. obtusata* schon 2,5, bei *L. saxatilis* 5 und bei *L. neritoides* 25 mg/g Trockengewicht.

Die Eikapseln treiben frei im Wasser; auch die Larven leben planktonisch. Der Übergang zum Bodenleben erfolgt im Uferbereich; danach kriechen die Tiere weiter nach oben. Zugleich sind sie aber negativ phototaktisch – das heißt, sie streben weg vom Licht. Daher suchen sie dunkle Felsritzen usw. auf. Bei längerer Wasserbedeckung allerdings verhalten sie sich positiv phototaktisch, verlassen ihre Höhlen und kriechen weiter nach oben.

Verbreitung: Nordsee (in der Deutschen Bucht vor längerer Zeit im Helgoländer Felswatt festgestellt, Vorkommen erloschen?), Norwegen und Britische Inseln bis ins Mittelmeer.

Literatur: NIELSEN 1980, TAIT 1971, YONGE u. THOMPSON 1976, ZIEGELMEIER 1966

Turritella communis (Risso 1826) Gemeine Turmschnecke

Gehäuse bis 5 cm hoch, sehr schlank, turmförmig, mit bis zu 19 sehr allmählich an Größe zunehmenden Umgängen. Windungsseiten mit mehreren Spiralleisten und feinen Anwachsstreifen. Naht mäßig tief. Mündung fast kreisförmig. Ohne Nabel. Farbe rötlich bis braun, manchmal mit Axialstreifen.

Lebensweise: Die Turmschnecke lebt eingegraben in Schlamm, wobei sie kaum jemals ihren Standort verläßt. Ihre Mündung befindet sich direkt unter der Meeresbodenoberfläche, die Spitze des Gehäuses liegt etwas tiefer. Oft verraten nur 2 kleine Löcher im Boden die Anwesenheit der Schnecke – Ein- und Ausstromöffnung für das Wasser, mit dem Sauerstoff und Nahrungspartikel herbeigeführt werden. *Turritella communis* ist ein Strudler, und dementsprechend ist die Radula, die als Organ zum Abweiden des Untergrundes nun keine Funktion mehr hat, nur klein. Indem Falten des Fußes zu einem siphoartigen Kanal zusammengelegt werden, erreicht die Schnecke eine gebündelte Ausleitung des Wassers.

Der Deckel ist zu klein, um die Mündung zu verschließen (ein solcher Verschluß wird erst möglich, wenn sich das Tier um mehr als einen Gehäuseumgang zurückzieht). Er dient vor allem zur Regulierung des Wasserstromes, und verästelte Borsten an seinem Rand sowie Tentakeln des Mantels halten gröbere Partikel fern. Die Turmschnecke lebt oft in Symbiose mit der Seerose *Actinothoe lacerata,* die sie dann auf dem Gehäuse trägt (Abb. unten).

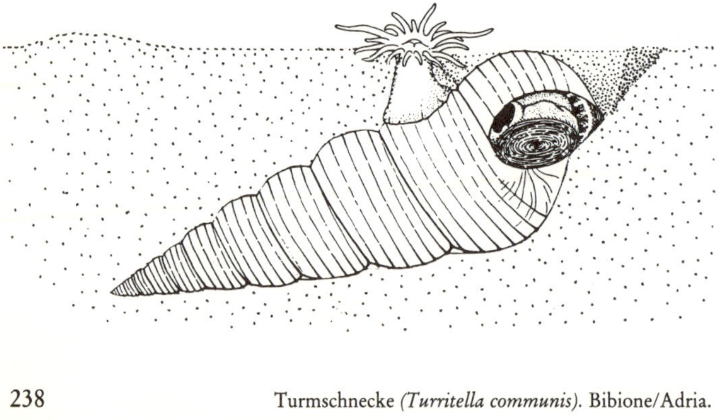

Turmschnecke *(Turritella communis)*. Bibione/Adria.

Nicht einmal zur Befruchtung verläßt *Turritella communis* ihren Standort. Die Spermien werden einfach ins Wasser abgegeben, und die Weibchen strudeln sie ein. Die Männchen besitzen daher keinen Penis. Die befruchteten Eier werden in ballonförmigen Kapseln auf dem Meeresboden abgelegt.
Verbreitung: Nordsee, europäische Atlantikküsten, Mittelmeer, in 6 bis 200 m Wassertiefe.

Literatur: ANKEL 1971, YONGE u. THOMPSON 1976

Triphora adversa (Montagu 1803)

Gehäuse bis 0,8 cm hoch, linksgewunden (!), schlank turmförmig, festschalig. Windungsseiten schwach gewölbt, mit Spiralleisten, auf denen in regelmäßigen Abständen knotenähnliche Verdickungen liegen. Über der Mündung mit 3 derartigen Spiralleisten, unter denen (neben der Mündung sichtbar) 2 weitere folgen, auf denen solche Knoten fehlen, sowie 1 schwache dritte. Anwachsstreifen sehr fein. Naht nicht tief. Mündung annähernd elliptisch, mit geschwungenem Innen- und ausgebuchtetem Basalrand. Mit kurzer Siphonalrinne. Farbe braun, abgeriebene Knoten und korrodierte Anfangswindungen rötlichgrau. Deckel elliptisch, mit einer spiralig verlaufenden Leiste, im Zentrum gelblich.
Lebensweise: *Triphora* ernährt sich von Detritus und Schwämmen. Da die Außenhaut der Schwämme mit feinen Nadeln bewehrt ist, führt die Schnecke ihren Rüssel durch eine der Ausstromöffnungen ihres Opfers ein und saugt die weichen Teile des Schwammkörpers auf. Dabei geraten nur selten Nadeln in den Verdauungstrakt.
Verbreitung: Nordsee, Ostsee (Kieler Bucht); europäische Atlantikküsten. Ab 4 m Wassertiefe.

Ähnlich, aber mit etwas längerer Siphonalrinne und sich vor Erreichen des Mündungsrandes verdoppelnden Knotenreihen: *T. pallescens* Jeffreys 1867. Verbreitung (noch ungenügend bekannt): Golf von Biskaya bis zum Kanal, eventuell auch in der Nordsee (ZIEGELMEIER 1966 bildet eine *T. pallescens* unter dem Namen *T. perversa* ab, doch ohne Fundortangabe).
Anmerkung: Die *Triphora*-Arten der Nord- und Ostsee wurden bisher unter dem Namen *Triphora perversa* (Linné 1758) geführt. Das aber ist eine auf das Mittelmeer beschränkte Art.

Literatur: FRETTER 1951, FRETTER u. GRAHAM 1962, BOUCHET u. GUILLEMOT 1978

Triphora adversa. Kieler Bucht.

Bittium reticulatum (Da Costa 1778)
Netzhörnchen, Kleine Gitterschnecke

Gehäuse bis 1,3 cm hoch, sehr schlank-kegelförmig, festschalig. Windungen sehr allmählich an Größe zunehmend. Windungsseiten leicht gewölbt, mit bis zu 6 Spiralrippen, die von axialen Rippen gekreuzt werden; dadurch entsteht die charakteristische Gitterskulptur (Name: *reticulum*, lat. = das Netz). Auf den Kreuzungspunkten mit knotigen Verdickungen. Anwachsstreifen sehr fein. Mündung fast kreisförmig, an der Basis leicht eingebuchtet. Farbe gelblich bis braun und graubraun. Deckel kreisförmig, überwiegend gelblich.

Lebensweise: Das Netzhörnchen lebt auf Seegraswiesen und auf Braunalgen (*Fucus*) und ernährt sich von Kieselalgen und Teilchen von Rotalgen. Im Winter zieht es sich in den Boden zurück.

Die Eier werden im Sommer (in Südengland schon ab Januar) in einer spiraligen Schleimschnur von rund 3 mm Durchmesser abgelegt. Ein Gelege enthält 580 bis 1000 Eier. Die Jungtiere sind nach einem Jahr zwischen 5 und 6 mm groß, nach 2 Jahren erreichen sie 8 mm. Im Anschluß an die 2. Laichperiode sterben die meisten Tiere ab; nur wenige leben ein Jahr länger.

Verbreitung: Nordsee, Ostsee (bis in die Kieler Bucht, hier in Flachwasser bis in 14 m Tiefe); europäische Atlantikküsten bis zu den Kanaren und ins Mittelmeer, Schwarzes Meer. Salzgehalt mindestens 12 Promille.

Literatur: ARNTZ et al. 1976, JAECKEL 1952, MEYER u. MÖBIUS 1872, RASMUSSEN 1973, WORTHMANN 1976

Kleine Gitterschnecke *(Bittium reticulatum)*. Fanø.

Caecum glabrum (Montagu)

Gehäuse bis 2,5 mm lang, dünnschalig, durchscheinend. Die ersten Umgänge sind spiralig gewunden und werden im Verlaufe des Lebens abgestoßen; der Endabschnitt des Gehäuses ist röhrenförmig und nur schwach gekrümmt. Oberfläche glatt. Mündung und Deckel kreisförmig.

Lebensweise: *Caecum glabrum* ist eine unserer kleinsten und zugleich mobilsten Schnecken. Es ist ein spezialisierter Kieselalgenfresser, der seine Nahrung von den Sandkörnchen abweidet, zwischen denen er lebt. Dazu dienen ihm besonders langhebelige Radula-Zähnchen. Der Körper ist pigmentarm – fast glasig –, so daß man mit einer Lupe die inneren Organe gut erkennen kann.

Während seines Wachstums rückt das Tier wiederholt aus dem engen Hinterabschnitt des Gehäuses nach vorn, so daß jener Bereich frei wird. Hinter dem Körper wird dann im Inneren des Gehäuses eine Querwand – ein Septum – abgeschieden, und der leere Gehäuseabschnitt wird abgestoßen. Damit wird das Septum zu einem Deckelchen, das das Gehäuse hinten abschließt.

Caecum glabrum ist getrenntgeschlechtlich. Bei den Männchen ist dem Spindelmuskel, der vom Fuß zur Unterseite des Gehäuses zieht, ein winziger Penis angegliedert. Er ragt in den Mantelraum und wandert bei den Bewegungen des Muskels immer etwas vor und zurück. Im August werden kugelige Gelege von 0,15 mm Durchmesser abgelegt. Sie enthalten je nur 1 Ei. Die Larve schwimmt nach dem Schlüpfen eine Zeitlang frei im Wasser umher.

Wegen seiner eigentümlichen Gehäusegestalt wurde *Caecum* von dem Weichtierkundler MONTAGU als Vertreter der Gattung *Dentalium* und für einen Vertreter der Grabfüßer (Scaphopoden) gehalten.

Verbreitung: Nordsee (in der Deutschen Bucht bei Helgoland); europäische Atlantikküsten bis ins Mittelmeer, nordamerikanische Ostküste, in 20 bis 150 m Tiefe.

Literatur: ANKEL 1938, FRETTER u. GRAHAM 1978, GÖTZE 1938, ZIEGELMEIER 1966

Caecum glabrum. Strandby, Nordjütland.

Epitonium (Clathrus) clathrus (Linné 1758)
Gemeine Wendeltreppe, Unechte Wendeltreppe

(= **Scalaria communis Lamarck 1722 = Scala clathrus** [Linné])

Gehäuse bis 4 cm hoch, festschalig, turmförmig gewunden. Windungsseiten stark gewölbt, mit kräftigen Axialrippen. Naht tief. Mündung annähernd kreisförmig. Ohne Nabel. Schale fleischfarben mit braunen Binden.
Lebensweise: Wie alle Arten der Gattung *Epitonium* lebt die Gemeine Wendeltreppe räuberisch. Dabei wühlt sie bis zu 5 cm tief im Boden. Sie wird von manchen Plattfischen in größerer Zahl gefressen. Der deutsche Name „Wendeltreppe" wurde übrigens ins Englische übernommen – freilich nicht ganz unbeschadet: Er erscheint dort als „wentletrap".
Verbreitung: Nordsee; europäische Atlantikküsten bis zu den Kanaren und ins Mittelmeer, in 15 bis 70 m Wassertiefe.

Literatur: NORDSIECK 1968, SCHÄFER 1962, ZIEGELMEIER 1966

Epitonium (Hyaloscala) clathratulum (Adams)

Gehäuse nur bis 1,8 cm hoch, ziemlich dünnschalig. Axialrippen sehr schmal. Schale glänzend weiß. Ansonsten ähnlich *E. clathrus* (s. Abb. S–67).
Verbreitung: Nordsee (in der Deutschen Bucht nur bei Helgoland gefunden, nach ZIEGELMEIER 1966 aber zumindest seit 1938 kein Lebendfund); europäische Atlantikküsten bis ins Mittelmeer, in 7 bis 130 m Wassertiefe.

Literatur: NORDSIECK 1968, ZIEGELMEIER 1966

Gemeine Wendeltreppe *(Epitonium clathrus)*. Bibione/Adria.

Epitonium (Clathrus) turtonae (Turton)
Feinrippige Wendeltreppe

(= Epitonium turtonis = Scala turtonae)

Gehäuse ähnlich dem von *E. clathrus*, aber mit weniger stark vorspringenden und etwas zahlreicheren Axialrippen. Naht flacher als bei *E. clathrus*. Schale bräunlichgelb mit 3 braunen Binden.
Verbreitung: Nordsee; europäische Atlantikküsten bis zur Biskaya.

Epitonium turtonae. Helgoland.

Eulima polita (Linné 1758)

(= **Eulima alba** [da Costa])

Gehäuse bis 1,8 cm hoch, festschalig, spitz turmförmig bzw. tropfenförmig, mit bis zu 18 Umgängen. Windungsseiten kaum gewölbt, glatt. Naht kaum eingesenkt. Mündung schlank-elliptisch, oben spitz gewinkelt. Ohne Nabel, Schale weiß, glänzend.
Lebensweise: *E. polita* lebt parasitisch an Seeigeln. Sie besitzt keine Radula; dieses Organ ist im Laufe der Stammesgeschichte rückgebildet worden.
Verbreitung: Nordsee (in der Deutschen Bucht vereinzelt leere Gehäuse bei Helgoland gefunden); Norwegen bis ins Mittelmeer, in 10 bis 135 m Wassertiefe.

Literatur: GÖTTING 1974, ZIEGELMEIER 1966

Eulima polita. Bergen, Norwegen.

Lunatia alderi (Forbes)
Glänzende Nabelschnecke

(= Lunatia nitida [Donovan] **= L. pulchella** [Risso] **= L. poliana** [Chiaje] **= L. intermedia** [Philippi] **= Natica alderi)**

Gehäuse bis 1,8 cm hoch, festschalig, kugelig, mit wenig erhabenem Gewinde. Seiten der ersten Umgänge nur schwach gewölbt. Endwindung nicht so stark aufgebläht wie bei der nachstehend beschriebenen *L. catena*. Mündung halbkreisförmig. Nabel eng. Schale hell gelblich, mit dunklen gewinkelten bis kreisförmigen Flecken, die in bis zu 5 Spiralreihen angeordnet sind.

Lebensweise: Die Glänzende Nabelschnecke ist ein echter Jäger. Im Sande lebend, greift sie Muscheln und andere Schnecken an und verzehrt sie. Dank ihres schwellbaren Fußes ist sie bestens zum Graben befähigt. Ist ein Beutetier aufgespürt, wird es mit dem Fuß festgehalten und gedreht, wobei es mit einem Schleimband gefesselt werden kann. Dadurch sollen Fluchtreaktionen unterbunden werden, denn um an die Weichteile heranzukommen, ist äußerste Ruhe vonnöten: Die Opfer werden angebohrt, und wenn sie sich bewegen könnten, müßte die Nabelschnecke mit ihrer mühsamen Arbeit immer wieder von vorn beginnen.

Gebohrt wird mit der Radula. Der erste Raspelvorgang aus 18 bis 20 Schabebewegungen wird durch eine Pause von 2 bis 3 Minuten beendet. Zu dieser Zeit sind auf dem Gehäuse des Opfers erst einige Kratzer sichtbar. Die Pausen nach den späteren Bohrphasen sind in der Regel etwa 2 Minuten länger. Um die 0,1 mm dicke Schale der Tellmuschel *Tellina fabula* zu durchbohren, braucht *Lunatia alderi* rund 4 Stunden. Ist das Bohrloch fertig – es ist stets kreisrund –, sind die Zähne der Radula deutlich abgenutzt. Eine chemische Anätzung der Schale findet nicht statt.

Zur Nahrungsaufnahme wird der Mundbereich rüsselartig vorgestülpt und durch das Bohrloch bis zu 1 cm tief in das Opfer eingeführt. Dann wird der Weichkörper ausgefressen. Das dauert bei einem Beutetier mit demselben Gewicht wie dem der Nabelschnecke ungefähr 2½ Tage. Auf die Schalendicke nimmt *Lunatia alderi* bei der Wahl ihrer Opfer keine Rücksicht, doch werden Arten mit starken Skulpturen seltener angebohrt bzw. ganz verschmäht. Das liegt daran, daß *Lunatia* hier ihre Radula nicht fest genug an die Gehäuseoberfläche pressen kann.

Glänzende Nabelschnecke *(Lunatia alderi)*. Helgoland.

Bohrungen der Nabelschnecke in Klappen der Baltischen Tellmuschel. Skallingen/Dänemark.

Die Glänzende Nabelschnecke ist besonders in guten Muscheljahren häufig – also dann, wenn sie selbst reichlich zu fressen findet. Stellenweise soll sie mit bis zu 50 Individuen pro Quadratmeter vorkommen. Selbst fällt sie Plattfischen zum Opfer, und der Magen des Seesterns *Astropecten irregularis* ist oft prall mit den Gehäusen von *Lunatia alderi* gefüllt. Ihre Eier legt die Glänzende Nabelschnecke in einem ringförmigen Gallerteband von etwa 2,5 cm Durchmesser auf dem Meeresboden ab.
Verbreitung: Nordsee; europäische Atlantikküsten bis ins Mittelmeer, vom Flachwasserbereich bis in über 2000 m Tiefe.

Literatur: RICHTER 1962, SCHÄFER 1962, ZIEGELMEIER 1954, 1966

Lunatia catena (Da Costa 1778)
Halsbandnabelschnecke, Große Nabelschnecke

(= Lunatia monilifera [Lamarck] = Natica catena)

Gehäuse bis über 3 cm hoch, festschalig, kugelig, mit geringfügig erhabenem Gewinde. Seiten der Anfangswindungen deutlich gewölbt. Endwindung stark aufgebläht. Oberfläche glatt. Mündung halbkreisförmig. Mit Nabel. Schale gelblich, unter der Naht – vor allem auf der letzten Windung – mit einer Reihe länglicher, schrägstehender dunkler Flecke.
Lebensweise: Die Halsbandnabelschnecke ernährt sich wie die Glänzende Nabelschnecke räuberisch und bohrt die Gehäuse anderer Weichtiere an. Raffiniert ist die Art und Weise, wie sich *Lunatia catena* vor Seesternen schützt. Normalerweise kann ein Seestern jede Schnecke mit Hilfe seiner Saugfüße an der Flucht hindern. *Lunatia catena* aber schiebt, sobald sie von einem Seestern berührt wird, von hinten eine Hautfalte wie eine Kapuze über das Gehäuse. Auf dieser schleimigen Hülle finden die Füße des Seesterns keinen Halt, und *Lunatia catena* kann so ihrem Feind seelenruhig davonwandern. Wie wichtig das ist, ersieht man aus der Beliebtheit der Glänzenden Nabelschnecke bei Seesternen.
Die Eier werden in ringförmigen Laichbändern von 6 bis 7 cm Durchmesser auf dem Meeresboden abgelegt. Um dem Laichband eine höhere Festigkeit zu verleihen, baut die Schnecke Sandkörnchen in die Gallerte ein.

Große Nabelschnecke *(Lunatia catena)*. Fanø.

Bulbus islandicus. Großer Belt.

Verbreitung: Nordsee; Großbritannien bis ins Mittelmeer, auf Sand und Schlick vom Flachwasserbereich bis in 215 m Tiefe.

Ähnlich, aber ohne Flecke und nur bis 1,4 cm hoch: *L. montagui* Forbes (nördliche und mittlere Nordsee, nicht in der Deutschen Bucht; Nordeuropa bis ins Mittelmeer).

Literatur: NORDSIECK 1968, THORSON 1972

Bulbus (Amauropsis) islandicus (Gmelin)

Gehäuse bis 4 cm hoch, dünnschalig, breit-kegelförmig, mit mäßig stark erhabenem Gewinde. Umgänge deutlich voneinander abgesetzt. Oberfläche bis auf die Anwachsstreifen glatt. Mündung groß, elliptisch; der Innenrand bedeckt die Nabelregion (der Nabel erscheint daher als schmaler Ritz). Schale kalkweiß mit gelblichem Periostrakum.
Lebensweise: *Bulbus islandicus* ist wie *Lunatia* ein Fleischfresser, der Muscheln und Schnecken anfällt. Es handelt sich um eine nordische Art, die in der Arktis zirkumpolar verbreitet ist und nach Süden bis in die Nord- und Ostsee vordringt. Wie bei vielen nordischen Formen ist bei *Bulbus islandicus* das freischwimmende Larvenstadium unterdrückt.
Verbreitung: Nordsee, westliche Ostsee (bis in die Kieler Bucht, hier in 15 bis 20 m Tiefe); arktische Meere in schlickigem Sand bis in mehr als 1200 m Wassertiefe.

Literatur: ARNTZ et al. 1976, JAECKEL 1952, NORDSIECK 1968

Velutina velutina (Müller)

Gehäuse bis 2,6 cm breit, nicht sehr fest, mit höchstens 3½ rasch an Umfang zunehmenden Windungen. Die ersten Umgänge werden von der Endwindung fast vollkommen umhüllt. Naht tief. Mündung breit elliptisch, sehr groß, Innen- und Außenrand gehen ohne Winkel ineinander über. Periostrakum dick, spiral gestreift und faserig.
Lebensweise: *Velutina velutina* frißt Seescheiden (Manteltiere; zum Beispiel die Arten *Dendrodoa grossularia*, *Phallusia virginea* und *Styela coriacea*). Ihr Verhalten gegenüber einer von ihnen – *Styela* –

ist genauer bekannt: Mit Hilfe des Witterungsvermögens macht *Velutina* die Seescheide aus – und die sitzt völlig wehrlos da, handelt es sich doch um Tiere, die auf dem Meeresboden festgewachsen sind und kein schützendes Gehäuse besitzen. *Velutina* preßt sich dann an ihr Opfer und bohrt ein Loch von etwa 1,5 mm Durchmesser in die Außenwand. Durch dieses Loch wird der Mundbereich eingeführt und der Körper mit der Radula ausgeschabt. Zum Verzehren eines Exemplares von *Styela* braucht *Velutina* etwa 2 Tage. Auch zur Fortpflanzung ist *Velutina velutina* auf Seescheiden angewiesen. Auf ihnen legt sie ihren Laich ab. Das Gelege wird nach und nach vom Mantel der *Styela* überwachsen. Dadurch entsteht ein Brutraum, in dem sich die Embryonen zu Veliger-Larven entwickeln. Die schwimmen nach dem Schlüpfen wochenlang in dem Brutraum umher, bis sich in ihm ein Fenster öffnet und sie ins Meerwasser ausschwärmen.
Bei Beunruhigung preßt sich *Velutina* dicht an den Untergrund, denn fällt sie auf den Rücken, kann sie mit dem Fuß den Boden kaum mehr erreichen und ist Feinden schutzlos ausgeliefert. Vorsichtshalber hebt sie auch beim Kriechen ihr Gehäuse nur wenig an. Daß das aber nicht immer ausreicht, zeigen ihre bisweilen in Dorschmägen gefundenen Reste.
Verbreitung: Nordsee, westliche Ostsee; Nordatlantik bis zum Mittelmeer, vom Flachwasserbereich bis in mehr als 90 m Tiefe.

Literatur: DIEHL 1956, JAECKEL 1952, NORDSIECK 1968

Velutina velutina, von oben, r. Mündungsansicht. Ostsee.

Lamellaria perspicua (Linné 1758)

Gehäuse bis 1,8 cm breit, dünnschalig, sehr breit-kegelförmig, mit höchstens 3 Umgängen. Mündung sehr weit, elliptisch. Ohne Nabel. Oberfläche fast glatt. Schale durchscheinend, Periostrakum dünn (Abb. S–59, s. S. 76).
Lebensweise: *Lamellaria* lebt wie *Velutina* oft auf Seescheiden.
Verbreitung: Nordsee (in der Deutschen Bucht bei Helgoland an Steinen, nicht häufig); Nordatlantik, Mittelmeer, vom Gezeitenbereich bis in 685 m Wassertiefe.

Trivia europaea (Montagu 1808)
Gerippte Kaurischnecke

Gehäuse bis 1,7 cm hoch, oval. Die Endwindung umschließt die vorangehenden Umgänge. Mündung schlitzförmig, fast so hoch wie das Gehäuse, mit gezähneltem Rand. Oberfläche mit starken Spiralrippen. Schale fleischfarben.
Lebensweise: *Trivia europaea* ist die einzige Kaurischnecke, die in deutschen Gewässern vorkommt. Sie ernährt sich räuberisch von Hohltieren.
Verbreitung: Mittlere und nördliche Nordsee (bei Helgoland gelegentlich leere Gehäuse); Schottland bis ins Mittelmeer.

Ähnlich: *Trivia monacha* (Da Costa 1778), oft – nicht immer – mit 4 schwarzen Flecken auf dem letzten Umgang. Sicher nur anatomisch zu unterscheiden. Nicht in der Deutschen Bucht.

Trivia europaea. Bénodet bei Quimper, Bretagne.

Crepidula fornicata (Linné 1758) **Pantoffelschnecke**

Gehäuse bis 5 cm lang, festschalig, mit 1½ schnell an Umfang gewinnenden Umgängen. Mündung sehr groß, etwa zur Hälfte durch eine Wand (Septum) verschlossen. Oberfläche fast glatt. Schale hell grauviolett mit rötlichbraunen Flecken oder Linien. Die Gehäuseform erinnert meist an eine halbe Walnußschale.

Lebensweise: Die Pantoffelschnecke ist nach der Amerikanischen Bohrmuschel, der Scheidenmuschel *Ensis directus*, der Sandklaffmuschel und der nur kurz erwähnten Kleinschnecke *Potamopyrgus* der fünfte Vertreter der Muscheln und Schnecken, der an den deutschen Küsten eigentlich nicht heimisch ist. Von diesen hat sie die eigentümlichste Lebensweise. Sie lebt festgeheftet auf allen möglichen harten Substraten wie Steinen und Muschelklappen, besonders auf Austern. Nur die Jungtiere kriechen lebhaft umher. Später wandelt sich ihr Kriechfuß in einen Haftfuß um, der zwischen dem Septum in der Mündung und dem Untergrund liegt. Das Septum dient der Anheftung der Fußmuskulatur. Durch Verkürzen dieser Muskeln kann die Pantoffelschnecke ihr Gehäuse dicht an die Unterlage pressen.

Da sich die Pantoffelschnecke mit Hilfe ihrer Kiemen von herbeigestrudelten Partikeln – vor allem von Kieselalgen – ernährt, steht sie mit der Auster in Nahrungskonkurrenz. Bei den Austernzüchtern ist die Pantoffelschnecke daher nicht sonderlich beliebt, zumal sie wesentlich intensiver filtert. Wenn sie in großen Mengen auftritt, können sich die Austern nur schlecht entwickeln. Sie wird daher als „Austernpest" verfolgt. Die Radula benutzt die Pantoffelschnecke zur Nahrungsaufnahme nicht mehr. Damit reinigt sie nur noch ihren Gehäuserand, und wenn sich einmal ein anderes Tier unter ihr Gehäuse verirrt hat, beißt sie mit ihr nach dem Eindringling.

Zwischen März und Oktober laichen die Weibchen – bei guter Ernährung mehrmals. Dabei werden 2–4 mm große Eikapseln mit 200 bis 400 Eiern gebildet. Erwachsene Weibchen erzeugen Gelege aus rund 60 bis 80 Eikapseln mit insgesamt 10000 bis 30000 Eiern. Das Gelege liegt geschützt unter dem Gehäuse. Wenn die Jungen nach 3 bis 4 Wochen schlüpfreif sind, hebt und senkt das Muttertier ihr Gehäuse ruckartig, und die Larven werden ins freie Wasser entlassen. Zunächst hängen sie noch durch eine schleimige Masse zusammen, doch die löst sich im Meerwasser schnell auf. Zum Schluß reißt das Muttertier das leere Gelege mit der Radula vom Untergrund und stößt es ebenfalls aus.

Das Gehäuse der Larven ist bis 0,36 mm groß und kann seinen Besitzer bereits vollständig aufnehmen. Beim Schwimmen hängt es nach unten herab. Oben befindet sich ausgebreitet ein zweilappiges, wimperntragendes Schwimmorgan, das gleichzeitig für die Nahrungsbeschaffung sorgt: das Velum. Je nach Wassertemperatur schwimmen diese velumtragenden Larven (Veliger) 10 bis 20 Tage im Wasser herum – sie leben planktonisch. Das ist die gefährlichste Zeit ihres Lebens, denn überall lauern Muscheln, Schnecken und andere Tiere, die sie einstrudeln und verdauen könnten. Die Larven selbst ernähren sich von noch wesentlich kleineren Organismen, die von den Wimpern des Velums zur Mundöffnung transportiert werden, vor allem von Grünalgen und Flagellaten bis zu einer Größe von 0,005 mm.

Der Übergang zum Bodenleben vollzieht sich innerhalb von ½ bis 1 Stunde. Die Larven besaßen einen Deckel (Operculum), den die erwachsene Pantoffelschnecke nicht braucht, weil sie ihre Mündung an den Untergrund preßt. Er wird jetzt abgeworfen. Ihm folgt –

Pantoffelschnecken *(Crepidula fornicata)*. Fanø.

Pantoffelschnecken. Links: Flache Form (Børsmosestrand/Dänemark), rechts: Normalform (Sylt).

fetzenweise – das Velum. Die Wimpern schlagen noch weiter, bevor die Velumteile ganz zerfallen. Oft strudeln die Jungen solche Stücke ein und verdauen sie. Bis auf die Tatsache, daß sie noch sehr beweglich sind, ähneln die kleinen Pantoffelschnecken jetzt den Erwachsenen – bei einer Größe um 2 mm.

Da die erwachsenen Pantoffelschnecken fast unbeweglich festsitzen und sich die Partner zur Befruchtung nicht aktiv aufsuchen, mußte ein neuer Weg gefunden werden, um die Fortpflanzung zu garantieren. Die Lösung: Die Männchen sitzen gleich dort, wo sie ein Weibchen finden, und zwar zeitlebens. Und sie setzen sich nicht nur in deren unmittelbare Nähe, sondern oben auf ihr Gehäuse. Dabei werden ganze Pantoffelschnecken-Ketten aus bis zu 12 Tieren gebildet. Da sie sich stets auf der rechten Gehäuseseite festsetzen, drehen sich die Ketten immer nach rechts. Die unteren (und größten) Individuen sind Weibchen, die oberen, jüngeren, Männchen. Die oberen sind aber nicht endgültig zu einem Dasein als Männchen verurteilt, denn im Laufe ihres Lebens wandeln sie sich in Weibchen um. Einige Tiere aus der Mitte einer solchen Kette können sich gerade in der Umwandlungsphase befinden. Sie sind dann am Fortpflanzungsgeschehen vorübergehend nicht beteiligt. Für diese spezielle Form des Zwittertums existiert der hübsche Fachausdruck protandrischer Hermaphroditismus. Das Geschlechtsorgen ist zuerst Hoden, später Ovar. Während der Übergangszeit kann es sich in einem zwittrigen Zustand befinden. Die männliche Phase ist aber nicht obligatorisch – sie kann auch überschlagen werden. Die Geschlechtsreife tritt nach etwas mehr als 1 Jahr bei einer Größe von 1,5 bis 2 cm ein.

In Abhängigkeit vom Untergrund kann die „Normalgestalt" des Gehäuses stark abgewandelt werden. Wenn sich die Pantoffelschnecke in einer Hohlform – zum Beispiel dem Innern einer Muschelklappe – festsetzt, können flache Gehäuse entstehen. Das Septum ragt dann nach unten vor, denn über ihm muß ja der Eingeweidesack der Schnecke Platz finden.

Die Pantoffelschnecke ist von der Ostküste Nordamerikas nach Europa gelangt. Um 1880 wurde sie mit importierten Austern nach England verschleppt. Von dort aus breitete sie sich weiter aus: 1911 tauchte sie vor Belgien auf, 1929 vor Holland, 1934 im Limfjord und auf den Austernbänken von List auf Sylt. Nach Nordfriesland war sie mit holländischen Saataustern verschleppt worden. Ostfriesland blieb von der „Austernpest" zunächst verschont – bis 1936 Saataustern im Hafen von Norderney kontrolliert wurden. Dabei fand eine Begleitperson eine Kette von *Crepidula* und warf sie versehentlich über Bord. Wenige Jahre später war die Pantoffelschnecke auch auf ostfriesischen Muschelbänken verbreitet.

Verbreitung: Nordsee; Europa, Ostküste Nordamerikas.

Literatur: FALKNER 1973, HEIDRICH 1973, KAESTNER 1960, KILIAS 1971, WERNER 1948, 1955

Aporrhais pespelecani (Linné 1758) **Pelikanfuß**

Gehäuse bis 5 cm hoch, sehr festschalig, turmförmig. Oberfläche mit wulstigen Axialrippen, die sich auf der Endwindung in spirale Knotenreihen auflösen, sowie mit feinen Spiralleisten. Mündung junger Tiere schmal, mit dünnem Außenrand und kurzem Siphonalkanal an der Basis. Mündung erwachsener Tiere am Außenrand mit mehreren spitzen Fortsätzen, deren Form und Anzahl sehr variiert. Der obere Fortsatz wird an das Gewinde angeheftet. Mündungsbasis mit wohlentwickelter Siphonalrinne.

Pelikanfuß *(Aporrhais pespelecani)*. Fanø.

Lebensweise: Der Pelikanfuß – die Fortsätze am Außenrand der Mündung haben zu diesem Namen verleitet – ernährt sich von Kieselalgen und Detritus. Er lebt eingegraben im Boden, vorn und hinten durch je einen schleimverfestigten „Schornstein" mit der Oberfläche verbunden. Durch diese Kanäle wird Wasser ein- und ausgeleitet. In dieser Stellung verharrt die Schnecke mehrere Tage. Mit Hilfe des Rüssels und der mit ihm vorgestreckten Radula nimmt sie aus ihrer Umgebung Nahrung auf. Wenn diese Quelle versiegt ist, sucht sich das Tier in der Nähe einen neuen Standort. – Die erwachsenen Pelikanfüße bewegen sich geradezu schreitend fort. Wenn sie mit dem Mündungsrand auf dem Boden liegen, verbleibt unter der Mündung eine Höhle, in der der Fuß weit nach vorn gestreckt und auf den Boden gestemmt wird. Dann hebt er das Gehäuse an und kann es nach vorn schleudern. Nach dem Absetzen des Gehäuses wird dieser Vorgang wiederholt. – Die Eier sind von einer dicken gelblichen Membran umgeben und werden einzeln oder in kleinen Gruppen auf dem Schlick abgelegt.
Verbreitung: Nordsee, westliche Ostsee; Nord-Norwegen bis ins Mittelmeer in 9 bis über 130 m Wassertiefe.

Literatur: FRETTER u. GRAHAM 1962, HAEFELFINGER 1968, NORDSIECK 1968, SCHÄFER 1962, YONGE u. THOMPSON 1976

Unterschiedliche Ausbildung der Fortsätze des Mündungsrandes beim Pelikanfuß.

Nucella lapillus (Linné 1758)
Nordische Purpurschnecke

(= Purpura lapillus = Thais lapillus)

Gehäuse bis 6 cm hoch, dickschalig, kegelförmig. Windungsseiten schwach gewölbt, mit mehreren kräftigen Spiralkielen und deutlichen Anwachsstreifen. Mündung groß, halbkreisförmig, unten mit kurzer Siphonalrinne; Außenrand auf der Innsenseite gezähnelt. Farbe weiß oder braun mit 2 weißen Spiralbinden.

Lebensweise: Die Nordische Purpurschnecke ernährt sich räuberisch. Die Jungen, die als fertig entwickelte Miniaturausgaben der Erwachsenen schlüpfen, fallen manchmal sofort übereinander her; ansonsten fressen sie nicht selten die kleinen Röhrenwürmer der Gattung *Spirorbis*. Ausgewachsene Tiere bohren mit Hilfe ihrer Radula Seepocken und Miesmuscheln an und fressen sie aus. Sie benötigen rund 7 Stunden, um die 0,1 mm dicke Schale einer Miesmuschel zu öffnen. In Frankreich ernährte sich eine Population von *Nucella lapillus* so lange ausschließlich von Seepocken, bis diese

Nordische Purpurschnecke *(Nucella lapillus)*. Helgoland.

nahezu weggefressen waren. Danach stellten sich die Schnecken auf Miesmuschelkost um, und nun konnte sich der Bestand an Seepocken erholen.

Nucella lapillus lebt in der Brandungszone. In ihrem dickwandigen Gehäuse ist sie hier, wo die Wasserbewegung am stärksten ist, ausgezeichnet geschützt. Sie bewegt sich nur langsam fort und überquert keine Sand- oder Schlammflächen, sondern bleibt auf felsigem Grund. Die Befruchtung erfolgt im Körper, die Eier werden dann in getreidekorngroßen Behältern auf dem Felsboden befestigt. Diese Kapseln sind zunächst gelblich; bevor die bis zu 20 Jungen schlüpfen aber färben sie sich purpurrot. Die Jungen leben von Anfang an auf demselben Felsen wie die Eltern. Daher bildet *Nucella lapillus* viele kleine Populationen, zwischen denen kaum Genaustausch herrscht. Diese Populationen entwickeln sich in Abhängigkeit von ihrer speziellen Umgebung – vor allem der Wasserbewegung, aber auch dem Vorkommen von Freßfeinden wie Krebsen – eigenständig, und das führt zu einer beträchtlichen, genetisch bedingten Variabilität, die sich vor allem in der örtlich sehr unterschiedlichen Form des Gehäuses äußert.

Mit dem Sekret der Hypobranchialdrüse, die in der Wand der Mantelhöhle liegt, läßt sich ein roter Farbstoff herstellen. Darauf zielt der deutsche Name für diese Schnecke ab. Das Sekret, das eine Bromverbindung enthält und Purpurin genannt wird, dient der Schnecke möglicherweise zur Betäubung ihrer Opfer. Verwandte der Nordischen Purpurschnecke – vor allem die Art *Murex trunculus* – wurden im Altertum zu Milliarden für die Purpurgewinnung verkocht.

Verbreitung: Nordsee (in der Deutschen Bucht um Helgoland); Norwegen bis Nordafrika, nordamerikanische Ostküste.

Literatur: ANKEL 1938, CROTHERS 1982, 1983, FRETTER u. GRAHAM 1962, JAECKEL 1960, THORSON 1972, YONGE 1976

Trophonopsis truncatus (Ström)

Gehäuse bis 1,8 cm hoch, spindelförmig, mit maximal 7 Umgängen. Windungsseiten mäßig stark gewölbt. Jeder Umgang mit ca. 20 niedrigen und schmalen Axialrippen. Mündung elliptisch, mit mäßig langem Siphonalkanal. Schale gelblichweiß bis fleischfarben.
Lebensweise: Wie alle Arten der Muricidae, zu denen auch die vorstehend beschriebene Nordische Purpurschnecke gehört, ist *Trophonopsis truncatus* ein Fleischfresser. Im Entwicklungsgang dieser Schnecke tritt kein pelagisches Larvenstadium auf.
Verbreitung: Westliche Ostsee bis in die Kieler Bucht (selten, in 15 bis 28 m Tiefe auf Feinsand bis schlickigem Sand); nördlicher Atlantik bis zur Biskaya, in 4 bis 140 m Tiefe.

Ähnlich, aber mit deutlichen Spiralleisten und längerem Siphonalkanal, Außenrand der Mündung wellig: *Trophonopsis muricatus* (Montagu) (Abb. S–51 b, mittlere und nördliche Nordsee, europäischer Atlantik bis ins Mittelmeer, in 15 bis 270 m Tiefe).

Literatur: ARNTZ et al. 1976, NORDSIECK 1968

Trophonopsis truncatus. Kieler Bucht. Belegstück zu Arntz u. a. 1976.

Buccinum undatum (Linné 1758)
Wellhornschnecke, Kinkhorn

Gehäuse bis 11 cm hoch, festschalig, kegelförmig. Windungsseiten deutlich gewölbt. Naht scharf. Oberfläche meist mit bogigen Axialrippen (Name: *unda*, lat. = die Welle) sowie mit stärkeren und feineren Spiralrippen. Mündung halbkreisförmig, mit scharfem Außenrand, unten mit kurzem Siphonalkanal. Der Innenrand bekleidet die Spindel als dünne, glänzende Schicht. Ohne Nabel. Deckel elliptisch, gelblichbraun oder grünlichbraun.

Lebensweise: Die Wellhornschnecke spielt als Aasfresser eine wichtige Rolle – sie gilt als „Straßenkehrer des Meeres". Mit ihrer Radula kann sie aus dem Aas große Fleischstücke losreißen – unter Umständen verschlingt sie Brocken von Haselnußgröße. Die Hauptnahrung aber besteht aus Muscheln. Indem sie beim Kriechen ihren langen Sipho pendelnd hin- und herbewegt und das eingesogene Wasser mit dem Osphradium prüft, versucht die Schnecke, ihre Beute witternd aufzuspüren. Die Beweglichkeit des Siphos wird dadurch erhöht, daß das Gehäuse samt Siphonalrinne nach allen Seiten geschwenkt werden kann. Beim Kriechen wird ein breiter Schleimstrom abgesondert, auf dem sich die Schnecke bewegen kann, ohne in weicherem Boden zu versinken. Sie legt etwa 14 cm pro Minute zurück.

Hat eine Wellhornschnecke ein Beutetier aufgespürt und erreicht, wird es mit Fühlern, Vorderfuß und Rüssel näher untersucht. Muscheln halten in dieser Phase ihr Gehäuse fest verschlossen. Darauf ist die Wellhornschnecke eingestellt; sie wartet ruhig ab, bis sich die Klappen nach einer Weile wieder etwas öffnen – und dann stößt sie den Außenrand ihrer Mündung in den Spalt (oft so tief, daß die Schließmuskeln der Muschel durchschnitten werden und ein erneutes Schließen des Gehäuses nicht mehr möglich ist). Bei größeren Muscheln kann es vorkommen, daß sie ihre Klappen sehr kraftvoll wieder zusammenziehen und den Mündungsrand der Wellhornschnecke zerbrechen. Normalerweise aber kann der Angreifer jetzt mit seinem Mahl beginnen. Eine Wellhornschnecke von 5 cm Länge leert eine 3 cm große Herzmuschel in 10 bis 20 Minuten. Werden größere Mengen Nahrung aufgenommen, dehnt sich der Magen von 2 cm Länge bis auf 6 cm aus.

Nach 2 bis 3 Tagen werden die Verdauungsrückstände ausgeschieden. Kurz zuvor werden aus einer Drüse im Dach der Mantelhöhle

Wellhornschnecken *(Buccinum undatum)*. Westküste von Sylt.

Laichballen der Wellhornschnecke. St. Peter-Ording.

Ströme von Schleim auf die darunterliegenden Körperpartien abgesondert, und auf ihm gleitet der Kot an der rechten Körperseite hinab.
Die hornigen Eikapseln der Wellhornschnecke sind im Spülsaum der Nordsee leicht zu finden. Sie werden vom Weibchen auf feste Unterlagen wie Steine oder Muschelklappen gekittet. Da die laichende Schnecke in engen Spiralen umherkriecht, werden die bis 1 cm großen Kapseln zu großen Laichballen zusammengefügt. In jeder Kapsel befinden sich bis über 1000 Eier. Befruchtet aber sind nur etwa 10; der Rest dient den schlüpfenden Jungen als Nahrung. Ein Larvenstadium, in dem die Jungen frei im Wasser umherschwimmen, gibt es nicht: Die Kapseln werden erst verlassen, wenn sich die Nachkömmlinge zu fertigen kleinen Wellhornschnecken entwickelt haben. Die leeren Eikapseln werden oft von der Wasserbewegung losgerissen und an den Strand gespült. Sie waren früher als „Seeseifenkugeln" bekannt, denn die Fischer benutzten sie zum Reinigen der Hände. Einen anderen Nutzen haben englische Fischerjungen erkannt: Zerrieben ergeben die Eiballen ein stark brennendes Juckpulver.
Lebende Wellhornschnecken, die oberhalb der Niedrigwasserlinie angetroffen werden, sind geschwächte oder von der Brandung ausgeworfene Tiere. An ihnen kann man den schönen, weißlichgrauen Körper mit seinen schwarzen Tupfern bewundern. Normalerweise lebt die Art in etwas tieferen Bereichen. Die größten Exemplare finden sich auf Hartböden wie z. B. bei Helgoland. Im Wattenmeer sind die Wellhornschnecken mittelgroß, am kleinsten und zugleich am dünnschaligsten sind sie in tiefem, ruhigem Wasser. *Buccinum undatum* ist ein wertvoller Nahrungsbestandteil des Dorsches (er beißt den kriechenden Schnecken oft den Fuß ab). Die Wellhornschnecke läßt sich daher gut als Köder verwenden. Diese Bedeutung wird aus den Folgen des „Ködergesetzes" ersichtlich, das 1886 vom Parlament Neufundlands beschlossen wurde. Es sollte die französischen Fischer als Konkurrenten ausschalten, indem man ihnen den Ankauf von Köderfisch erschwerte. Die aber wichen daraufhin auf die Wellhornschnecke aus. Umgekehrt machen sich Wellhornschnecken dadurch unbeliebt, daß sie die Köder aus den Hummerkörben fressen. Man könnte nun natürlich statt der Hummer die Wellhornschnecken auf den Tisch bringen – „whelks", ohne Gehäuse, kosten in London zur Zeit 1.20 Pfund Sterling pro pint (ca. 0,5 l) – aber das ist natürlich nicht der Sinn der Sache, und in

deutschen Landen ist es auch nicht üblich, Wellhornschnecken zu essen.
Nach dem Tode erfüllen Wellhornschneckengehäuse oft noch einmal einen Zweck als schützendes Gehäuse: Sie dienen Einsiedlerkrebsen als Unterkunft. Die haben ihr Leben in sehr viel kleineren Gehäusen wie z. B. denen der Wattschnecke (s. S. 217) begonnen. Im Laufe ihres Wachstums sind sie dann immer wieder in ein größeres Schneckenhaus umgezogen.
Verbreitung: Nordsee, westliche Ostsee (hier in 10 bis 30 m Tiefe, bei mindestens 14 Promille Salzgehalt); Nordatlantik, Mittelmeer. Vom Flachwasserbereich bis in über 1000 m Tiefe.

Literatur: BROCK 1936, JAECKEL 1960, KAESTNER 1960, NIELSEN 1975, THORSON 1972, YONGE 1976

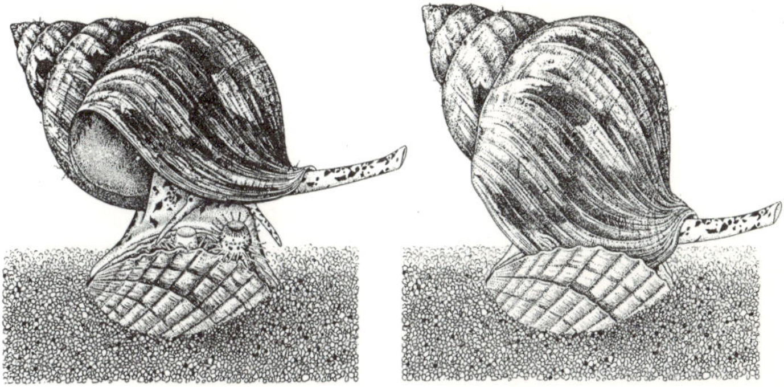

Wellhornschnecke beim Angriff auf eine Herzmuschel. Links: Die Schnecke hat mit dem Vorderteil ihres Fußes die Muschel erklommen. Zwischen den Fühlern der Schnecke erkennt man die beiden Siphonen der Herzmuschel. Nach rechts ragt der Sipho der Schnecke aus ihrem Gehäuse hervor. Rechts: Die Schnecke hat den Mündungsrand ihres Gehäuses zwischen die Klappen der Herzmuschel gerammt. Aus Nielsen 1975.

Neptunea antiqua (Linné 1758) **Spindelschnecke**

Gehäuse bis 20 cm hoch (Nordsee; in der Ostsee bis 9 cm), festschalig, kegelförmig, mit bis zu 9 Umgängen. Windungsseiten stark gewölbt, zuweilen leicht kantig, mit feinen Spiralrippen. Anwachsstreifen fein; auf dem letzten Umgang finden sich bisweilen stärkere Axialrippen. Mündung fast elliptisch, oben gewinkelt; Außenrand dünn. Mündungsbasis mit einer ausgeprägten, leicht gebogenen Siphonalrinne. Farbe weißlich bis hell graubraun. Deckel gestreckt-elliptisch.

Lebensweise: *Neptunea antiqua* ernährt sich vorwiegend von Aas – ein wesentlicher Nahrungsbestandteil ist toter Fisch. Umherkriechend sucht sie auch im Boden liegende Nahrung. Dabei steckt der Fuß etwa 1 cm tief im Sediment, und das Gehäuse wird so weit nach vorn geneigt, daß die Siphonalrinne wie ein Pflug durch den Boden geschoben wird. Zugleich wird die Siphonalrinne leicht hin und her bewegt, um dem darin liegenden Sipho aus verschiedenen Richtungen den Geruch möglicher Nahrung zuzuführen. Die Eier sind gelblichweiß und werden in rundlichen und runzligen, etwa 7 mm langen Eikapseln eingeschlossen, die meist einzeln nebeneinander abgelegt werden. Ein planktonisches Larvenstadium tritt im Entwicklungsgang nicht auf.

Verbreitung: Nordsee, Ostsee (in der Kieler Bucht in 7 bis 30 m Tiefe auf Feinsand bis sandigem Schlick); Schottland bis zur Biskaya. Nördlich schließt sich die Unterart *despecta* an, die sich durch eine stärkere Spiralskulptur auszeichnet.

Literatur: ARNTZ et al. 1976, FRETTER u. GRAHAM 1962, JAECKEL 1952, MEYER u. MÖBIUS 1872, SCHÄFER 1962

Spindelschnecke *(Neptunea antiqua)*. Nordsee.

Nassarius (Hinia) reticulatus (Linné 1758) **Netzreusenschnecke**

Gehäuse bis 3,5 cm hoch, dickschalig, kegelförmig. Windungsseiten schwach gewölbt, Naht flach. Oberfläche mit axial und spiral verlaufenden Leisten, die ein Netzmuster bilden (Name: *nassa*, lat. = die Fischreuse; *reticulum*, lat. = das Netz). Mündung elliptisch, mit kurzem, schiefem Siphonalkanal; Außenrand der Mündung verdickt und innen gezähnelt. Ohne Nabel. Schale bräunlich mit braunvioletten Binden und glänzend, oder schmutzigweiß und stumpf. Sehr variabel. Deckel elliptisch.

Lebensweise: Im nordfriesischen Wattenmeer leben etwa 2 bis 3 Netzreusenschnecken pro Quadratmeter. Sie ruhen geschützt in sandigem Boden und strecken den Sipho zur Meeresoberfläche aus, um das Atemwasser auf chemische Reize von Beutetieren zu prüfen. „Wittern" sie Nahrung, wühlen sie sich zur Oberfläche durch und wandern in Richtung Beute. Gefressen werden sowohl Aas als auch lebende Tiere – mit ihrem langen Rüssel können sie auch im Boden liegendes Aas erreichen –, nach langen Hungerzeiten sogar Kieselalgen. Zuweilen wird die Nahrung mit dem Fuß festgehalten.

Die Eier werden in durchsichtigen, becherförmigen Kapseln eingeschlossen, die in Reihen an Pflanzen oder am Gehäuse von Artgenossen abgelegt werden. Jede Kapsel enthält etwa 100 bis 300 Eier. Bedroht wird die Netzreusenschnecke unter anderem von Seesternen. Vor denen versucht sie sich zu retten, indem sie das Gehäuse nach vorn schleudert, umkippt und sich zur anderen Seite dreht. Mit 9 bis 10 solcher Überschläge entkommt sie dem Feind schneller als durch das normale Kriechen. Im Winter zieht sie sich aus den frostgefährdeten flacheren Bereichen in tieferes Wasser zurück.

Verbreitung: Nordsee, Ostsee (bei mindestens 16 ‰ Salzgehalt); Norwegen bis zu den Kanaren und ins Mittelmeer, Schwarzes Meer.

Literatur: KAESTNER 1960, MEYER u. MÖBIUS 1872, RASMUSSEN 1973, SCHÄFER 1962

Netzreusenschnecke *(Nassarius reticulatus).* Fanø.

Dickschalige Netzreusenschnecke *(Nassarius incrassatus).* Helgoland.

Nassarius (Hinia) incrassatus (Ström 1768) Dickschalige Netzreusenschnecke

Gehäuse bis 1,5 cm hoch, dickschalig. Windungsseiten stark gewölbt, Naht mäßig tief. Oberfläche mit gleichmäßigen axialen und spiralen Rippen. Mündung fast kreisförmig, klein; Außenrand verdickt, innen gezähnelt. Siphonalrinne kurz. Ohne Nabel. Färbung sehr variabel: weiß, gelblich bis braun, rosa oder schwarz, oft mit Streifen.
Verbreitung: Nordsee; Nordnorwegen bis ins Mittelmeer, an Fels und Geröll bis in 190 m Tiefe (bisweilen versammelt sich die Dickschalige Netzreusenschnecke in einem Dutzend Individuen oder mehr unter Steinen). In der Deutschen Bucht vor allem um Helgoland.
Anmerkung: Oft wird *Hinia* im Rang einer Gattung geführt und die Art *incrassatus* der Untergattung *Tritonella* Adams 1853 zugewiesen (Typusart: *incrassatus* Ström).

Literatur: FRETTER u. GRAHAM 1962

Oenopota turricula (Montagu) Treppenschnecke, Kleine Treppenschnecke

(= Lora turricula = Bela turricula)

Gehäuse bis 1,8 cm hoch, festschalig, kegelförmig. Umgänge deutlich geschultert und dadurch getreppt gegeneinander abgesetzt. Mit kräftigen Axialrippen und feinen Spirallinien. Anwachsstreifen fein. Mündung hoch und schmal, oben leicht ausgebuchtet (Analsinus), unten mit kurzem Siphonalkanal. Farbe gelblichweiß.
Lebensweise: Die Treppenschnecke gilt als Aasfresser. Das Vorhandensein einer Giftdrüse und der Bau der Radula sprechen aber auch – oder sogar eher – für eine räuberische Lebensweise. Stellenweise sollen bis zu 200 Individuen pro Quadratmeter vorkommen.
Verbreitung: Nordsee, Ostsee (bis in die Kieler Bucht, hier in 13 bis 20 m Tiefe); Nordnorwegen und Grönland bis Marokko, bis in 270 und im Süden bis in mehrere tausend Meter Wassertiefe, vor allem auf schlickigen bis schlickig-sandigen Böden.

Literatur: ARNTZ et al. 1976, NORDSIECK 1968, SCHÄFER 1962

Treppenschnecke *(Oenopota turricula)*. Fanø.
Postmortal unterschiedlich gefärbte Gehäuse der Treppenschnecke.

Raphitoma (Cirillia) linearis (Montagu)

(= Philbertia linearis)

Gehäuse bis 1 cm hoch, schlank-kegelförmig. Windungsseiten gewölbt, nicht geschultert, mit kräftigen Axial- und dünnen Spiralrippen. Mündung schmal und hoch, oben ausgebuchtet (Analsinus), unten mit kurzem Siphonalkanal. Außenrand der Mündung auf der Innenseite gezähnelt.

Verbreitung: Nordsee (in der Deutschen Bucht bei Helgoland); Norwegen bis zu den Kanaren und ins Mittelmeer, in 15 bis 200 m Wassertiefe auf sandigen und felsigen Böden und auf Algen.

Literatur: ZIEGELMEIER 1966

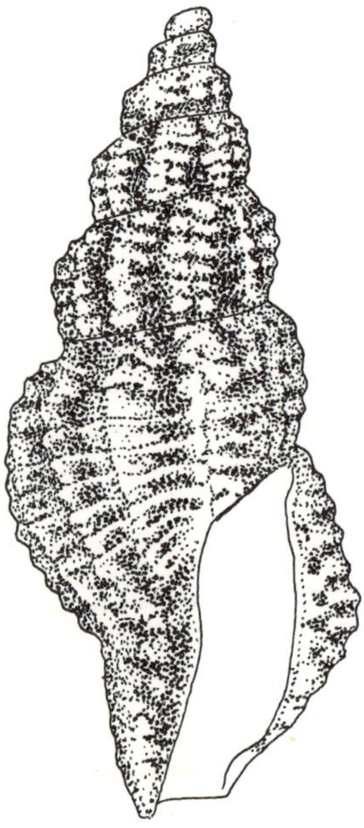

Acteon tornatilis (Linné 1767)
Drechselschnecke

Gehäuse bis 2,5 cm hoch, oval, mit kurzer Spitze (die Endwindung umfaßt die vorangehenden Umgänge zum größten Teil). Windungen treppenförmig voneinander abgesetzt, Windungsseiten abgeflacht. Oberfläche spiralgestreift. Mündung hoch und schmal, unten leicht erweitert. Schale rotbraun oder violett, meist mit 2 weißlichen Binden. Deckel schmal, bernsteinfarben.
Lebensweise: Die Drechselschnecke gräbt in den oberen Zentimetern sandiger Böden nach Beute, vor allem nach Ringelwürmern. Dabei schiebt sie sich mit Hilfe ihrer zu einem Kopfschild umgewandelten Fühler wie ein Pflug durch das Sediment. Sie legt aber auch unterirdische Gänge an, die sie mit Schleim aus der Fußdrüse und dem Kopfschild stabilisiert. Wird sie stark gestört, scheidet sie ein purpurrotes Sekret ab.
Verbreitung: Nordsee; Norwegen bis ins Mittelmeer, bis in 250 m Wassertiefe.

Literatur: HOFFMANN 1926, THOMPSON 1976, YONGE u. THOMPSON 1976

Drechselschnecke, kriechend. Aus Yonge u. Thompson 1976.

Philine aperta (Linné 1767)
Seemandel, Offene Seemandel

(= **Philine quadripartita** [Ascanius 1772])

Gehäuse bis 2,8 cm hoch, dünnschalig, breit-oval. Die Endwindung umschließt fast vollkommen die vorangehenden Umgänge. Mündung sehr weit, unten gerundet; der Außenrand reicht nach oben bis über das Niveau des Apex hinaus und ist ebenfalls gerundet. Oberfläche glatt, mit feinen Anwachsstreifen. Schale weiß, durchscheinend, dabei leicht irisierend.

Lebensweise: Die Seemandel ist ein Zwitter. Bei der Paarung werden zunächst die Spermien ausgetauscht und in einer Spermathek gespeichert. Später werden sie freigegeben, und nun können die Eier befruchtet werden. Diese werden während der Sommermonate abgelegt, eingehüllt in ovale, klare Schleimpakete. Die Larven durchlaufen ein planktonisches Stadium, gegen dessen Ende die Fühler zu einer eigentümlichen Kopfscheibe verwachsen, wie sie auch die Drechselschnecke besitzt (s. oben). Zu dieser Zeit liegt das Gehäuse noch frei. Beim erwachsenen Tier aber umhüllt der Mantel die Schale. Die Augen, bei Jungtieren noch gut sichtbar, liegen bei den Erwachsenen unter der Körperdecke. Früher wurde angenommen, daß Augen fehlen, und MEYER und MÖBIUS (1865) hatten sich gewundert, daß die Seemandel dennoch auf Licht reagiert.

Philine aperta bewohnt sandigen bis schlickigen Boden, in dem sie sich tagsüber aufhält, eingehüllt in Schleim und damit verbackenen Bodenpartikeln. Im Boden sucht sie auch ihre Beute. Als Nahrung dienen Kieselalgen, Foraminiferen, Ringelwürmer, aber auch junge Muscheln und Schnecken. Die Beute wird im Ganzen verschluckt und im Magen mittels 3 mächtiger Magenplatten zermalmt.

Die Seemandel erreicht ein Alter von 2 Jahren – wenn sie nicht vorzeitig gefressen wird. Um Feinden den Geschmack zu verderben, scheidet sie bei Störungen Schwefelsäure aus besonderen Hautdrüsen aus.

Verbreitung: Nordsee, westliche Ostsee (hier vom Flachwasserbereich bis in 19 m Tiefe); Norwegen bis ins Mittelmeer, Südafrika, Südasien, bis in 500 m Wassertiefe.

Anmerkung zum Synonym: Nach NORDSIECK 1972 ist *Philine quadripartita* nicht synonym mit LINNÉs *aperta*, wohl aber mit der bei vielen anderen Autoren als *aperta* geführten Form.

Literatur: ARNTZ et al. 1976, DIEHL 1956, JAECKEL 1952, MEYER u. MÖBIUS 1865, PURCHON 1968, THOMPSON 1976

Diaphana minuta (Brown 1827)

(= **Amphisphyra hyalina** [Turton 1834])

Gehäuse bis 5 mm hoch, sehr dünnschalig, mit höchstens 5 Umgängen, breit- bis relativ schmal-walzenförmig, oben quer abgestutzt. Die Endwindung umfaßt die vorangehenden Umgänge fast vollständig. Naht deutlich. Oberfläche glatt; Windungen oben gekantet. Mündung fast so hoch oder so hoch wie das Gehäuse, oben schmal, unten sehr weit. Nabel ritzförmig. Schale weißlich, durchscheinend.
Verbreitung: Nordsee, westliche Ostsee (Kieler Bucht); Nordatlantik bis ins Mittelmeer und zu den Kanaren bzw. bis Massachusetts; bis in 350 m Wassertiefe, im Sand grabend.

Literatur: JAECKEL 1952, MEYER u. MÖBIUS 1865

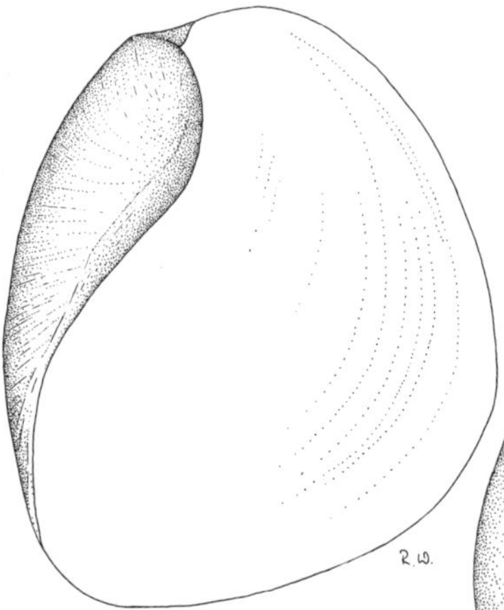

Philine aperta

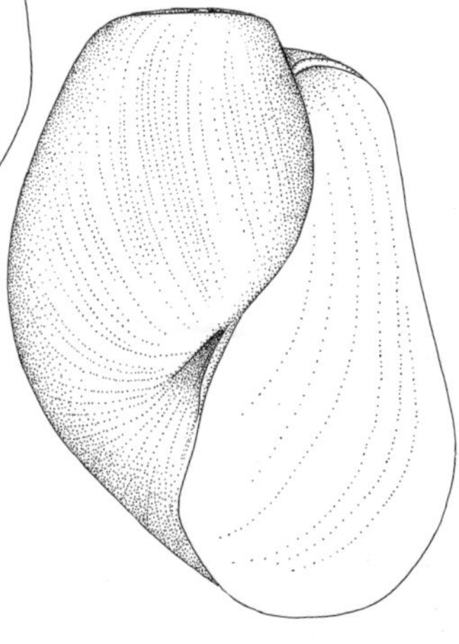

Diaphana minuta. Britische Küste.

Retusa obtusa (Montagu 1803)
Kopfschildschnecke

Gehäuse bis 7 mm hoch, dünnschalig, walzenförmig, mit leicht hervortretendem Gewinde (die Endwindung umschließt die vorangehenden Umgänge nahezu vollständig). Mit feinen Anwachsstreifen. Mündung schmal, fast so hoch wie das Gehäuse, unten breittropfenförmig erweitert. Schale weiß oder gelblich.

Lebensweise: *Retusa obtusa* lebt grabend in schlickigen Böden, dringt aber bis in das Mischwatt vor. Sie lebt in Gemeinschaft mit der Wattschnecke (*Hydrobia ulvae*), und junge Tiere dieser Art frißt sie auch. Die Hydrobien werden im Ganzen verschluckt, im Magen „geknackt" und schließlich verdaut. Eine Radula, mit der sie ihre Beute anbeißen könnte, besitzt sie nicht; dieses Organ wurde vollkommen zurückgebildet. Im Herbst paaren sich die Tiere. Während des Winters reifen die Eier, und dann werden sie in einem bis zu vier Gelegen abgesetzt. Eine einzelne *Retusa obtusa* kann bis zu 50 Eier produzieren. Nach dem Laichen stirbt sie; ihre Lebensdauer beträgt damit etwa 1 Jahr. Im Gegensatz zu *Retusa truncatula* (s. unten) ist in den Entwicklungsgang kein pelagisches Larvenstadium eingeschaltet. Die Jungen schlüpfen nach etwa 28 Tagen (bei 12 °C Wassertemperatur) mit allen wesentlichen Merkmalen der Erwachsenen. Durch heftige Bewegungen befreien sie sich von den Resten der Eihülle.

Verbreitung: Nordsee, Ostsee (in der Kieler Bucht in 12 bis 24 m Tiefe); Nordatlantik bis ins Mittelmeer bzw. bis North Carolina, vom Gezeitenbereich bis in 300 m Wassertiefe.

Literatur: ANDERSON 1971, ARNTZ et al. 1976, DÖRJES 1978, JAECKEL 1952, NORDSIECK 1972, SMITH 1967, THOMPSON 1976, YONGE u. THOMPSON 1976

Retusa obtusa. St. Peter-Ording.

Retusa truncatula (Brugière 1792)
Abgestutzte Kopfschildschnecke

(= **Retusa truncata** [Adams 1797])

Gehäuse bis 5 mm hoch, dünnschalig, walzenförmig. Maximal 4 Umgänge. Spitze im Gegensatz zu *R. obtusa* scharf abgestutzt. (Die Endwindung umfaßt die vorhergehenden Umgänge von der Seite her gesehen vollständig.) Mündung schmal, so hoch wie das Gehäuse, von der Mitte an nach unten tropfenförmig erweitert. Schale weiß, durchscheinend, glänzend.

Lebensweise: Wie *Retusa obtusa* durchstreift auch diese Art als Miniatur-Raubtier den Meeresboden nach Beute – nach Foraminiferen, anderen Kleinschnecken wie *Hydrobia* und *Bittium*, Wurmeiern und anderem mehr. Zwischen Mai und Juli legt sie ihre Eipakete ab. Darin sind bis über 700 Eier in einer rundlichen Masse fast klarer Gelatine enthalten. An ihr kleben bald nach der Ablage Bodenteilchen fest, so daß das Gelege gut getarnt ist. Nach 5 bis 6 Tagen schlüpft das Jungtier – im Gegensatz zu *Retusa obtusa* eine planktonische Larve. Ihrer Lebensweise entsprechend besitzt sie ein Velum als Schwimmorgan. Bis sie zum Bodenleben übergeht, wächst sie von etwa 0,17 mm auf 0,33 mm heran.

Verbreitung: Nordsee, westliche Ostsee (Kieler Bucht, hier in 2 bis 23 m Tiefe); Norwegen bis zu den Kanaren und ins Mittelmeer, Schwarzes Meer.

Literatur: HOFFMANN 1926, NORDSIECK 1972, RASMUSSEN 1944, 1973

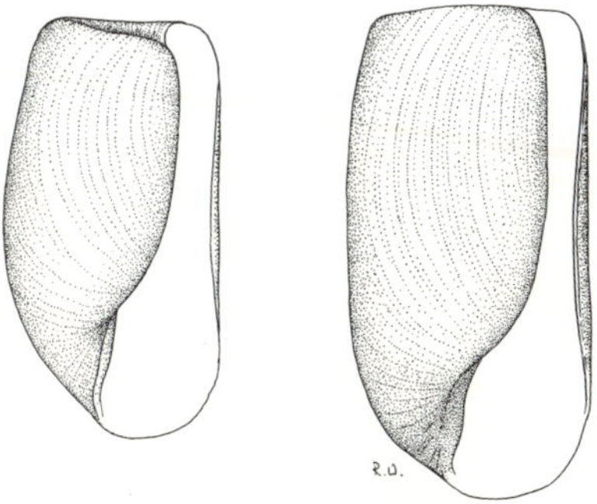

Retusa truncatula. Falmouth Bay (Cornwall, links) und Palermo.

Akera bullata Müller 1776
Gemeine Kugelschnecke

Gehäuse bis 2,2 cm hoch, sehr dünnschalig, oval. Die Endwindung umschließt die vorangehenden Umgänge weitgehend. Mündung gestreckt-birnenförmig, Außenrand bei nicht ausgewachsenen Tieren häutig (er rollt sich dann beim Trocknen nach innen ein). Schale durchscheinend gelbbraun bis braun.

Lebensweise: Der Fuß von *Akera bullata* ist zu Seitenlappen erweitert, die beim Kriechen nach oben über das Gehäuse geschlagen werden und mit denen *Akera* schwimmen kann. Dazu werden sie wie Flügel bis zu 3mal pro Sekunde auf- und niederbewegt. Das Gehäuse mit dem Eingeweidesack hängt dabei wie der Klöppel einer Glocke nach unten. Die Kugelschnecke schwimmt aber offenbar nur selten, und möglicherweise vor allem zu Beginn des Jahres. Nach den Worten der Zoologen MEYER und MÖBIUS, die 1865 die Biologie der Kugelschnecke näher beschrieben, reizt vielleicht „die Begattungslust des Frühlings dazu an; denn im Februar, wo sich die Tiere zur Begattung aufsuchen, sahen wir sie öfter schwimmen".

Akera bullata ernährt sich von Grünalgen wie *Ulva* sowie von Seegras (*Zostera*), frißt aber auch Kieselalgen, Detritus und Reste von Krebsen. Sie ist ein wichtiger Nahrungsbestandteil der erwachsenen Ohrenquallen. Bei Gefahr verkürzt sie sich zu einer Kugel (Name Kugelschnecke), denn sie kann sich nicht völlig in ihr Gehäuse zurückziehen.

Im Frühjahr legt sie 2 bis 3 mm dicke Eischnüre ab. In einer 7,5 cm langen Schnur aus der Ostsee zählten MEYER und MÖBIUS (1865) 1050 Eier; die höchste ermittelte Zahl belief sich auf 18600 Eier. *Akera bullata* erreicht ein Alter von 2 Jahren.

Verbreitung: Nordsee, westliche Ostsee (bis in die Kieler Bucht, hier vom Flachwasserbereich bis in 20 m Tiefe); europäische Atlantikküsten bis ins Mittelmeer.

Literatur: HOFFMANN 1926, JAECKEL 1952, KÄSTNER 1960, MEYER u. MÖBIUS 1865, RASMUSSEN 1973, THOMPSON 1976

Cylichna cylindracea (Pennant 1777)
Zylinderschnecke

Gehäuse bis 1,5 cm hoch, dünnschalig, schlank walzenförmig (fast 3mal so hoch wie breit), mit parallelen Seiten. Windungsflanken mit feinen Spirallinien und weit auseinanderliegenden Anwachsstreifen. Mündung schmal, so hoch wie das Gehäuse, unten erweitert. Schale weiß, glänzend; Periostrakum dunkelgelb.
Lebensweise: Die Zylinderschnecke durchwühlt mit Hilfe ihres Kopfschildes, der wie bei *Acteon* und *Philine* aus den Fühlern hervorgegangen ist, die oberen 3 cm feinsandiger Böden. Möglicherweise ernährt sie sich von Einzellern.
Verbreitung: Nordsee; Norwegen bis Westafrika, Mittelmeer, vom Gezeitenbereich bis in 1500 m Wassertiefe.

Literatur: HOFFMANN 1926, THOMPSON 1976

Gemeine Kugelschnecke.
Kieler Förde.

Zylinderschnecke.
Bergen/Norwegen.

Odostomia (Brachystomia) rissoides (Hanley 1844)

Gehäuse bis 6 mm hoch, dünnschalig, kegelförmig. Windungsseiten gewölbt, Naht scharf, mäßig tief. Apex stumpf. Gehäuseoberfläche infolge der Kreuzung der Anwachsstreifen mit sehr feinen Spirallinien fein retikuliert. Mündung gestreckt elliptisch, etwa $\frac{2}{5}$ der Gehäusehöhe einnehmend. Etwas oberhalb der Mitte findet sich auf der Mündungsinnenseite eine faltige Verdickung, die in der Aufsicht auf die Mündung als zahnförmige Erhebung erscheint. Nabel eng (ritzförmig). Gehäuse des lebenden Tieres glänzend, durchscheinend gelblich- oder rötlichweiß; leere Gehäuse sind meist elfenbeinfarben. Deckel elliptisch, braungelb.

Lebensweise: *Odostomia rissoides* ernährt sich parasitisch auf und von Miesmuscheln. Sie sitzt an deren Hinterende, streckt ihre Mundregion weit rüsselförmig vor und ernährt sich von deren Gewebe oder Blut. Die Muschel reagiert hierauf nicht durch ein Schließen des Gehäuses, weswegen bisweilen angenommen wird, daß die Schnecke nur die Gewebeoberfläche abpipettiert. *Odostomia* selbst ist Wirt für die schmarotzenden Jugendformen des Krebses *Monstrilla helgolandica,* eines Vertreters der Copepoden. Da *Odostomia* wie alle Hinterkiemer-Schnecken ein Zwitter ist, erfolgt bei der Paarung eine wechselseitige Befruchtung – beide Partner bekommen Sperma eingepumpt, mit dem sie ihre Eier befruchten. Die werden zwischen Mai und August in Gelegen zu 50 bis 500 Stück auf den Miesmuscheln abgelegt. Da man zwei verschiedene Eigrößen beobachtet hat (von ca. 0,1 mm Durchmesser und von 0,06 mm Durchmesser), vermutet man, daß sich unter dem Namen *Odostomia rissoides* 2 verschiedene Arten verbergen. Auch die Entwicklung ist unterschiedlich: In Dänemark wurde beobachtet, daß aus den kleinen Eiern nach 6 bis 7 Tagen planktonische Larven schlüpfen, in Frankreich hingegen schlüpfen (aus den größeren Eiern) die Jungen erst nach rund 25 Tagen, und sie stellen bereits Miniaturausgaben der Erwachsenen dar und kriechen gleich auf dem Boden umher. Außer auf Miesmuscheln wurde *Odostomia rissoides* auf Strandschnecken und der Kleinschnecke *Rissoa* gefunden.

Verbreitung: Nordsee, Ostsee; Norwegen bis ins Mittelmeer, vom Gezeitenbereich bis in 1400 m Wassertiefe.

Literatur: ANKEL 1927, NORDSIECK 1972, RASMUSSEN 1944, 1973

Odostomia rissoides. Kieler Bucht.

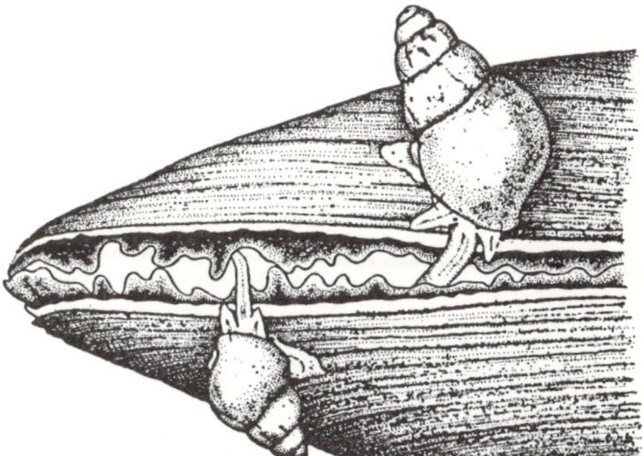

Zwei Tiere von *Brachystomia rissoides* bei der Nahrungsaufnahme an einer Miesmuschel. Nach Rasmussen 1944.

Chrysallida (Partulida) spiralis (Montagu 1803)

Gehäuse bis 3 mm hoch, breit-kegelförmig, mit bis zu 6 Umgängen. Apex abgestutzt. Windungsseiten schwach gewölbt, mit axialen Rippen, die etwa so breit sind wie die Zwischenräume zwischen ihnen. Sie werden unten durch Spiralleisten abgeschnitten. Mündung schmal, oben gewinkelt; Innenrand oben mit einem stumpfen, zahnähnlichen Vorsprung. Ohne Nabel. Schale weiß bis hellrot (Abb. S–54 a).
Verbreitung: Mittlere und nördliche Nordsee (in der Deutschen Bucht vereinzelt bei Helgoland); europäische Atlantikküsten bis Gibraltar.

Chrysallida (Parthenina) interstincta (Montagu 1803)

(**= C. obtusa** [Brown 1844])

Gehäuse bis 5 mm hoch, schlank kegelförmig, Windungsseiten abgeflacht, mit Axialrippen, zwischen denen um die Windungsbasis 2 Spiralleisten verlaufen. Mündung elliptisch, oben gewinkelt, oben mit zahnähnlichem Vorsprung. Lebt als Parasit auf der Auster.
Verbreitung: Nordsee (in der Deutschen Bucht selten Gehäuse bei Helgoland gefunden); Nordatlantik bis ins Mittelmeer.

Literatur: NORDSIECK 1972, ZIEGELMEIER 1966

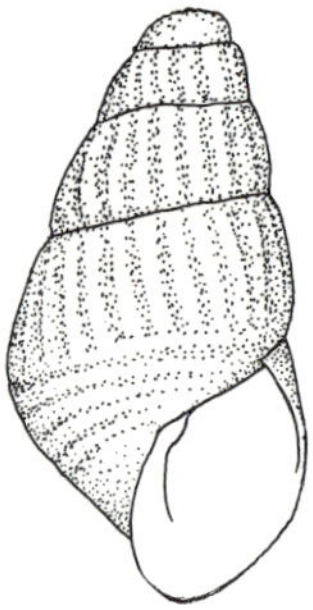

Chrysallida spiralis

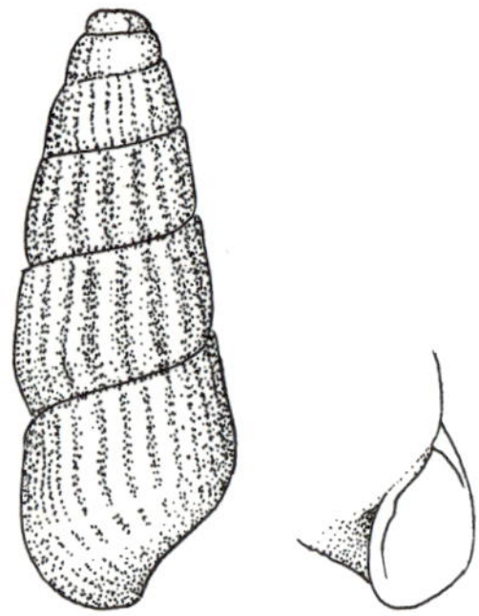

Ch. interstincta. Nach Fotos in Ziegelmeier 1966.

Ebala nitidissima (Montagu 1803)

(= **Eulimella nitidissima** [Montagu])

Gehäuse bis 4 mm hoch, dünnschalig, durchscheinend, turmförmig, mit ca. 7 Umgängen. Apex linksgewunden. Windungsseiten mäßig stark gewölbt, mit feinen Axiallinien und mikroskopisch feinen Spirallinien. Mündung elliptisch, Innenrand ohne zahnähnlichen Vorsprung (Abb. S–68).

Lebensweise: *Ebala nitidissima* ernährt sich von Kieselalgen und anderen Mikroorganismen, die auf Sandkörnchen leben. Zwischen Mai und August wird gelaicht. Die Eier, höchstens 0,1 mm groß, werden in einer rundlichen Gallertemasse abgelegt, die zur Tarnung mit Bodenpartikeln verklebt wird. Die Gelege enthalten meist 5 bis 8, manchmal bis zu 18 Eier. Die Larven schlüpfen nach etwa 5 Tagen und durchleben eine sehr lange planktonische Phase. Sie sind gut von anderen Larvenformen zu unterscheiden, denn sie besitzen ein wie gehämmert aussehendes Gehäuse. Die Lebensdauer beträgt wahrscheinlich 1 Jahr.

Verbreitung: Westliche Ostsee; Großbritannien bis ins Mittelmeer.

Ähnlich: *Eulimella acicula* (Philippi 1836) (= *E. commutata* Monterosato 1884, Abb. S–69), bis 5 mm hoch, mit bis zu 9 Umgängen, Windungsseiten kaum gewölbt, glatt. Mündung rundlich bis viereckig. Nordsee (in der Deutschen Bucht bei Helgoland selten leere Gehäuse), westliche Ostsee (selten); Nordatlantik bis ins Mittelmeer, Schwarzes Meer.

Literatur: RASMUSSEN 1944, 1973, ZIEGELMEIER 1966

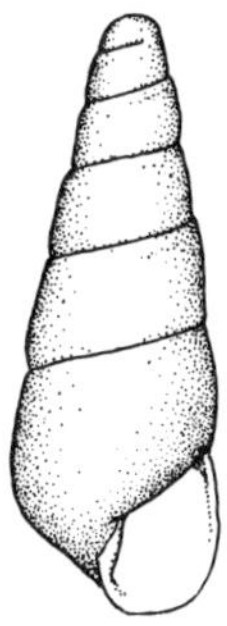

Eulimella acicula.
Nach Ziegelmeier 1966.

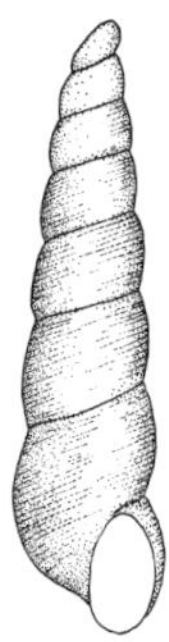

Eulimella nitidissima.

Turbonilla lactea (Linné 1767)

Gehäuse bis 1 cm hoch, festschalig, turmförmig, mit bis zu 12 Umgängen. Windungsseiten schwach konvex, Naht tief. Pro Umgang mit 18 bis 22 schrägstehenden Axialrippen; Basis der Endwindung glatt. Mündung schief elliptisch, fast viereckig, oben gewinkelt; Innenrand ohne zahnähnlichen Vorsprung. Ohne Nabel. Schale weißlich und glänzend, durchscheinend (Abb. S–66).
Verbreitung: Nordsee (bei Helgoland bisweilen leere Gehäuse gefunden); Norwegen bis zu den Kanaren, Mittelmeer.

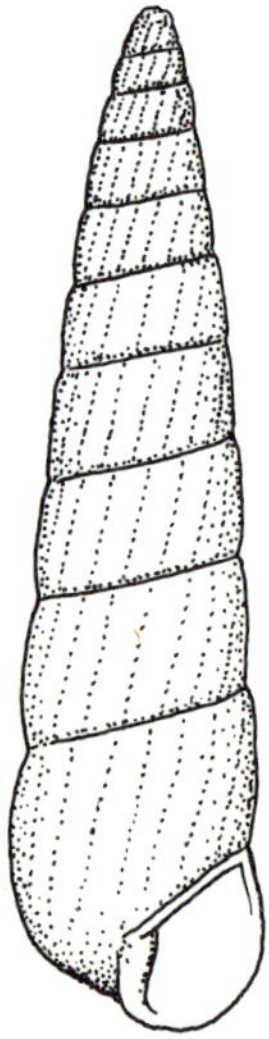

Ovatella myosotis (Draparnaud 1805)
Mäuseöhrchen
(= Phytia m., = Alexia m.)

Gehäuse bis 8 mm hoch, festschalig, spitz-oval. Windungsseiten mäßig stark gewölbt, Naht nicht sehr tief. Mündung schlank-elliptisch, oben gewinkelt, Innenrand mit 3 zahnähnlichen Vorsprüngen. Ohne Nabel. Schale bräunlich bis gelblich, leicht glänzend.

Lebensweise: *Ovatella myosotis* lebt direkt an der Flutgrenze an angeschwemmten Algen usw. (sie ist das einzige Weichtier, das an unseren Küsten im Angespül lebend vorkommt) sowie an Brackwassersümpfen.

Verbreitung: Nord- und Ostseeküste; Küsten von Europa zwischen Dänemark, Großbritannien und dem Mittelmeerraum; Südafrika. Von Europa aus wurde sie an die Ostküste Nordamerikas und nach Jamaika verschleppt.

Mäuseöhrchen. St. Peter-Ording.

Schlußwort

Das Wattenmeer ist einer der letzten biologisch voll funktionierenden Großlebensräume in Europa. Die Weite der Landschaft steht in so starkem Kontrast zur Enge städtischer Umgebungen, daß wir schon deswegen die Küsten als vom Menschen fast unberührt empfinden. Und wo wir sie betreten, löscht das Meer mit jeder anbrandenden Welle und mit jeder Flut unsere Spuren.

Das Interesse des Strandtouristen gilt nicht zuletzt den vielfältigen Zeichen des Meereslebens, das die Brandung an den Strand wirft – Algen und Krebse, Muscheln, Schnecken und die eigentümlichen Eikapseln von Rochen und Haien, Quallen, Seesterne, Seeigel und vieles andere mehr. Dieser Reichtum bedeutet aber nicht, daß die Welt hier noch in Ordnung wäre. Der Tourist merkt das, sobald er die alltäglich sorgsam gereinigten Strandabschnitte verläßt: Überall werden Jahr für Jahr Tausende von Flaschen angespült, Kunststoffbehälter, Plastikfolien, Bretter, Dosen, mit einem Wort: Müll. Das Meer erbricht ihn vor unseren Augen. Und es ist nicht so, daß dieser Müll nur das Auge stört: Schon oft sind Plastiktüten von höheren Meerestieren gefressen worden; sie verenden daran. Robben und Wale erstickten elend an Plastiktüten und Eimern, die sich ihnen über den Kopf schoben, und oft werden kleinere Kunststoffgegenstände von Fischen verschluckt.

Ab und zu liegt auch ein Seevogel tot im Spülsaum. Das ist normal. Aber manchmal treiben erschreckend viele Vogelleichen an unsere Strände. Nahezu jährlich ist in den Zeitungen zu lesen, daß Seevögel dem Öl zum Opfer gefallen sind. Allein im Winter 1982/1983 dürften es in der Nordsee über 100000 gewesen sein. Spuren der ständigen Ölverschmutzung sehen wir nach Strandwanderungen an unseren Füßen: den „Teer". Millionen von Klumpen von Tröpfchengröße bis zum Durchmesser einer Faust und mehr können uns den Strandaufenthalt verleiden.

Schlagzeilen machten die großen Ölkatastrophen. Als 1978 die „Amoco Cadiz" vor der Bretagne verunglückte, zählte man in einer einzigen Bucht 28 Millionen toter Seeigel, Muscheln und Schnekken. Kleinere Krebsarten wurden stellenweise ganz ausgerottet. Aber solche lokalen Ereignisse treten in ihrer Gesamtwirkung auf das Leben hinter der ständigen Verunreinigung im Zusammenhang mit Ölförderung, Transport und Ölverbrauch zurück. Dennoch darf sich niemals ein Tankerunfall wie vor der Bretagne im Watt

ereignen – die Folgen wären verheerend. Das Öl würde sich auf den weiten Wattflächen als dünner Film verteilen und Milliarden und Abermilliarden von Organismen vernichten.
Von schwer vorstellbarem Ausmaß sind jene Verunreinigungen, von denen wir nichts sehen. Wir haben unsere Ströme zu Abwässerkanälen gemacht, die uns noch teuer zu stehen kommen werden. Wir leiten über sie ins Meer, was für uns schädlich ist, und kippen weitere Stoffe von Schiffen aus hinterher – Säuren und Gifte, Schwermetalle, radioaktive Substanzen, häusliche und industrielle Abwässer. Dort verteilen sie sich und entfalten ihre schädliche Wirkung. Inzwischen kann man in fast jeder Probe aus dem Wattenmeer, gleich ob aus organischer oder anorganischer Materie, eine Reihe von Substanzen nachweisen, die nicht in die Natur gehören. Von den 20000 Seehunden, die sich um 1940 in der Ostsee tummelten, sind nur noch wenige tausend übriggeblieben, weil sie sich von PCB-verseuchtem Fisch ernähren müssen. PCB, das sind polychlorierte Biphenyle, und die beeinträchtigen das Fortpflanzungsvermögen. Außerdem können sie die ganze Nahrungskette im Meer durcheinanderbringen, denn sie schädigen das pflanzliche Plankton: Wachstum und Photosynthese werden gestört, und bei längerer Einwirkung platzen die Zellen. Damit ist die Basis der ganzen Nahrungspyramide getroffen; auf dem Plankton fußt alles höhere Meeresleben.
Blei, Kupfer, Cadmium und Quecksilber sind die verbreitetsten Schwermetalle in unserer Welt. Schwermetalle können nicht abgebaut, sondern allenfalls im Sediment abgelagert werden. Aber ein Großteil von ihnen landet schließlich auf unserem Teller: Sie reichern sich in der Nahrungskette an, und mit den Muscheln oder mit Fisch nehmen wir das Zeug auf. Allein die Chemie-Firmen BAYER und VEBA Brunsbüttel dürfen bzw. durften jährlich 4,9 t (Tonnen!) Quecksilber, 130 t Blei und 37,3 t Cadmium in die Elbe leiten. Die meisten Schadstoffe, die dieser Fluß mit sich führt, stammen allerdings aus der DDR und der ČSSR – allein 20 bis 25 t Quecksilber überschreiten jährlich die Grenze zur Bundesrepublik. Bei Miesmuscheln in der Elbemündung ist der Quecksilbergehalt gegenüber dem Normalwert verzehnfacht (auf 0,2 mg pro Kilo) und in der Leber von Robben aus der Nordsee fand man schon 300 mg pro Kilo – wen wundert's. Es wäre naiv anzunehmen, daß wir selbst von alledem und von Schäden verschont bleiben werden.
Was an Abwässern in die Ostsee strömt, ist schlicht unvorstellbar.

Pro Jahr sind es an die 100000 t Öl, über 30000 t Phosphate und 130000 t Nitrate. Die Phosphate und Nitrate wirken als Nahrungsstoffe für die Algen, die nun mit übermäßigem Wachstum reagieren. Im Spätsommer sterben die Algen ab, und die Fäulnisbakterien verbrauchen zu deren Abbau den im Wasser gelösten Sauerstoff. Das bedeutet das Aus für nahezu alle Tiere. In den letzten Jahren sind die spätsommerlichen Zonen, in denen solche tödlichen Bedingungen herrschten, ständig größer geworden.
Auch die Nordsee muß immer mehr Abwässer verkraften. Allein über Elbe, Weser und Ems gelangen jährlich etwa 15000 t Phosphat und 100000 t Nitrat in die Deutsche Bucht; hinzu kommen die Gaben aus den Niederlanden, Belgien, Dänemark und Großbritannien. Obwohl die Nordsee davon profitiert, daß sie in einem guten Wasseraustausch mit dem Atlantik steht, sind die Auswirkungen auch hier bereits klar erkennbar. Mitten in der Nordsee fand man auf dem Meeresgrund geöffnete Gehäuse der Venusmuschel; offenbar waren die Tiere infolge Sauerstoffmangels erstickt (DETHLEFSEN u. WESTERNHAGEN 1983; ausgerechnet diese Art ist außerodentlich widerstandsfähig). 1983 und 1984 gab es auch hier eine beträchtliche Algenblüte – und im Spätsommer eine unerfreuliche Überraschung (GERSTER u. ZELL 1986): Vermehrt hatte sich auch eine Kieselalge namens *Phaeocystis pouchettii*, die Gallerte ausscheidet und in dadurch zusammengehaltenen Zellverbänden lebt. Als solche Verbände 1983 bei windiger Wetterlage zerschlagen wurden, wurden die Strände von St.-Peter-Ording bis Dänemark von einem bis 100 m breiten Teppich klebrigen Schaumes bedeckt. Eine wichtige Ursache des Algenwachstums: die übermäßige Düngung in der Landwirtschaft. Resultat ist der Eintrag ungeheurer Mengen Nährstoffe in unsere Gewässer und letztlich in die Nord- und Ostsee. Was an Giftstoffen aus der Atmosphäre in die Meere eingetragen wird, läßt sich kaum ermessen.
Deiche trennen das Watt vom Marschland, das einst selbst einmal dem Meer angehörte und aufgebaut wurde aus dem, was die Nordsee an Schwebeteilchen mit jeder Flut heranführte. Die Deiche schützen die Bevölkerung vor dem Ansturm der See; ohne sie wäre kein Überleben in den Marschen möglich. Die Deiche sind unverzichtbar – aber was wir nicht brauchen, das sind neue Deiche, weit vor die alten in die Wattflächen vorgeschoben. Was notwendig ist, ist der Ausbau und die Modernisierung der bestehenden Deiche. Aber Schleswig-Holstein ist international in Verruf geraten, weil es

einen Rekord bei der Zerstörung küstennaher Lebensräume aufgestellt hat. Unersetzliche Flächen für Zehntausende von Enten, Gänsen und anderen Vögeln wurden vom Meer abgeschnitten und dadurch als Lebensraum für diese Tiere vernichtet.
Eine ganze Reihe direkter Eingriffe beeinträchtigen den Naturhaushalt im Watt. Sandgewinnung (vor allem vor der niederländischen Küste), Abbau von Muschelschill (in den Niederlanden bis zu 200000 m^3 jährlich), Erdgas- und Erdölgewinnung, auch die zunehmende Beunruhigung durch Wassersport mit dem dazugehörenden Ausbau von Jachthäfen. Manche Wattgebiete dienen als militärisches Übungsgelände. Insgesamt hat das alles dazu geführt, daß die Nordsee zu einem der am meisten gefährdeten Gebiete überhaupt geworden ist – auch legales Handeln kann ein Verbrechen sein.
In wie einzigartiger Weise schön es an unseren Küsten ist, das merken Sie selbst. Ich will Ihnen Ihren Urlaub, Ihren Aufenthalt am Strand mit diesen Zeilen nicht verderben – im Gegenteil. Ich habe sie geschrieben, weil ich möchte, daß sich die Situation wieder bessert. Vielleicht empfinden Sie Hilflosigkeit angesichts der Art der Beeinträchtigungen, glauben, selbst nichts unternehmen zu können. Aber das ist nicht richtig; Sie können z. B. recht viel für den Naturschutz tun, indem Sie Naturschutzverbände durch Beiträge oder Spenden unterstützen. Die Augen vor der Gefährdung unserer Umwelt zu verschließen hieße, einer weiteren Schädigung Vorschub zu leisten. Wir alle sind mitverantwortlich für den Zustand der Lebensräume, und von ihnen ist nicht zuletzt unser eigenes Wohlergehen in vielfältiger Weise abhängig. Der Schutz von Nord- und Ostsee käme also auch uns selbst zugute; mager wäre demgegenüber der kurzzeitige Vorteil für den Menschen, der sich bei einem weniger rücksichtsvollen Verhalten aus diesen Lebensräumen ziehen ließe.
Lange bevor Politiker Initiativen zur Rettung der Natur im Nord- und Ostseeraum starteten, hatten einzelne Bürger – in Naturschutzverbänden organisiert oder auf eigene Faust – auf die drohende und die bestehende Schädigung hingewiesen. Ihr Engagement entsprang der Liebe zu diesen Lebensräumen. Wenn es gelingen sollte, Nord- und Ostsee naturnah zu erhalten bzw. einer Genesung zuzuführen, dann wurzelt dies in ihren Bemühungen. Es sollte beschämen, daß sie anfangs oft lächerlich gemacht wurden, ja, daß Unwissende immer noch mit verächtlichen Worten über ihre Bemühungen sprechen. Heute müssen wir ihre Mahnungen sehr ernst nehmen, in denen sie darauf hinweisen, daß von den in Regierungen Verant-

wortlichen nach wie vor viel zu wenig unternommen wird.
Aber ein jeder kann zur Schonung unserer Umwelt beitragen, tagtäglich, auch zu Hause und am Arbeitsplatz. Und wenn Sie das Wattenmeer erleben, dann wird Ihnen sicher der Gedanke leichtfallen, daß diese einzigartige Landschaft nicht in erster Linie Eigentum irgendeines Staates ist, nicht uns Menschen gehört, wie der niederländische Meereskundler Jan Terlouw schrieb; es gehört vor allem den Strand- und Wattschnecken, den Muscheln, Krabben und Garneelen, den Seehunden, Austernfischern und Regenpfeifern, den Seeschwalben und Möwen. Und so wird es Ihnen sicher eine Selbstverständlichkeit sein, Naturschutzgebiete zu achten – das Helgoländer Felswatt z. B. – und keine lebenden Tiere zu sammeln oder zu stören.

Weitere Literatur: ABRAHAMSE et al. 1976, GÜNTHEROTH 1986, HÄRDTLE 1983

Nachtrag: Ich habe das Schlußwort bis auf wenige Änderungen Anfang 1985 geschrieben. Während der Korrekturen an diesem Buch füllten die Meldungen vom Massensterben der Seehunde die Zeitungen. Die Tiere sind offenbar an einer Virusinfektion zugrundegegangen, aber es wird nicht bezweifelt, daß letztlich im vergifteten Zustand ihres Lebensraumes die Ursache liegt.
So sehr mich der Tod eines jeden dieser Tiere erschüttert, so wenig kann ich mich darüber wundern – es war schließlich zu erwarten. Was nachdenklich stimmen sollte: Diese und ähnliche Erwartungen waren den Politikern schon vor Jahren bekannt gemacht worden. Selbst jetzt initiierte, „sofortige“ Maßnahmen kämen viel zu spät, und sie kommen zu spät, weil erneut Mahnungen mißachtet wurden. Die Nordsee ist wieder zur Mordsee geworden.

Literaturverzeichnis

ABRAHAMSE, J., JOENJE, W. u. LEEUWEN-SEELT, N. (1976): Wattenmeer. 372 S., Neumünster.

ALLEN, J. A. (1958): Observations on *Cochlodesma praetenue* (PULTENEY) (Eulamellibranchia). – J. mar. biol. Ass. U. K. **37:** 97–112.

ALMADA-VILLELA, P. C. (1984): The effects of reduced salinity on the shell growth of small *Mytilus edulis*. – J. mar. biol. Ass. U. K. **64:** 171–182.

ANDERSON, A. (1971): Intertidal activity, breeding and the floating habit of *Hydrobia ulvae* in the Ythan Estuary. – J. mar. biol. Ass. U. K. **51:** 423–437.

ANKEL, F. (1962): *Hydrobia ulvae* PENNANT und *Hydrobia ventrosa* MONTAGU als Wirte larvaler Trematoden. – Vidensk. Medd. Dansk naturh. Foren. **124:** 1–29.

ANKEL, W. E. (1927): Ein Parasit der Miesmuschel und ein Parasit im Parasiten. – Natur u. Museum **57:** 583–588.

ANKEL, W. E. (1936): Die Fraßspuren von *Helcion* und *Littorina* und die Funktion der Radula. – Verh. dt. zool. Ges. **38:** 174–182.

ANKEL, W. E. (1937): Wie frißt *Littorina?* – Senckenbergiana **19:** 317–333.

ANKEL, W. E. (1938): Erwerb und Aufnahme der Nahrung bei Gastropoden. – Verh. dt. zool. Ges. **40:** 223–295.

ANKEL W. E. (1971): Die Turmschnecke *Turritella communis* RISSO und ihr Operculum. – Natur u. Museum **101:** 197–207.

ANSELL, A. D. (1961a): Reproduction, growth and mortality of *Venus striatula* (DA COSTA) in Kames Bay, Millport. – J. mar. biol. Ass. U. K. **41:** 191–215.

ANSELL, A. D. (1961b): The functional morphology of the British species of Veneracea (Eulamellibranchia). – J. mar. biol. Ass. U. K. **41:** 489–515.

ANSELL A. D. (1962): The functional morphology of the larva, and the post-larval development of *Venus striatula* (DA COSTA). – J. mar. biol. Ass. U. K. **42:** 419–443.

ANSELL A. D. (1970): Boring and burrowing mechanisms in *Petricola pholadiformis*. – J. exp. mar. Biol. Ecol. **4:** 211–220.

ARNTZ, W. (1971): Biomasse und Produktion des Makrobenthos in den tieferen Teilen der Kieler Bucht im Jahr 1968. – Kieler Meeresforsch. **27:** 36–72.

ARNTZ, W. (1974): Die Nahrung juveniler Dorsche (*Gadus morhua* [L.]) in der Kieler Bucht. – Ber. dt. wiss. Komm. Meeresforsch. **21:** 97–120.

ARNTZ, W., BRUNSWIG, D. u. SARNTHEIN, M. (1976): Zonierung von Mollusken und Schill im Rinnensystem der Kieler Bucht (Westliche Ostsee). – Senckenbergiana marit. **8:** 189–269.

ARNTZ, W., RUMOHR H. (1973): Bohrmuscheln (*Barnea candida* [L.] und *Zirfaea crispata* [L.]) in der Kieler Bucht. – Kieler Meeresforsch. **29:** 141–143.

ARNTZ, W., WEBER, W. (1970): *Cyprina islandica* L. (Mollusca, Bivalvia) als Nahrung von Dorsch und Kliesche in der Kieler Bucht. – Ber. dt. wiss. Komm. Meeresforsch. **21:** 193–209.

AX, P. (1984): Das Phylogenetische System. 349 S., Stuttgart – New York.

BAKKER, K. (1958–60): Feeding Habits and Zonation in Some Intertidal Snails. – Archives Neerlandaises de Zoologie **13:** 230–257.

BAYNE, B. L. (1976): The biology of mussel larvae. S. 81–120 in BAYNE, B. L. (Hrsg.): Marine mussels: their ecology and physiology.

BENTHEM-JUTTING, T. van (1943): Fauna van Nederland **12,** Mollusca (I) C. Lamellibranchia. 477 S., Leiden.

BEUKEMA, J. (1976): Tierleben in und auf dem Boden. S. 125–131 in ABRAHAMSE, J. u. a. (Hrsg.): Wattenmeer. Neumünster.

BEUKEMA, J. J. u. MEEHAN, B. W. (1985): Latitudinal variation in linear growth and other shell characteristics of Macoma balthica. – Mar. Biol. 90: 27–33.

BOUCHET, Ph. u. GUILLEMOT, H. (1978): The Triphora perversa-Complex in Western Europe. – J. moll. Stud. 44: 344–356.

BROCK, F. (1936): Suche, Aufnahme und enzymatische Spaltung der Nahrung durch die Wellhornschnecke *Buccinum undatum* L. – Zoologica **34** (5): 1–136.

BROCK, V. (1978): Morphological and biochemical criteria for the separation of *Cardium glaucum* Brugière from *Cardium edule* L. – Ophelia **17:** 207–214.

BROCK, V. (1980): The geographical distribution of *Cerastoderma* [*Cardium*] *edule* (L.) and *C. lamarcki* (Reeve) in the Baltic and adjacent seas related to salinity and salinity fluctuations. – Ophelia **19:** 207–214.

BROWN, H. (1934): A Study of a Tectibranch Gasteropod Mollusc, *Philine aperta* (L.). – Trans. Roy. Soc. Edinburgh **58:** 179–210.

CASPERS, H. (1938): Die Bodenfauna der Helgoländer Tiefen Rinne. Helgoländ. Wiss. Meeresunters. 2, H.1

COMELY C. A. (1978): *Modiolus modiolus* (L.) from the Scottish west coast. I. Biology. – Ophelia **17:** 167–193.

COSEL, R. v., DÖRJES, J. u. MÜHLENHARDT-SIEGEL, U. (1982): Die amerikanische Schwertmuschel *Ensis directus* (CONRAD) in der Deutschen Bucht. I. Zoogeographie und Taxonomie im Vergleich mit den einheimischen Schwertmuschel-Arten. – Senckenbergiana marit. **14:** 147–173.

CREEK, G. W. (1960): The development of the lamellibranch *Cardium edule* L. – Proc. zool. Soc. London 135: 243–260.

CROTHERS, J. H. (1982): Shell shape variations in dog-whelks (*Nucella lapillus* [L.]) from the West Coast of Scotland. – Biol. J. Linn. Soc. **17:** 319–342.

CROTHERS J. H. (1983): Some observations on shell-shape variation in North American populations of *Nucella lapillus* (L.). – Biol. J. Linn. Soc. 19: 237–274.

CROTHERS, J. H. (1983): Variation in dog-whelk shells in relation to wave action and crab predation. Biol. J. Linn. Soc. 20: 85–102.

DANDO, P. u. SOUTHWARD, A. (1986): Chemoautotrophy in bivalve molluces of the genus *Thyasira*. – J. mar. biol. Ass. U. K. **66:** 915–929.

DANDO, P., SOUTHWARD, A. u. SOUTHWARD, E. (1986): Chemoautotrophic symbionts in the gills of the bivalve mollusc *Lucinoma borealis*. – Proc. R. Soc. London B **227:** 227–247.

DETHLEFSEN, V. (1972): Zur Parasitologie der Miesmuschel (*Mytilus edulis* L., 1758). – Ber. dt. wiss. Komm. Meeresforsch. **22:** 344–371.

DETHLEFSEN, V. u. WESTERNHAGEN, H. v. (1983): Oxygen deficiency and effects on bottom fauna in the eastern German bight 1982. – Meeresforsch. **30:** 42–53.

DIEHL, M. (1956): Die Raubschnecke *Velutina velutina* als Feind und Bruteinmieter der Ascidie *Styela coriacea*. – Kieler Meeresforsch. **12:** 180–185.

DÖRJES, J. (1978): Das Watt als Lebensraum. S. 107–143 in REINECK, H.-E. (Hrsg.): Das Watt, 2. Aufl. Frankfurt.

DÖRJES, J. (1979): Zur Populationsdynamik des Sägezähnchens, *Donax vittatus*. – Natur u. Museum **109:** 305–311.

DÖRJES, J. u. REINECK, H.-E. (1977): Fauna und Fazies einer Sandplate (Mellum Bank, Nordsee). – Senckenbergiana marit. **9:** 19–45.

DUVAL, D. (1963a): The biology of *Petricola pholadiformis* LAMARK [sic!] (Lamellibranchiata Petricolidae). – Proc. malac. Soc. London **35:** 89–100.

DUVAL, D. (1963b): Observations on the annual cycle of *Barnea candida* (Class Lamellibranchiata, Family Pholadidae). – Proc. malac. Soc. London **35:** 101.

EHRENBAUM u. DUGE, F. (?): Seemuscheln als Nahrungsmittel. Flugschriften zur Volksernährung 8.

EISMA, D. (1965): Shell characteristics of *Cardium edule* L. as indicators of salinity. – Netherlds. J. Sea Res. **2:** 493–540.

ESCHRICH, H. (1931): *Cultellus pellucidus*. Eine monographische Darstellung. – Zool. Jb. (Anat.) **53:** 535-610.

FALKNER, G. (1973): Vorbemerkungen zum Artikel HEIDRICH, H. (s. dort).

FRETTER, V. (1980): Observations on the gross anatomy of the female genital duct of British *Littorina* spp. – J. moll. Stud. 46: 148–153.

FRETTER, V. (1948): The structure and life history of some minute prosobranchs of rock pools: *Skeneopsis planorbis* (FABRICIUS), *Omalogyra atomus* (PHILIPPI), *Rissoella diaphana* (ADLER) and *Rissoella opalina* (JEFFREYS). – J. mar. biol. Ass. U. K. **27:** 597–632.
FRETTER, V. (1951): Observations on the life history and functional morphology of *Cerithiopsis tubercularis* (MONTAGU) and *Triphora perversa* (L.). – J. mar. biol. Ass. U. K. **29:** 567–586.
FRETTER, V. u. GRAHAM, A. (1962): British prosobranch molluscs. 755 S., London.
FRETTER, V. u. GRAHAM, A. (1978): The Prosobranch Molluscs of Britain and Denmark. 3. – J. Moll. Stud., Suppl. 5: 100–152.
FRETTER, V. u. GRAHAM, A. (1978): The Prosobranch Molluscs of Britain and Denmark 4: Marine Rissoacea. – Jour. Moll. Stud. Suppl. 6: 153–241.
FUNKE, W. (1968): Heimfindevermögen und Ortstreue bei *Patella* L. (Gastropoda, Prosobranchia). – Oecologia (Berlin) **2:** 19–142.

GAGE, J. (1966a): Observations on the bivalves *Montacuta substriata* and *M. ferruginosa*, „commensals“ with spatangoids. – J. mar. biol. Ass. U. K. **46:** 59–70.
GAGE, J. (1966b): Experiments with the behaviour of the bivalves *Montacuta substriata* and *M. ferruginosa*. – J. mar. biol. Ass. U. K. **46:** 71–88.
GAGE, J. (1966c): The life-histories of the bivalves *Montacuta substriata* and *M. ferruginosa*, „commensals“ with spatangoids. – J. mar. biol. Ass. U. K. **46:** 499–511.
GALLARDO, C. S. u. GÖTTING, K. J. (1985): Reproduktionsbiologische Untersuchungen an drei *Littorina*-Arten der südlichen Nordsee. – Helgol. Meeresunters. **39:** 165–186.
GALLIEN, L. u. LARAMBERGUE, M. (1938): Biologie et sexualité de *Lacuna pallidula*, DA COSTA (Littorinidae). – Trav. stat. zool. Wimereux **13:** 293–306.
GERSTER, G. u. ZELL, R. (1986): Strandgut Bioschaum. – Bild d. Wiss. 2: 38–43.
GOETHE, F. (1958): Anhäufungen unversehrter Muscheln durch Silbermöwen. – Natur u. Volk **88:** 181–187.
GOODWIN, B. J. u. FISH, J. D. (1977): Inter- and intraspecific variation in *Littorina obtusata* and *L. mariae* (Gastropoda: Prosobranchia). – J. moll. Stud. 43: 241–254.
GÖTTING, K.-J. (1974): Malakozoologie. Stuttgart.
GÖTZE, E. (1938): Bau und Leben von *Caecum glabrum* (Montagu). – Zool. Jb. Syst. **71:** 55–122.
GRAHLE, H.-O. (1932): Zur Wanderung von *Petricola pholadiformis* LAM. – Natur u. Museum **62:** 61–64.
GREEN, J. (1968): The Biology of Estuarine Animals. 401 S., London.

GÜNTEROTH, H. (1986): Die Nordsee. Portrait eines bedrohten Meeres. 224 S., Hamburg.

HAAS, F. (1926): Lamellibranchia. In GRIMPE G. u. WAGLER, E.: Die Tierwelt der Nord- und Ostsee.

HAEFELFINGER, H. R. (1968): Die Lokomotion von *Aporrhais pes-pelicani* (L.). – Rev. Suisse Zool. **75:** 569–574.

HANNAFORD ELLIS, C. (1979): Morphology of the oviparous rough winkle, Littorina arcana Hannaford Ellis, 1978, with notes on the taxonomy of the L. saxatilis species-complex (Prosobranchia: Littorinidae). – J. Conch. 30: 43–56.

HÄNTZSCHEL, W. (1934): Sternspuren, erzeugt von einer Muschel: *Scrobicularia plana* (DA COSTA). – Senckenbergiana **16:** 325–330.

HÄRDTLE, W. (1983): Industrieansiedlungen: Giftige Fracht ins Meer. – Natur u. Umwelt 2/83: 6–7.

HASZPRUNAR, G. (1985): The Heterobranchia – a new concept of the phylogeny of the higher Gastropoda. – Z. zool. Syst. Evol. forsch. **23:** 15–37.

HECHT, F. u. MATERN, H. (1930): Zur Ökologie von *Cardium edule* L. – Senckenbergiana **12:** 361–372.

HEIDRICH, H. (1973): Die Einschleppung der amerikanischen Pantoffelschnecke (*Crepidula fornicata* LINNAEUS) in Ostfriesland. – Mitt. dtsch. malak. Ges. 3/25: 12–13.

HEINCKE, F. (1896): Die Mollusken Helgolands. – Wiss. Meeresunters. N. Folge I (1): 121–153.

HELLER, J. (1975): The taxonomy of some British *Littorina* species, with notes on their reproduction (Mollusca: Prosobranchia). – Zool. J. Linn Soc. 56: 131–151.

HERTLING, H. (1932): *Patella vulgata* L. bei Helgoland. – Natur u. Museum **62:** 53–56.

HERTLING, H. (1934): Kamm-Muscheln bei Helgoland. – Natur u. Volk **64:** 355–362.

HERTWECK, G. (1978): Die Bewohner des Wattenmeeres in ihren Auswirkungen auf das Sediment. – S. 145–172 in REINECK, H.-E. (Hrsg.): Das Watt, 2. Aufl. Frankfurt.

HOFFMANN, H. (1926): Opisthobranchia. In GRIMPE, G. u. WAGLER, E. (Hrsg.): Die Tierwelt der Nord- und Ostsee **3** (9c): 1–52.

HOLLMANN, R. (1968): Über Schalenabschliffe bei *Cardium edule* aus der Königsbucht bei List auf Sylt. – Helgoländer wiss. Meeresunters. **18:** 169–193.

HØPNER- PETERSEN, G. (1977): The Density, Biomass and Origin of the Bivalves of the Central North Sea. – Meddr. Danm. Fisk. og Havunders. n. s. **7:** 221–273.

HUGHES, R. N. (1969): A study of feeding in *Scrobicularia plana*. – J. mar. biol. Ass. U. K. **49:** 805–823.

HUNTER, W. R. (1949): The Structure and Behaviour of *Hiatella gallicana* (Lamarck) and *H. arctica* (L.). – Proc. Roy. Soc. Edinburgh B **63:** 271–289.

IBING, J. u. THEEDE, H. (1975): Zur Gefrierresistenz litoraler Mollusken von der deutschen Nordseeküste. – Kieler Meeresforsch. **31:** 44–48.

JAECKEL, S. (1952): Zur Ökologie der Molluskenfauna in der westlichen Ostsee. – Schr. naturwiss. Ver. Schleswig-Holstein **26:** 18–50.

JAECKEL, S. (1960): Die Muscheln und Schnecken der deutschen Meeresküsten. 67 S., Wittenberg.

JAECKEL, S. (1964): Beiträge über Mollusken im Brackwasser. I. Über Abänderungen an den Schalen von Mollusken der deutschen Beltsee und benachbarter brackiger Gewässer. – Schr. naturwiss. Ver. Schleswig-Holst. **35:** 19–27.

JANKE, K. (1986): Die Makrofauna und ihre Verteilung im Nordost-Felswatt von Helgoland. – Helgoländer Meeresuntersuchungen 40, 1–55.

JANUS, H. (1978): Das Watt. 4. Aufl., 80 S., Stuttgart.

KAESTNER, A. (1960): Lehrbuch der Speziellen Zoologie I (1). 478 S. + Ergänzungen; Stuttgart (Nachdr. der 1. Aufl. von1954/1955).

KILIAS, R. (1971): Stamm Mollusca – Weichtiere, S. 318–516 in: Das Urania Tierreich 5. Stuttgart-Salzburg (Fackel).

KILIAS, R. (1982): Mollusca. In KAESTNER, A. (Hrsg.): Lehrbuch der speziellen Zoologie **1(3):** 9–245.

KÜHL, H. (1951): Über die Siedlungsweise von *Mya arenaria*. – Verh. dt. zool. Ges.: 385–391.

LAUCKNER, G. (1971): Zur Trematodenfauna der Herzmuscheln *Cardium edule* und *C. lamarcki*. – Helgoländer wiss. Meeresunters. 22: 377–400.

LAUCKNER, G. (1972): Zur Taxonomie, Ökologie und Physiologie von *Cardium edule* L. und *Cardium lamarcki* REEVE. – Dissertation Kiel, 261 S.

LAUCKNER, G. (1984): Brackish-water submergence of the common periwinkle, *Littorina littorea,* and its digenean parasites in the Baltic Sea and the Kattegatt. – Helgoländer Meeresunters. **37:** 177–184.

LAUTERBACH, K.-E. (1983): Erörterungen zur Stammesgeschichte der Molusca, insbesondere der Conchifera. – Z. Zool. Syst. Evol. forsch. **21:** 201–216.

LEWY, Z. u. SAMTLEBEN, C. (1979): Functional morphology and palaeontological significance of the conchiolin layers in corbulid pelecypods. – Lethaia **12:** 341–351.

LINNÉ, C. (1758): Systema naturae. 10. Aufl., Stockholm.

LUTZ, R. A., MANN, R., GOODSELL, J. G. u. CASTAGNA, M. (1982): Larval and early post-larval development of *Arctica islandica*. – J. mar. biol. Ass. U. K. **62:** 745–769.

MANLEY, A., GRUFFYDD, Ll. u. ALMADA-VILLELA, P. C. (1984): The effect of copper and zinc on the shell growth of *Mytilus edulis* measured by a laser diffraction technique. – J. mar. biol. Ass. U. K. **64:** 417–427.

MASON, J. (1976): Cultivation. – S. 385–410 in BAYNE, B. L. (Hrsg.): Marine mussels: their ecology and physiology.

MAYR, E. (1967): Artbegriff und Evolution. 617 S., Hamburg–Berlin.

MEYER, H. A., u. MÖBIUS, K. (1865, 1872): Fauna der Kieler Bucht – I. Die Hinterkiemer oder Opisthobranchia. 86 S. – II. Die Prosobranchia und Lamellibranchia nebst einem Supplement zu den Opisthobranchia. 139 S. Leipzig.

MØHLENBERG, F., u. KIØRBOE, T. (1981): Growth and energetics in *Spisula subtruncata* (Da Costa) and the effect of suspended bottom material. – Ophelia **20:** 79–90.

MOORE, H. B. (1937): The biology of *Littorina littorea.* I. – J. mar. biol. Ass. U. K. **21:** 721–742.

MÜHLENHARDT-SIEGEL, U., DÖRJES, J. u. v. COSEL, R. (1983): Die amerikanische Schwertmuschel *Ensis directus* (CONRAD) in der Deutschen Bucht. II. Populationsdynamik. – Senckenbergiana maritima **15:** 93–110.

MÜLLER, A. (1968): Die Nahrung junger Plattfische in Nord- und Ostsee. – Kieler Meeresforsch. **24:** 124–143.

MUUS, B. (1963): Some Danish Hydrobiidae with the Description of a New Species, *Hydrobia neglecta.* – Proc. Malac. Soc. London **35:** 131–138.

MUUS, B. (1967): The Fauna of Danish Estuaries and Lagoons. – Meddr. Danm. Fiskeri- og Havunders. n. s. **5:** 3–312.

MUUS, K. (1973): Settling, growth and mortality of young bivalves in the Øresund. – Ophelia **12:** 79–116.

NAIR, N. B., u. ANSELL, A. D. (1968): The mechanism of boring in *Zirphaea crispata* (L.). – Proc. Roy. Soc. B **170:** 155–173.

NIELSEN, C. (1975): Observations on *Buccinum undatum* L. attacking bivalves and on prey responses. – Ophelia **13:** 87–108.

NIELSEN, C. (1980): On the occurrence of the prosobranchs *Littorina neritoides, L. mariae* and *L. obtusa* in Denmark. – J. moll. Stud. 46: 312–316.

NORDSIECK, F. (1968): Die europäischen Meeres-Gehäuseschnecken (Prosobranchia). 273 S., Stuttgart.

NORDSIECK, F. (1969): Die europäischen Meeresmuscheln (Bivalvia). 253 S., Stuttgart.

NORDSIECK, F. (1972): Die europäischen Meeresschnecken (Opisthobranchia mit Pyramidellidae; Rissoacea). 327 S., Stuttgart.

OCKELMANN, K. W. u. MUUS, K. (1978): The biology, ecology and behaviour of the bivalve *Mysella bidentata* (MONTAGU). – Ophelia **17:** 1–93.

OCKELMANN, K. W. u. NIELSEN, C. (1981): On the biology of the prosobranch *Lacuna parva* in the Øresund. – Ophelia **20:** 1–16.

PEKKARINEN, M. (1987): The cercaria of *Lacunovermis macomae* (Lebour, 1908), and its penetration into the bivalve *Macoma balthica* (L.) in experimental conditions. – Ann. Zool. Fenn. **24:** 101–121.

PEKKARINEN, M. (1987): The cercaria and metacercaria of *Gymnophallus gibberosus* Loos-Frank 1971 (Trematoda: Gymnophallidae) in *Macoma balthica* (L.) (Bivalvia) in the Baltic brackish water. – Ann. Zool. Fenn. **24:** 123–136.

POHL-APEL, G. u. BEYER, N. (1988): Gefährdet: Muscheln. – WWF-Journal 3/88: 2.

PURCHON, R. D. (1955): The functional morphology of the rock-boring lamellibranch *Petricola pholadiformis* LAMARCK. – J. mar. biol. Ass. U. K. **34:** 257–278.

PURCHON, R. D. (1968): The Biology of the Mollusca. 560 S., Oxford, London, Edinburgh, New York.

QUAYLE, D. B. (1952): The Rate of Growth of *Venerupis pullastra* (Montagu) at Millport, Scotland. – Proc. Roy. Soc. Edinb. B **64:** 384–406.

RAFFAELLI, D. (1982): Recent ecological research on some European species of *Littorina*. – J. moll. Stud. **48:** 342–354.

RASMUSSEN, E. (1944): The Eggs and Larvae of *Brachystomia rissoides* (HANL.), *Eulimella nitidissima* (MONT.), *Retusa truncatula* (BRUG.) and *Embletonia pallida* (ALDER & HANCOCK), Gastropoda marina. – Vidensk. Medd. **107:** 207–233.

RASMUSSEN, E. (1973): Systematics and ecology of the Isefjord marine fauna (Denmark). – Ophelia **11:** 1–507.

REHFELD, N. (1968): Reproductive and morphological variations in the prosobranch „Rissoa membranacea". – Ophelia **5:** 157–173.

REICHERT, A. u. DÖRJES, J. (1980): Die Bodenfauna des Crildumersieler Wattes (Jade, Nordsee) und ihre Veränderung nach dem Eiswinter 1978/79. – Senckenbergiana marit. **12:** 213–245.

REMANE, A. (1958): S. 1–218 in REMANE, A. u. SCHLIEPER, C.: Die Biologie des Brackwassers. – Die Binnengewässer **22:** 1–348.

RICHTER, G. (1961): Gebrauch und Abnutzung der Radula bei der Pantoffelschnecke *Crepidula fornicata*. – Natur u. Volk **91:** 181–187.

RICHTER, G. (1962): Beobachtungen zum Beutefang der marinen Bohrschnecke *Lunatia nitida*. – Natur u. Museum **92:** 186–192.

RICHTER, W. u. RUMOHR, H. (1976): Untersuchungen an *Barnea candida* (L.): Ihr Beitrag zur submarinen Geschiebemergelabrasion in der Kieler Bucht. – Kieler Meeresforsch. Sonderh. **3:** 82–86.

ROBERTS, D. (1976): Mussels and pollution. S. 67–80 in BAYNE, B. L. (Hrsg.): Marine mussels: their ecology and physiology.

ROBERTS, D. u. BREEN, J. P. (1985): The biology and functional anatomy of *Modiolarca tumida* (*Musculus marmoratus*) Bivalvia: Mytilidae. – J. Zool. (A) 205: 435–443.
SALVINI-PLAWEN, L. (1980): A reconsideration of systematics in the Mollusca. – Malacologia **19:** 249–278.
SANDER, K. (1950): Beobachtungen zur Fortpflanzung von *Assiminea grayana* LEACH. – Arch. Moll **79:** 147–149.
SANDER, K., u. SIEBRECHT, L. (1967): Das Schlüpfen der Veligerlarve von *Assiminea grayana* Leach (Gastropoda, Prosobranchia). – Z. Morph. Ökol. Tiere **60:** 141–152.
SAMTLEBEN, C. (1973): Größenverteilungen von Populationen, Totengemeinschaften und Klappenaufsammlungen der Muschel *Mytilus edulis* L. – Meyniana **23:** 69–92.
SAMTLEBEN, C. (1977): Klappenwachstum und Entwicklung von Größenverteilungen in Populationen von *Mytilus edulis* L. – Meyniana **29:** 51–69.
SAMTLEBEN, C. (1981): Die Muschelfauna der Schlei (westliche Ostsee) – aktuopaläontologische Untersuchungen an einem sterbenden Gewässer. – Meyniana **33:** 61–83.
SCHÄFER, W. (1939): Fossile und rezente Bohrmuschel-Besiedlung des Jade-Gebiets. – Senckenbergiana **21:** 227–254.
SCHÄFER, W. (1950): Über Nahrung und Wanderung im Biotop bei der Strandschnecke *Littorina littorea*. – Arch. Moll. **79:** 1–8.
SCHÄFER, W. (1962): Aktuo-Paläontologie nach Studien in der Nordsee: 667 S., Frankfurt.
SCHLIEPER, C. (1958): Physiologie des Brackwassers. S. 219–330 in REMANE, A. u. SCHLIEPER, C.: Die Biologie des Brackwassers. – Die Binnengewässer **22:** 1–348.
SCHOLZ, N. (1980): Accumulation, loss and molecular distribution of cadmium in *Mytilus edulis*. – Helgoländer Meeresunters. **33:** 68–78.
SCHREITLING, K.-T. (1963): Im Spülsaum der nordwestdeutschen Flachküste. – Mitt. AG Floristik Schleswig-Holst. Hamb. **11:** 1–105.
SCHWENKE, W. u. SCHRAM, W. (1974): Die Ostsee als Ökosystem. S. 203–214 in MAGAARD, L. u. REINHEIMER, G.: Meereskunde der Ostsee.
SEED, R. (1968): Factors influencing shell shape in the mussel *Mytilus edulis*. – J. mar. biol. Ass. U. K. **48:** 561–584.
SEED, R. (1976): Ecology, S. 13–65 in BAYNE, B. L. (Hrsg.): Marine mussels: their ecology and physiology.
SEGERSTRÅLE, S. G. (1960): Investigations of Baltic populations of the bivalve *Macoma baltica* (L.). – Comm. Biol. Soc. Sci. Fenn. **23,2:** 1–72.
SMITH, J. E. (1981): The natural history and taxonomy of shell variation in the periwinkles *Littorina saxatilis* and *Littorina rudis*. – J. mar. biol. Ass. U. K. **61:** 215–241.

SMITH, S. T. (1967): The Development of *Retusa obtusa* (MONTAGU) (Gastropoda Opisthobranchia). – Can. J. Zool. **45:** 737–764.
STRAUCH, F. (1972): Phylogenese, Adaptation und Migration einiger nordischer Molluskengenera (*Neptunea, Panomya, Cyrtodaria* und *Mya*). – Abh. senck. naturf. Ges. **531:** 1–189.
STRIPP, K. (1969): Die Assoziationen des Benthos in der Helgoländer Bucht. – Veröff. Inst. Meeresforsch. Bremerhaven **12:** 95–141.
SWAN, E. (1952): The growth of the clam *Mya arenaria* as affected by the substratum. – Ecology **33:** 530--534.
TAIT, R. V. (1971): Meeresökologie. 305 S., Stuttgart.
TAYLOR, A. C. (1976): Burrowing behaviour and anaerobiosis in the bivalve *Arctica islandica* (L.). – J. mar. biol. Ass. U. K. **56:** 95–109.
TEBBLE, N. (1966): British Bivalve Seashells. 212 S., London (British Museum Natur. Hist.).
TERLOUW, J. (1976): Einleitung. – S. 11–15 in ABRAHAMSE, J. et al. (Hrsg.): Wattenmeer. Neumünster.
THAMDRUP, H. M. (1935): Beiträge zur Ökologie der Wattenfauna auf experimenteller Grundlage. – Medd. Kommiss. Danm. Fisk. Havunders., ser. Fisk. **10** (2): 1–125.
THEEDE, H., ANDERSSON, I. u. LEHNBERG, W. (1979): Cadmium in *Mytilus edulis* in German coastal waters. – Meeresforsch. **27:** 147–155.
THIEL, H., GROSSMANN, M. u. SPYCHALA, H. (1984): Quantitative Erhebungen über die Makrofauna in einem Testfeld im Büsumer Watt und Abschätzung ihrer Auswirkungen auf den Sedimentverband. – Die Küste 40: 259–314.
THOMPSON, T. E. (1976): Biology of Opisthobranch Molluscs. 206 S., London (Ray Society).
THORSON, G. (1935): Biologische Studien über die Lamellibranchier *Modiolaria discors* L. und *Modiolaria nigra* Gray in Ostgrönland. – Zool. Anz. **111:** 297–304.
THORSON, G. (1946): Reproduction and larval development of Danish marine bottom invertebrates, with special reference to the planctonic larvae in the Sound (Øresund). – Medd. Komm. Danm. Fisk. – og Havunders. ser. Plankton **4:** 1–523.
THORSON, G. (1972): Erforschung des Meeres. 253 S., München.
TRUEMAN, E. (1968): The burrowing activities of bivalves. – Symp. zool. Soc. London 22: 167–186.
URK, R. M. van (1957): Een strandschelp van onze kust herontdekt: *Spisula elliptica* (Brown). – Basteria 21: 31–37.
VLAS, J. DE (1985): Secondary production by siphon regeneration in a tidal flat population of *Macoma balthica*. – Neth. J. Sea Res. 19: 147–164.
WARÉN, A. (1974): Revision of the Arctic-Atlantic Rissoidae (Gastropoda, Prosobranchia). – Zoologica Scripta 3: 121–135.
WERNER, B. (1948): Die amerikanische Pantoffelschnecke *Crepidula fornicata* L. im Nordfriesischen Wattenmeer. – Zool. Jb. Syst. **77:** 449–488.

WERNER, B. (1955): Über die Anatomie, die Entwicklung und Biologie des Veligers und der Veliconcha von *Crepidula fornicata* L. (Gastropoda, Prosobranchia). – Helgoländer wiss. Meeresunters. **5:** 169–217.

WIGHAM, G. D. (1975): Environmental influences upon the expression of shell form in *Rissoa parva* (DA COSTA) (Gastropoda: Prosobranchia). – J. mar. biol. Ass. U. K. **55:** 425–438.

WILLMANN, R. (1985): Die Art in Raum und Zeit. Das Artkonzept in der Biologie und Paläontologie. 207 S., Hamburg–Berlin.

WORTHMANN, H. (1976): Die Molluskenfauna verschiedener Flachwassergebiete der Kieler Bucht, Artenzusammensetzung und Produktivität. – Kieler Meeresforsch. Sonderh. **3:** 25–36.

WÜST, W. (1970): Die Brutvögel Mitteleuropas. 519 S., München.

YONGE, C. M. (1946): On the habits and adaptations of *Aloidis* (*Corbula*) *gibba*. – J. mar. biol. Ass. U. K. **26:** 358-376.

YONGE, C. M. (1976): The „mussel" form and habit. S. 1–12 in BAYNE, B. L. (Hrsg.): Marine mussels: their ecology and physiology.

YONGE, C. M. u. THOMPSON, T. E. (1976): Living marine molluscs. 288 S., London.

ZIEGELMEIER, E. (1954): Beobachtungen über den Nahrungserwerb bei der Naticide *Lunatia nitida* DONOVAN (Gastropoda Prosobranchia). – Helgoländer wiss. Meeresunters. **5:** 1–33.

ZIEGELMEIER, E. (1957): Die Muscheln (Bivalvia) der deutschen Meeresgebiete. – Helgoländer wiss. Meeresunters. **6:** 1–56.

ZIEGELMEIER, E. (1966): Die Schnecken (Gastropoda Prosobranchia) der deutschen Meeresgebiete und brackigen Küstengewässer. – Helgoländer wiss. Meeresunters. **13:** 1–61.

Register

Hinweise auf Abbildungen sind **halbfett** gedruckt. Die Angaben **S-1, S-2** usw. beziehen sich auf die Nummern der Abbildungen zum Bestimmungsschlüssel (Seiten 57–80)